KB117284

초등
영어일기
표현사전

영어식 사고력을 키워주는

초등 영어일기 표현사전

지은이 하명옥
펴낸이 임상진
펴낸곳 (주)넥서스

초판 1쇄 발행 2005년 12월 20일
초판 17쇄 발행 2008년 6월 20일

4판 1쇄 발행 2022년 8월 17일
4판 4쇄 발행 2024년 6월 25일

출판신고 1992년 4월 3일 제311-2002-2호
주소 10880 경기도 파주시 지목로 5
전화 (02)330-5500 팩스 (02)330-5555

ISBN 979-11-6683-303-8 63740

www.nexusbook.com

초등 영어일기 표현사전

하명옥 지음

넥서스에듀

여는글

지금은 대학생인 큰 아이가 초등학교 시절 영어학원을 다닐 때의 일입니다. 하루는 영어일기 쓰기를 과제로 받아온 적이 있는데, 큰 아이는 영어를 시작한 지 얼마 안 되어 그저 막막해 하기만 했습니다. "엄마, 무엇을 어떻게 써야 해요?"라는 아이의 물음에, 명색이 영어교사인 저조차도 어떻게 쓰도록 지도해야 할지 고민되었습니다.

직장 생활을 핑계로 아이의 영어공부를 제대로 돌봐주지 못한 저는 아이가 배우는 영어책을 그제야 한번 살펴보았습니다. 거기에는 간단하면서도 조금만 변형하면 하루의 일과 정도는 쓸 수 있는 알찬 회화표현들이 많았습니다.

영어책에 있는 문장들을 응용해 주어를 자기로 바꾸고, 표현하고 싶은 단어 중 모르는 것은 저에게 물어가며 배운 문장에다 단어를 이리저리 꿰어 맞추던 큰 아이는, 결국 하루의 일과를 어설프게나마 영어일기로 담아내는 데 성공했습니다. 복잡한 영문법은 알지 못했지만 간단한 표현들만으로도 영어일기 쓰기가 가능했지요.

'나는 책 읽기를 좋아한다.' 라는 영어표현이 I books reading like.가 아니라 우리말 순서와는 달리 I like reading books.라는 것을 알기만 한다면, 유치원 아이들에게도 영어일기 쓰기가 절대 어려운 일이 아닙니다. 즉, 영어의 기본 구조만 이해하고 있다면, 누구든 각 상황에 필요한 다양한 단어와 표현들을 익히면서 영어 일기 쓰기는 물론 영어로 글쓰기가 가능한 것입니다.

이에 저는 여러 상황에서 쓰일 수 있는 영어일기 표현들을 정리하여 찾아서 공부하기 쉽도록 책으로 엮었습니다. 이제 영어에 대한 두려움을 없애고 영어일기를 꾸준히 써보도록 하세요. 이 책의 도움을 받아 모르는 표현을 차근차근 익히면서 영어일기 쓰기를 계속한다면, 머지않아 영어공부가 즐거워지고 영어 전반에 걸쳐 자신감이 생기리라 믿습니다.

모쪼록 영어일기를 쓰고자 하는 초등학생들에게 많은 도움이 되기를 바랄 뿐입니다.

– 하명옥

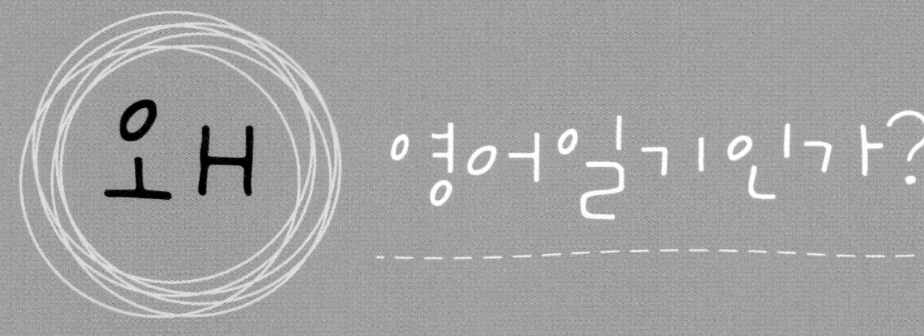

왜 영어일기인가?

영어를 공부하는 사람들에게 영어로 말할 기회가 많이 있다면 더할 나위 없겠지만, 그렇지 못한 게 우리나라 영어교육의 현실입니다. 저는 이러한 상황에서 영어에 익숙해질 수 있는 가장 좋은 방법이 바로 영어일기 쓰기라고 생각합니다.

영어일기를 쓰면서 얻을 수 있는 좋은 점을 이야기해 보기로 하죠.

우선, 우리가 일상생활에서 쓰는 영어표현들을 익힐 수 있는 기회가 오게 됩니다. 일기라 함은 하루의 일과 및 그날의 사건이나 감정 등 하루의 생활을 글로 표현하는 것이기 때문에 영어일기를 쓰면 무엇보다 중요한 생활영어를 자연스레 습득할 수 있습니다.

또한, 영어일기를 쓰며 각 상황에 필요한 어휘나 표현들을 찾아 사용함으로써 활용도 높은 영어 표현들을 많이 익힐 수 있는 영어학습의 기회를 얻게 됩니다. 쓰고자 하는 어휘나 표현이 있을 경우 사전이나 참고 서적을 찾아보거나 부모님이나 선생님께 질문하여 쓰다 보면, 자신도 모르게 어휘 실력이나 표현력이 쑥쑥 향상하는 것을 느끼게 됩니다.

다양한 영어표현을 익히고 배우면서 영어일기를 꾸준히 쓰면, 영어로 우리말을 그대로 옮길 경우의 어색한 문장이 아닌, 우리말과는 다른 미묘한 어감의 차이를 나타낼 수 있는 더욱 자연스런 영어식 문장을 구사할 수 있습니다.

이 뿐만 아니라, 영어일기에 쓰는 표현들은 영어로 말할 때 주로 사용하는 일상적인 회화표현들이기 때문에, 말하기 능력의 향상에도 매우 큰 도움이 됩니다.

이젠 영어일기를 통해 영어의 어순에 익숙해지고 다양한 표현구사로 영어식 사고를 하는 습관을 들이세요. 영어에 커다란 자신감이 생길 것입니다!

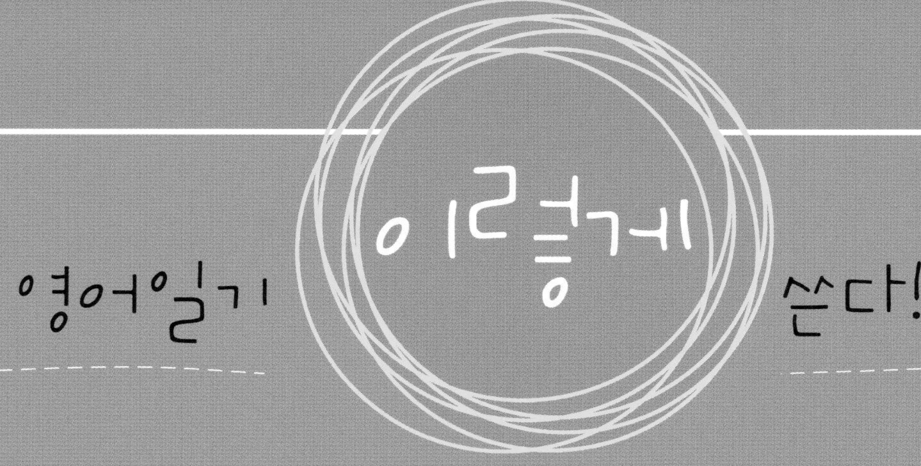

영어일기라고 해서 특별한 형식이 있는 것은 아닙니다. 우리말로 쓰는 일기와 크게 다르지 않습니다. 영어일기의 기본 요소는 날씨, 날짜, 요일, 제목, 본문이지만 날씨나 제목은 경우에 따라 쓰지 않기도 합니다.

1 날씨 영어일기에서는 날씨가 맨 앞에 오는 경우가 많지만 뒤에 쓴다고 해서 틀린 것은 아닙니다. 날씨를 나타낼 때는 보통 첫 자를 대문자로 한 형용사를 사용하여 표현합니다.

ex 2008년 12월 20일 화요일, 맑음 – Clear, Tuesday, 20 December 2008

2 요일 요일 표현은 날씨 다음에 쓰며 때로는 간단히 줄여 쓰기도 합니다.

월요일 Monday(Mon.), 화요일 Tuesday(Tues.), 수요일 Wednesday(Wed.), 목요일 Thursday(Thurs.), 금요일 Friday(Fri.), 토요일 Saturday(Sat.), 일요일 Sunday(Sun.)

3 날짜 날씨와 요일을 쓴 후에는 날짜를 씁니다. 날짜 표현은 우리말의 어순과 다르게 작은 시간부터 큰 시간으로 표현하며, 때로 월과 일을 바꾸어 쓰기도 합니다.

ex 2008년 12월 31일 토요일 – Saturday, 31 December 2008
Saturday, December 31 2008

또한 5~7월을 제외하고는 월을 나타내는 표현도 간단히 줄여 쓸 수 있습니다.

1월 January(Jan.), 2월 February(Feb.), 3월 March(Mar.), 4월 April(Apr.), 5월 May, 6월 June, 7월 July, 8월 August(Aug.), 9월 September(Sept.), 10월 October(Oct.), 11월 November(Nov.), 12월 December(Dec.)

4 제목 제목이 필요한 것은 아니지만 특별히 제목을 정하여 쓰면 글이 산만해지지 않고 논리를 갖추게 됩니다.

5 본문 일기의 본문은 쓰는 사람과 내용에 따라 매우 다양한 형식으로 구성할 수 있습니다. 어떤 형태의 일기를 쓰든 다양한 표현력이 필요한데, 이 책에 제시된 영어일기 표현들을 활용하여 쓰고 싶은 말들의 표현을 꾸준히 연습해 나간다면 큰 도움을 받을 수 있을 것입니다.

차례

영어일기를 잘 쓰게 해주는 영어의 기본 50

내가 쓰고 싶은 말이 다 있는 상황별 분류 20

PART 1

영어일기를 잘 쓰게 해주는

영어의 기본 50

Ⅰ 기초 문법 13 | Ⅱ 기초구문 37

I 기초 문법 13가지

01 나는 학생이다 (be동사) P1-01-01

영어의 기본 문장은 주어와 동사로 이루어집니다. '~은, ~는, ~이, ~가'에 해당하는 말이 주어이며, '~이다, ~하다'에 해당하는 말이 동사입니다. '나는 학생이다'라고 표현할 때 '~이다'에 해당하는 영어 동사가 바로 **be동사**입니다. be동사는 **am, are, is**가 있는데 주어에 따라 달라집니다. 또한, be동사 다음에 형용사를 쓰면 「~이다 + ~한」의 의미가 합쳐 져서 '~하다'라는 표현이 됩니다.

주어 (~은, ~는, ~이, ~가)		be동사 (~이다)	줄임말
나는	I	am	I'm
우리는	we	are	we're
너는	you	are	you're
너희는	you	are	you're
그는	he	is	he's
그녀는	she	is	she's
그것은	it	is	it's
그들은	they	are	they're

· 나는 학생이다. I **am** a student.

· 우리는 친구이다. We **are** friends.

· 너는 거짓말쟁이다. You **are** a liar.

· 그녀는 내 영어선생님이다. She**'s** my English teacher.

· 그들은 축구선수이다. They**'re** soccer players.

나(1인칭)와 너(2인칭)를 제외한 것을 **3인칭**이라고 합니다. 주어가 3인칭 단수일 때 be동사는 **is**를 사용하고 복수일 때는 **are**를 씁니다.

· 영어는 내가 가장 좋아하는 과목이다. English **is** my favorite subject.
· 그 음식은 맛있다. The food **is** delicious.

02 나는 학교에 다닌다 (일반동사) P1-01-02

일반동사는 be동사를 제외한 나머지 동사들을 말합니다. 즉, **study**(공부하다), **play**(놀다), **like**(좋아하다), **swim**(수영하다), **look**(보다) 등의 동사가 일반동사입니다.

주어		동사(치다)	목적어(피아노를)
나는	I	play	the piano
우리는	we	play	
너는	you	play	
너희는	you	play	
그는	he	**plays**	
그녀는	she	**plays**	
그들은	they	play	

위 표에서 보듯이 일반동사는 주어가 3인칭 단수, 즉 he, she, it 등일 경우에 형태가 바뀝니다. 대부분은 동사 뒤에 **-s**를 붙이지만, **-es** 또는 **-ies**를 붙이거나, 전혀 다른 형태로 변하기도 합니다.

* 동사 마지막 철자가 **s, sh, ch, o**로 끝나는 경우에는 **-es**를 붙입니다.

ex. pass(통과하다) - passes / wash(씻다) - washes

* 「**자음 + y**」로 끝나는 동사는 y를 **i**로 고치고 **-es**를 붙입니다.

ex. study(공부하다) - studies / fly(날다) - flies

* 이외에 전혀 다른 모양으로 변하는 것도 있습니다.

ex. have(가지고 있다) - **has**

· 나는 학교에 다닌다. I **go** to school.

· 매일 나는 운동한다. I **exercise** every day.

· 그는 꿈을 가지고 있다. He **has** a dream.

· 내 동생은 피아노를 잘 친다. My brother **plays** the piano well.

03 나는 수영을 할 수 있다 (조동사) P1-01-03

조동사는 일반동사를 도와주는 역할을 하는 동사로, 인칭에 따라 변하지 않으며 조동사 뒤에는 언제나 **동사원형**이 옵니다. 부정문은 조동사 뒤에 not을 써서 나타냅니다.

1. **can** ~할 수 있다, ~해도 좋다

· 나는 수영을 할 수 있다. I **can** swim.

· 너는 그것을 가져도 좋다. You **can** have it.

2. **may** ~일지도 모른다, ~해도 좋다

· 내일 비가 올지도 모른다. It **may** rain tomorrow.

· 너는 들어와도 좋다. You **may** come in.

3. **will** ~할 것이다

· 내일 나는 축구를 할 것이다. I **will** play soccer tomorrow.

· 나는 그를 만나지 않을 것이다. I **will not[won't]** meet him.

4. **must[have to]** ~해야 한다

· 우리는 최선을 다해야 한다. We **must** do our best.

· 너는 그 일을 하면 안 된다. You **must not** do it.

5. **should** ~해야 한다

· 나는 방을 청소해야 한다. I **should** clean my room.

04 나는 간다 (~가 …하다) P1-01-04

영어 문장은 주어(~은, ~는, ~이, ~가)와 동사(…하다)만으로도 이루어질 수 있습니다. 이럴 경우, 대개 동사를 꾸며주는 말을 덧붙여 사용합니다.

- 그는 달린다. He runs.
- 그는 **아주 빨리** 달린다. He runs / **very fast**.

- 우리는 갔다. We went.
- 우리는 **소풍을** 갔다. We went / **on a picnic**.
- 우리는 **지난주에 소풍을** 갔다. We went / **on a picnic** / **last week**.

- 나는 일어난다. I get up.
- 나는 **6시에** 일어난다. I get up / **at 6 o'clock**.
- 나는 **매일 아침 6시에** 일어난다. I get up / **at 6 o'clock** / **every morning**.

05 그는 방 안에 있다 (~가 …에 있다) P1-01-05

'그는 방 안에 있다'를 영어로 표현해 보세요. be동사는 '~이다'라는 뜻 외에도 **'~에 있다'**라는 의미가 있습니다. be동사와 '~에'에 해당하는 장소를 나타내는 말과 함께 쓰면 됩니다.

- 그는 방 안에 있다. He **is** in the room.
- 그는 거기에 있다. He **is** there.
- 나는 안쪽에 있다. I **am** inside.
- 나는 노래방에 있었다. I **was** in the singing room.
- 책상 위에 꽃병이 있다. A vase **is** on the desk.

'~에 …가 있다' 라는 표현은 「**There is / are + 주어 + 장소**」의 표현을 사용하여 나타낼 수도 있습니다. 이때 be동사가 주어 앞에 오지만, be동사는 뒤에 오는 주어에 따라 달라집니다. 주어가 **단수**일 경우에는 단수동사 **is**(과거형 was)를 쓰고, 주어가 **복수**일 때에는 **are**(과거형 were)를 씁니다.

- 지갑이 서랍 속에 있었다. **There was** a wallet in the drawer.
- 내 방에 책들이 많다. **There are** many books in my room.
- 우리 집 근처에 공원이 있다. **There is** a park near my house.
- 그곳엔 사람들이 많았다. **There were** many people there.

P1-01-06

06 나는 거짓말쟁이가 아니다 (~가 아니다, ~하지 않다)

'~가 아니다, ~하지 않다' 라고 부정하는 문장을 **부정문**이라고 합니다. 부정문을 만들 때, be동사나 조동사인 경우는 그 뒤에 not을 붙이고, 일반동사일 경우에는 **don't**, **doesn't**, **didn't**를 쓰고 그 뒤에 **동사원형**을 씁니다.

- 나는 거짓말쟁이가 아니다. I **am not a** liar.
- 그는 부지런하지 않다. He **is not** diligent.
- 그것은 사실이 아닐지도 모른다. It **may not** be true.
- 나는 수영을 하지 못한다. I **can't** swim.
- 나는 그 파티에 갈 수 없었다. I **couldn't** go to the party.
- 거기에 갈 필요가 없었다. I **didn't have to** go there.
- 나는 야구를 하지 않는다. I **don't** play baseball.
- 그녀는 나를 좋아하지 않는다. She **doesn't** like me.
- 나는 숙제를 하지 않았다. I **didn't** do my homework.

07 그녀는 행복해 보인다 (~가 …하게 보이다) P1-01-07

인간의 **감각**을 나타내는 동사에는 **look**(~하게 보이다), **smell**(~한 냄새가 나다), **sound**(~하게 들리다), **taste**(~한 맛이 나다), **feel**(~하게 느끼다) 등이 있습니다. 위의 '~' 자리에 동사를 보충해 주는 말을 써 주어야 하는데, 주의해야 할 것은 꼭 '~한, ~하는, ~인' 이라는 의미의 **형용사**를 써야 한다는 것입니다.

- 그녀는 행복해 보인다. She **looks** happy.
- 그 음식은 맛있어 보였다. The food **looked** delicious.
- 그는 화나게 보였다. He **looked** angry.
- 그 책은 오래되어 보였다. The book **looked** old.
- 좋은 냄새가 났다. It **smelled** good.
- 그 음악은 감미롭게 들린다. The music **sounds** sweet.
- 좋게 들린다. It **sounds** great.
- 쓴 맛이 났다. It **tasted** bitter.
- 나는 행복함을 느꼈다. I **felt** happy.

08 우유가 상했다 (~가 …되다) P1-01-08

'~해지다, ~가 되다, ~한 상태로 바뀌다' 의 표현은 **「become/get/grow/turn/go + 형용사」**의 형태로 나타냅니다. 이들 동사 다음에 형용사의 비교급을 쓰면 '더 ~해지다' 라는 의미가 됩니다.

- 더러워졌다. It **became** dirty.
- 그는 이상해졌다. He **became** strange.
- 그는 병에 걸렸다. He **got** sick.
- 우리는 피곤해졌다. We **grew** tired.
- 나무는 빨갛게 단풍이 들었다. The tree **turned** red.

· 우유가 상했다. The milk has **gone** bad.

· 날씨가 더 추워지고 있다. It's **get**ting colder.

· 풍선이 점점 커지고 있었다. The balloon was **get**ting bigger.

09 나는 축구를 좋아한다 (~를 …하다) P1-01-09

'~를 …하다'의 표현은 '~를'에 해당하는 **목적어**가 필요합니다. 목적어로는 **명사**나 **대명사**가 올 수 있습니다.

· 나는 축구를 좋아한다. I **like** soccer.

· 그는 문을 열었다. He **opened** the door.

· 우리는 보트를 만들었다. We **made** a boat.

· 나는 방을 청소했다. I **cleaned** the room.

· 나는 숙제를 끝냈다. I **finished** my homework.

· 물을 좀 마셨다. I **drank** some water.

· 나는 그의 질문에 대답할 수 없었다. I couldn't **answer** his question.

· 나는 선물을 받았다. I **received** a present.

10 그에게 선물을 주었다 (~에게 …를 주다) P1-01-10

'~에게 …를 주다' 라는 표현은 **「주어 + 동사 + 간접목적어(~에게) + 직접목적어(…를)」**의 형태로 나타냅니다. 이런 형식의 동사는 주로 다음과 같습니다.

give(주다), **show**(보여 주다), **teach**(가르쳐 주다), **send**(보내 주다), **tell**(말해 주다), **lend**(빌려 주다), **buy**(사 주다), **make**(만들어 주다), **find**(찾아 주다), **ask**(묻다) 등

· 나는 그에게 선물을 주었다. I **gave** him a gift.

· 나는 친구들에게 내 사진을 보여 주었다. I **showed** my friends my pictures.

· 나는 그에게 이메일을 보냈다. I **sent** him an e-mail.

· 나는 선생님에게 몇 가지 질문을 했다. I **asked** the teacher some questions.

· 그에게 펜을 빌려 주었다. I **lent** him a pen.

· 가끔 할머니는 나에게 이야기를 해주셨다. Sometimes my grandma **told** me a story.

· 엄마는 나에게 인형을 만들어 주셨다. My mom **made** me a doll.

· 아빠께서 나에게 자전거를 사 주셨다. My dad **bought** me a bike.

· 그는 우리에게 영어를 가르친다. He **teaches** us English.

11 그는 나를 슬프게 한다 (~를 …하게 하다) P1-01-11

'~를 …하게 하다, ~를 …라고 생각하다' 등의 표현은 **「주어 + 동사 + 목적어 + 목적격 보어」**의 형태로 나타냅니다. 목적격 보어란 목적어를 보충해서 설명하는 말입니다.

· 그는 나를 슬프게 했다. He **made** me sad.

· 그 소식은 나를 행복하게 했다. The news **made** me happy.

· 그녀는 그를 의사로 만들었다. She **made** him a doctor.

· 동생이 옷을 더럽게 만들었다. My brother **made** the clothes dirty.

· 우리는 당신을 정직하다고 믿는다. We **believe** you're honest.

· 나는 그 방이 더럽다고 생각했다. I **found** the room dirty.

· 내 친구들은 나를 케빈이라고 부른다. My friends **call** me Kevin.

· 우리는 그를 바보로 생각한다. We **consider** him a fool.

· 나는 그를 위대한 음악가라고 생각한다. I **think** him a great musician.

12 그가 피아노 치는 것을 보았다 (~가 …하는 것을 보다)

감각을 나타내는 동사인 see(보다), watch(지켜보다), hear(듣다), listen to(귀 기울여 듣다), feel(느끼다), smell(냄새 맡다) 등은 **'~가 …하는 것을 -하다'** 라고 표현할 때 **「주어 + 감각동사 + 목적어 + 동사원형/-ing」**의 형태로 나타냅니다.

- 나는 그가 피아노 치는 것을 보았다. I **saw** him play the piano.
- 나는 그녀가 수영하는 것을 보았다. I **saw** her swim.
- 나는 그들이 집으로 들어가는 것을 보았다. I **saw** them go into the house.
- 나는 누군가가 내 이름을 부르는 것을 들었다. I **heard** someone call my name.
- 나는 동생이 우는 소리를 들었다. I **heard** my brother cry.
- 나는 초인종이 울리는 소리를 들었다. I **heard** a doorbell ring.
- 나는 누가 나를 건드리는 것을 느꼈다. I **felt** someone touch me.
- 나는 뭔가 타는 냄새를 맡았다. I **smelled** something burning.

P1-01-13

13 엄마는 나에게 설거지를 시키셨다 (~에게 …을 시키다)

동사 **have, make, let**은 **'~에게 …하도록 하다, ~에게 …시키다'** 의 의미로 **「주어 + 동사 + 목적어 + 동사원형」**의 형태로 쓰입니다.

- 엄마는 나에게 그것을 옮기게 하셨다. My mom **had** me move it.
- 엄마는 나에게 설거지를 시키셨다. My mom **had** me wash the dishes.
- 그들은 나를 거기에 가게 했다. They **made** me go there.
- 선생님은 우리를 웃겼다. The teacher **made** us laugh.
- 부모님은 우리를 일찍 잠자리에 들도록 하신다. My parents **made** us go to bed early.
- 나는 엄마에게 그것에 대해 알려 드렸다. I **let** my mom know about it.

Ⅱ 기초 구문 37가지

01 놀이 공원에 갔다 (go + 부사, go to + 장소) P1-02-01

'~에 가다' 라는 표현은 「go + 부사, go to + 장소」의 형태로 나타냅니다. there는 '거기에', away는 '멀리' 라는 의미의 부사이므로 앞에 전치사를 쓰지 않습니다.

- 나는 거기에 갔다. I **went** there.
- 그는 멀리 갔다. He **went** away.
- 우리는 놀이 공원에 갔다. We **went to** the amusement park.
- 우리는 해변에 갔다. We **went to** the beach.
- 나는 주말마다 도서관에 간다. I **go to** the library every weekend.
- 나는 서둘러 학교에 갔다. I **went to** school in a hurry.
- 나는 일요일에 교회에 갔다. I **went to** church on Sunday.
- 나는 친구들과 놀이터에 갔다. I **went to** the playground with my friends.
- 나는 서점에 갔다. I **went to** the bookstore.
- 나는 오락실에 갔다. I **went to** the arcade.

02 수영하러 갔다 (go for + 명사/go -ing/go to + 동사원형) P1-02-02

'~하러 가다' 는 「go for + 명사」 또는 「go + -ing / go to + 동사원형」의 형태로 씁니다.

- 우리는 산책하러 갔다. We **went for** a walk.
- 나는 드라이브하러 가고 싶다. I want to **go for** a drive.

· 나는 저녁 먹으러 갔다. I **went for** dinner.

· 친구들과 함께 수영하러 갔다. I **went** swimm**ing** with my friends.

· 스키를 타러 갔다. I **went** ski**ing.**

· 스케이트를 타러 갔다. I **went** skat**ing.**

· 쇼핑하러 갔다. I **went** shopp**ing.**

· 물을 가지러 갔다. I **went to** get some water.

· 우리 가족은 외식하러 갔다. My family **went** out **to** eat.

· 나는 간식을 사러 갔다. I **went to** buy some snacks.

03 중국에 가본 적이 있다 (have been to)

P1-02-03

'~에 갔다'는 go의 과거형인 went를 사용하여 **went to**로 표현하고, **'~에 다녀왔다, ~에 가 본 적이 있다'**는 현재완료형 **have been to**를 사용하여 나타냅니다. 또 **'한 번도 가본 적이 없다'**는 have **never** been to로 표현하고, **'지금 막 다녀왔다'**는 have **just** been으로 나타냅니다.

· 나는 중국에 가 본 적이 있다. I **have been to** China.

· 나는 일본에 두 번 다녀왔다. I **have been to** Japan twice.

· 가족과 함께 제주도에 다녀왔다. I **have been to** Jeju Island with my family.

· 나는 전에 미국에 가 본 적이 있다. I **have been to** America before.

· 나는 부산에 한 번도 가 본 적이 없다. I **have never been to** Busan.

· 나는 지금 막 백화점에 다녀왔다. I **have just been to** the department store.

go의 현재완료형인 **have gone**은 주어가 1(나), 2(너)인칭일 때는 사용하지 않습니다. 대화 중인 사람이 가고 없다는 의미가 되기 때문입니다. 따라서 **3인칭**의 주어가 **'~에 가고 지금 이 자리에 없다'**라는 의미를 표현할 때 사용합니다.

· 내 친구는 서울로 가 버렸다. My friend **has gone** to Seoul.
(= My friend went to Seoul, so she is not here now.)

나의 · 나의 것 (소유격 · 소유대명사)

P1-02-04

'~의' 라는 표현을 나타내기 위해서는 **소유격**을 사용합니다. **대명사**일 경우에는 **my**(나의), **our**(우리의), **your**(너의), **your**(너희의), **his**(그의), **her**(그녀의), **their**(그들의), **its**(그것의)로 나타냅니다.

· 이것은 나의 책이다. This is **my** book.

· 나의 집은 그의 학교 근처에 있다. **My** house is near **his** school.

· 그것이 우리의 희망이다. It is **our** hope.

일반명사의 소유격은 뒤에 **s**를 붙여 나타내지만, s로 끝나는 단어는 "'"만 붙여줍니다.

· 오늘은 내 친구의 생일이다. Today is **my friend's** birthday.

· 우리 부모님의 차는 작다. **My parents'** car is small.

'**~의 것**'을 나타내는 **소유대명사**는 **mine**(나의 것), **ours**(우리의 것), **yours**(너의 것), **yours**(너희의 것), **his**(그의 것), **hers**(그녀의 것), **theirs**(그들의 것)로 표현합니다.

· 이 모자는 내 것이 아니다. This hat is not **mine.**

· 내 것이 그녀의 것보다 더 크다. **Mine** is bigger than **hers.**

자야 할 시간이었다 (It is time to)

P1-02-05

'**~할 시간이다. ~해야 할 때이다**'의 표현은 「**It is time for + 명사 / It is time to + 동사원형**」의 형태로 나타냅니다.

· 아침 식사할 시간이었다. **It was time for** breakfast.

· 회의할 시간이었다. **It was time for** a meeting.

· 공부할 시간이었다. **It was time to** study.

· 숙제할 시간이다. **It is time to** do my homework.

· 출발할 시간이다. **It is time to** depart.

· 방 청소할 때다. **It is time to** clean the room.

· 일기 쓸 시간이다. **It is time to** write a diary.

· 일어나야 할 시간이었다. **It was time to** get up.

· 아침 먹을 시간이었다. **It was time to** have breakfast.

· 자야 할 시간이었다. **It was time to** go to bed.

06 그것을 살 만큼 충분한 돈 (enough) P1-02-06

'충분한, 충분히' 의 의미를 뜻하는 **enough**는 명사와 함께 쓰일 경우에는 명사 앞에, 형용사나 부사와 함께 쓰일 경우에는 그 뒤에 써야 합니다.

· 나는 시간이 충분치 않았다. I didn't have **enough** time.

· 나는 충분히 행복하다. I am happy **enough**.

'~하기에 충분한 …, ~하기에 충분히 …한/하게' 의 의미를 표현할 때는 뒤에 **「to + 동사원형」**을 써서 나타냅니다.

· 놀 시간이 충분하지 않았다. I didn't have **enough** time **to** play.

· 나는 그것을 살 만큼 충분한 돈이 없었다. I didn't have **enough** money **to** buy it.

· 그 노래는 발을 구르게 할 만큼 흥겨웠다.
The song was merry **enough to** make my feet tap.

· 춤은 나에게 스트레스를 날려버릴 정도로 재미있다.
Dancing is fun **enough** for me **to** release my stress.

· 배가 119를 부를 정도로 119를 부를 정도로 몹시 아팠다.
My stomach hurt badly **enough to** call 119.

· 그 영화는 소름을 돋게 할 정도로 무서웠다.
The movie was frightening **enough to** give me goose bumps.

07 너무 행복했다 (so, too)

P1-02-07

'매우(very)' 의 정도를 넘어서 **'너무 ~하다'** 라는 표현은 **so**와 **too**를 사용하여 표현할 수 있습니다.

· 나는 너무 행복했다. I was **so** happy.

· 오늘은 햇살이 너무 좋았다. Today, it was **so** sunny.

· 나는 TV를 너무 많이 본다. I watch TV **too** much.

'너무 ~해서 …하다' 의 표현은 **「so ~ that + 주어 + 동사」**의 형태로, **'너무 ~해서 …할 수 없다'** 는 **「too ~ to + 동사원형」**의 형태로 표현합니다.

· 나는 너무 기뻐서 거의 울 뻔했다. I was **so** happy **that** I almost cried.

· 날씨가 너무 좋아서 밖에 나가고 싶었다.
The weather was **so** nice **that** I wanted to go out.

· 너무 긴장해서 손이 떨렸다. I was **so** nervous **that** my hands trembled.

· 나는 너무 아파서 학교에 갈 수 없었다. I was **too** sick **to** go to school.

· 그 문제는 너무 어려워서 풀 수가 없었다.
The question was **too** difficult for me **to** solve.

08 게임을 하려고 (to + 동사원형) P1-02-08

'~하려고, ~하기 위해, ~하도록' 의 표현을 나타내려면 **「to + 동사원형 / so as to + 동사원형 / in order to + 동사원형」**을 사용합니다.

- 나는 게임을 하려고 컴퓨터를 켰다. I turned on the computer **to** play games.
- 용돈을 더 받기 위해서 심부름을 했다. I ran errands **to** get more allowance.
- 부모님을 기쁘게 해드리기 위해 열심히 공부했다. I studied hard **to** please my parents.
- 책을 빌리기 위해 도서관에 갔다. I went to the library **to** check out some books.
- 우리는 숙제를 하기 위해 모였다. We gathered **so as to** do our homework.
- 시간에 맞추려고 빨리 달려갔다. I ran fast **so as to** be on time.
- 숙제를 하려고 책을 샀다. I bought a book **so as to** do my homework.
- 선물을 사기 위해 돈을 모았다. I saved money **in order to** buy a present.
- 그를 만나려고 거기에서 기다리고 있었다. I was waiting there **in order to** meet him.
- 우리는 여행 계획을 세우기 위해 토론했다. We discussed **in order to** plan the trip.

09 졸지 않으려고 (not to + 동사원형) P1-02-09

'~하지 않으려고, ~하지 않기 위해, ~하지 않도록' 의 표현은 **「not to + 동사원형/so as not to + 동사원형 / in order not to + 동사원형」**을 사용하여 나타냅니다.

- 나는 게으르지 않으려고 노력했다. I tried **not to** be lazy.
- 실수하지 않으려고 조심했다. I was careful **not to** make a mistake.
- 다치지 않으려고 안전 규칙을 명심했다.
  I kept the safety tips in mind **so as not to** get hurt.
- 졸지 않으려고 눈을 크게 떴다. I opened my eyes **so as not to** doze.
- 넘어지지 않으려고 천천히 걸었다. I walked slowly **so as not to** fall down.

· 학교에 늦지 않으려고 뛰었다. I ran **so as not to** be late for school.

· 약속을 깨뜨리지 않기 위해 서둘렀다. I hurried up **so as not to** break my promise.

· 감기에 걸리지 않으려고 따뜻한 옷을 입었다.
I put on warm clothes **so as not to** catch a cold.

· 부모님을 실망시켜 드리지 않기 위해 최선을 다할 것이다.
I will do my best **in order not to** disappoint my parents.

· 나는 무례하지 않으려고 노력했다. I tried **in order not to** be impolite. impolite 무례한

· 그것을 잊지 않으려고 적어 두었다. I wrote down **in order not to** forget it.

10 모기 때문에 (because of) P1-02-10

'~ 때문에' 를 나타낼 때, 즉 원인에 해당하는 말이 명사일 경우에는 **「because of + 명사」**의 형태로 표현합니다.

· 모기 때문에 잠을 잘 수가 없었다. I couldn't sleep well **because of** mosquitoes.

· 머리가 아파서 거기에 갈 수 없었다. I couldn't go there **because of** a headache.

· 날씨 때문에 마음이 우울했다. I felt gloomy **because of** the weather.

· 숙제 때문에 게임을 하지 못했다. I couldn't play games **because of** my homework.

원인의 내용이 **'~가 …했기 때문에 —했다'** 의 형식으로 주어와 동사가 올 경우는 of를 빼고 **「because + 주어 + 동사」**의 형태로 표현합니다.

· 비가 와서 소풍을 갈 수 없었다. We couldn't go on a picnic **because** it rained.

· 어젯밤에 늦게까지 공부를 했기 때문에, 오늘 아침에 일찍 일어날 수가 없었다.
Because I studied till late last night, I couldn't get up early this morning.

· 시간이 충분치 않아서 숙제를 끝내지 못했다.
Because I didn't have enough time, I didn't finish my homework.

· 선물을 받아서 기분이 매우 좋았다. I felt so good **because** I got the present.

· 꾸중을 들어서 울었다. I cried **because** I was scolded.

11 내 생각에는 (I think) P1-02-11

내 생각이나 의견을 말하고자 할 때는 **'내 생각에는 ~ 같다, 내가 추측하기에는 ~ 같다'** 라고 표현합니다. 이를 영어로 나타낼 때는 **「I think ~, I guess ~」**라고 시작하면 됩니다.

· 내 생각에는 지금 가야 할 것 같다. **I think** I have to go now.

· 내 생각에는 그것은 그의 실수인 것 같았다. **I thought** it was his mistake.

· 내 생각에는 그렇게 하는 게 더 좋을 것 같았다. **I thought** it was better to do so.

· 내 추측에는 그가 오지 않을 것 같다. **I guess** he won't come.

· 내 추측에는 그가 나보다 어린 것 같다. **I guess** he is younger than me.

또한 **'내 생각으로는, 내 의견으로는'** 이라는 표현은 **in my mind, in my opinion**으로 나타낼 수 있습니다.

· 내 생각으로는 그는 참 정직하다. **In my mind**, he is very honest.

· 내 생각으로는 뭔가 문제가 있는 것 같았다. **In my mind**, there was something wrong.

· 내 의견으로는 그가 잘못한 것이다. **In my opinion**, he was wrong.

· 내 의견으로는 우리는 거기에 가지 말아야 한다. **In my opinion**, we should not go there.

12 싫어하는 것 같았다 (Seem to + 동사원형)

P1-02-12

'~인 것 같다, ~처럼 보인다' 라는 표현을 말하고자 할 때는 「It seems that 주어 + 동사/주어 + seem(s) to + 동사원형」의 형태로 나타낼 수 있습니다.

· 그는 나를 싫어하는 것 같았다.
It **seemed that** he disliked me.
He **seemed to** dislike me.

· 그는 아픈 것 같았다.
It **seemed that** he was sick.
He **seemed to** be sick.

· 그는 나쁜 아이 같지 않았다.
It didn't **seem that** he was a bad boy.
He didn't **seem to** be a bad boy.

· 그는 부자인 것 같다.
It **seems that** he is rich.
He **seems to** be rich.

· 그는 파티에 오지 않을 것 같았다.
It didn't **seem that** he would come to the party.
He didn't **seem to** come to the party.

· 뭔가 문제가 있는 것 같았다.
It **seemed that** something was wrong.
Something **seemed to** be wrong.

13 숙제하는 데 한 시간이 걸렸다 (It takes ~ to)

P1-02-13

'~가 …하는 데 –가 걸리다/들다' 의 표현은 「It takes + (사람) + 시간 + to + 동사원형」의 형태나 「It takes + 시간 + (for + 사람) + to + 동사원형」으로 나타냅니다.

· 그 숙제를 끝내는 데 한 시간이 걸렸다. **It took** an hour **to** finish the homework.

· 이를 교정하는 데 2년이 걸렸다. **It took** two years **to** have my teeth corrected.

· 내가 그것을 완성하는 데 일주일이 걸렸다. **It took** me a week **to** complete it.
It took a week for me to complete it.

· 우리가 백화점에 가는 데 약 한 시간이 걸렸다.
It took us about an hour **to** go to the department store.
It took about an hour for us **to** go to the department store.

· 영어를 배우려면 끈기가 필요하다. It **takes** patience **to** learn English.

14 기쁘게도 (to one's + 감정명사)

P1-02-14

'~가 …하게도' 라는 감정 표현은 **「to + 소유격인칭대명사 + 감정명사」**의 형태로 나타냅니다. 감정을 나타내는 명사는 **surprise**(놀라움), **disappointment**(실망), **joy**(기쁨), **pleasure**(즐거움), **satisfaction**(만족), **sorrow**(슬픔), **despair**(절망) 등이 있습니다. **'~가 매우 …하게도'** 라고 할 때에는 **great, much**를 덧붙여 쓰면 됩니다.

· 기쁘게도, 그가 왔다. **To my joy**, he came.

· 매우 기쁘게도, 엄마가 드레스를 사 주셨다.
To my great joy, my mom bought me a dress.

· 즐겁게도, 나는 음악회에 갈 수 있었다.
To my pleasure, I was able to go to the concert.

· 실망스럽게도, 집에 엄마가 안 계셨다.
To my disappointment, my mom was not at home.

· 절망스럽게도, 그는 아무 말도 없이 가 버렸다.
To my despair, he went away without a word.

· 실망스럽게도, 그는 나에게 전화하지 않았다.
To my disappointment, he didn't call me.

· 놀랍게도, 그는 어제 교통사고를 당했다.
To my surprise, he had a car accident yesterday.

· 놀랍게도, 그는 시험에 떨어졌다. **To my surprise**, he failed the exam.

· 만족스럽게도, 그것은 사실이었다. **To my satisfaction**, it was true.

· 슬프게도, 갑자기 할머니가 돌아가셨다.
To my sorrow, my grandmother passed away suddenly.

15 깜짝 놀랐다 (감정동사)

P1-02-15

감정을 나타내는 동사들은 다음처럼 주로 **'~하게 하다'** 의 의미입니다.

- **기쁨, 만족, 흥미** : delight/please(기쁘게 하다, 즐겁게 하다), satisfy(만족시키다), excite(흥분시키다), interest(흥미를 일으키게 하다)
- **놀람, 무서움** : surprise/shock(놀라게 하다), scare/frighten(무섭게 하다)
- **화남** : upset/offend(화나게 하다), irritate(짜증나게 하다)
- **당황** : confuse/embarrass(당황하게 하다)
- **감동** : move/touch/impress(감동시키다)
- **피곤** : tire(피곤하게 하다), bore(지루하게 하다)
- **걱정** : worry(걱정시키다)

위 동사들을 이용하여 감정 표현을 하고자 할 때는 **수동태** 형식을 취합니다. 예를 들어, surprise는 '놀라게 하다' 라는 의미이므로, '놀라다' 의 표현은 '~로 인해 놀라게 되다' 라는 수동태로 표현해야 합니다. 이때, 뒤에 명사가 올 경우 어떤 **전치사**가 함께 오는지에 유의해야 합니다.

- 나는 좋은 선물을 받아서 기뻤다. I **was delighted** to receive a nice gift.
- 나는 그의 이메일을 받아서 기뻤다. I **was pleased** to receive his e-mail.
- 나는 그를 보고 깜짝 놀랐다. I **was surprised** to see him.
- 나는 그가 떠나버려서 당황했다. I **was embarrassed** because he left.
- 나는 그 경기를 보고 흥분했다. I **was excited** to watch the game.
- 나는 그의 말에 짜증이 났다. I **was irritated with** his words.
- 나는 그 영화에 깊은 인상을 받았다. I **was impressed by** the movie.

16 자고 싶었다 (want to)

P1-02-16

'~하고 싶다, ~하기를 원하다' 라는 표현은 **「want to + 동사원형」**으로 나타내며 좀더 정중하게 표현하려면 **「would like to + 동사원형」**을 사용합니다. 또한 **'~하고 싶은 기분이 든다, ~하고 싶다'** 를 나타낼 때는 **「feel like -ing」**를 사용합니다.

· 나는 훌륭한 선생님이 되고 싶다. I **want to** be a good teacher.

· 그를 만나고 싶었다. I **wanted to** see him.

· 혼자 있고 싶습니다. I**'d like to** stay alone.

· 용돈을 더 받고 싶어요. I**'d like to** get more allowance.

· 영화 보러 가고 싶었다. I **felt like** go**ing** to the movies.

· 아무것도 하고 싶지 않았다. I didn't **feel like** do**ing** anything.

· 자고 싶었다. I **felt like** go**ing** to bed.

17 빨리 사고 싶다 (can't wait) P1-02-17

'몹시/빨리 ~하고 싶다' 의 표현은 **「can't wait to + 동사원형」**으로 나타냅니다. 어떤 일을 하기를 간절히 바라거나 열망할 때는 **「long to + 동사원형, be eager to + 동사원형」**을 사용하기도 합니다.

· 스키가 몹시 타고 싶다. I **can't wait to** ski.

· 그를 빨리 다시 만나고 싶다. I **can't wait to** meet him again.

· 빨리 소풍을 가고 싶었다. I **couldn't wait to** go on a picnic.

· 나는 꼭 그 나라에 가고 싶다. I **long to** enter the country.

· 나는 내가 가장 좋아하는 가수를 만나보고 싶었다. I **longed to** meet my favorite singer.

· 나는 정말 영화 보러 가고 싶었다. I **was eager to** go to the movies.

18 눈이 오면 좋겠다 (I wish + 주어 + 과거동사) P1-02-18

지금 실제로는 그러하지 않거나 불가능한 일들이 이루어지기를 **소망**할 때, 즉 **'~하면 좋겠다'** 라고 표현하고자 할 때는 **「I wish + 주어 + 동사의 과거형(be동사는 were)」**으로 나타냅니다.

· 눈이 오면 좋겠다. **I wish it would** snow.

· 영어를 유창하게 말하면 좋겠다. **I wish I could** speak English fluently.

· 춤을 잘 출 수 있으면 좋겠다. **I wish I could** dance well.

· 휴대폰이 있으면 좋겠다. **I wish I had** a cell phone.

· 돈이 많으면 좋겠다. **I wish I had** a lot of money.

· 비가 안 오면 좋겠다. **I wish it would** not rain.

· 우리 집이 부자이면 좋겠다. **I wish my family were** rich.

· 나는 키가 더 크면 좋겠다. **I wish I were** taller.

· 내가 슈퍼맨이라면 좋겠다. **I wish I were** Superman.

19 일찍 일어나기가 어려웠다 (가주어, 진주어) P1-02-19

'~하는 것'을 표현할 때는 **「동명사(-ing) / to + 동사원형」**을 이용하여 나타낼 수 있습니다. 이때 주어에 to부정사가 쓰여 주어가 길어진 경우에는 **가주어 it**을 사용하여 긴 주어를 대신하고 긴 주어 즉, **진주어**(진짜 주어)를 뒤에 씁니다.

· 일찍 일어나기가 어려웠다.
Getting up early is difficult.
To get up early is difficult. → **It** is difficult **to get up early**.

· 그를 돕는 것은 좋은 일이었다.
Helping him was good.
To help him was good. → **It** was good **to help him**.

· 거짓말하는 것은 나쁜 일이다.
Telling a lie is bad.
To tell a lie is bad. → **It** is bad **to tell a lie**.

· 그 질문에 대답하기가 어려웠다.
Answering the question was difficult.
To answer the question was difficult.
→ **It** was difficult **to answer the question**.

· 친구들과 노는 것이 재미있었다.
Playing with my friends was fun.
To play with my friends was fun.
→ **It** was fun **to play with my friends**.

20 틀림없이 거짓이다 (현재의 추측) P1-02-20

현재의 일이 어떠할 것이라고 **추측**하는 경우, **조동사**를 사용하여 다음처럼 표현합니다.

· ~임이 틀림없다 : **must + 동사원형**
· ~일지도 모른다 : **may + 동사원형**
· ~일 리가 없다 : **can't + 동사원형**

· 그것은 틀림없이 내 실수이다. It **must** be my fault.
· 뭔가 틀림없이 문제가 있다. Something **must** be wrong with it.
· 그 뉴스는 거짓임이 틀림없다. The news **must** be false.
· 그것은 사실일지도 모른다. It **may** be true.
· 나는 성공할지도 모른다. I **may** succeed.
· 그는 시험에 떨어질 리가 없다. He **can't** fail the exam.
· 그것이 그렇게 작을 리가 없다. It **can't** be small like that.

21 그가 옳았을지도 모른다 (과거의 추측) P1-02-21

과거의 일이 어떠했을 것이라고 **추측**하는 경우에는 다음처럼 표현합니다.

· ~이었음이 틀림없다 : **must have + 과거분사**
· ~이었을지도 모른다 : **may have + 과거분사**
· ~이었을 리가 없다 : **can't have + 과거분사**

· 그가 화난 것임이 틀림없었다. He **must have been** angry.

· 배탈이 난 것임이 틀림없었다. I **must have had** an upset stomach.

· 그가 옳았을지도 모른다. He **may have been** right.

· 그가 길을 잃었을지도 모른다. He **may have lost** his way.

· 내가 그것을 쓰레기통에 버렸을 리가 없다. I **can't have thrown** it in the trash can.

· 그가 그 사실을 알 리가 없다. He **can't have known** that fact.

22 가지 말았어야 했다 (should have + 과거분사)

P1-02-22

'~을 했어야 했다, ~을 하지 말았어야 했다' 라고 지난 일에 대해서 **후회**하거나 **유감**의 뜻을 나타낼 때는 **「should have + 과거분사 / should not have + 과거분사」**를 사용합니다. **'~할 필요가 없었다'** 라고 할 때는 **「need not have + 과거분사」**의 형태로 표현합니다.

· 좀더 열심히 공부했어야 했다. I **should have studied** harder.

· 나는 좀더 조심했어야 했다. I **should have been** more careful.

· 그것을 확인했어야 했다. I **should have checked** it.

· 거기에 가지 말았어야 했다. I **should not have been** there.

· 시간을 낭비하지 말았어야 했다. I **should not have wasted** my time.

· 우산을 가져갈 필요가 없었다. I **need not have brought** my umbrella.

· 방을 청소할 필요가 없었다. I **need not have cleaned** the room.

· 전등을 끌 필요가 없었다. I **need not have turned** off the light.

23 가끔 과식을 한다 (빈도부사) P1-02-23

다음은 **횟수**의 정도에 따라 나열된 **빈도부사**입니다. 빈도부사는 **일반동사 앞, be동사와 조동사 뒤**에 위치합니다.

1. **always** : 언제나, 항상
2. **usually** : 보통, 일반적으로, 대개
3. **often** : 흔히, 자주, 종종
4. **sometimes** : 때때로, 이따금, 간혹
5. **never** : 한 번도 ~ 않다

· 그는 언제나 늦게 온다. He **always** comes late.

· 나는 보통 TV를 너무 많이 본다. I **usually** watch too much TV.

· 나는 그를 종종 방문한다. I **often** visit him.

· 나는 가끔 과식을 한다. I **sometimes** eat too much.

· 나는 아직 한 번도 외국에 나가본 일이 없다. I have **never** been abroad.

24 거의 공부를 하지 않는다 (hardly) P1-02-24

hard는 '열심인, 단단한, 열심히, 단단하게' 등의 의미가 있는 반면, **hardly**는 **'거의 ~ 않다'** 라는 **부정**을 나타냅니다. 그러므로 hardly가 쓰인 문장에서는 not을 함께 쓰면 안 됩니다. 의미가 비슷한 말로는 **seldom**(좀처럼 ~ 않다), **rarely**(거의 ~ 않다)」등이 있습니다.

· 나는 거의 공부 하지 않는다. I **hardly** study.

· 거의 숨을 쉴 수가 없었다. I could **hardly** breathe.

· 나는 거의 운동 하지 않는다. I **hardly** exercise.

· 나는 좀처럼 책을 읽지 않는다. I **seldom** read books.

· 우리 가족은 좀처럼 함께 저녁을 먹은 적이 없다. My family **seldom** have dinner together.

· 그는 좀처럼 목욕 하지 않는다. He **seldom** takes a bath.

· 나는 거의 TV를 보지 않는다. I **rarely** watch TV.

· 그는 거의 늦지 않는다. He is **rarely** late.

25 더 이상 울지 않을 것이다 (no longer) P1-02-25

'더 이상 ~하지 않다' 라는 표현은 **시간**적인 내용일 때는 **no longer**나 **not ~ any longer**를, **양**이나 **수**에 관련된 내용은 **no more**나 **not ~ any more**를 사용하여 나타냅니다.

· 나는 더 이상 울지 않을 것이다. I will cry **no longer**.
I will **not** cry **any longer**.

· 더 이상 그와 연락하지 않았다. I kept in touch with him **no longer**.
I did**n't** keep in touch with him **any longer**.

· 더 이상 참을 수가 없었다. I could stand **no longer**.
I could **not** stand **any longer**.

· 더 이상 못 먹겠다. I can eat **no more**.
I can**not** eat **any more**.

26 언제 가야 할지 (의문사 + to부정사) P1-02-26

'~해야 할지' 는 **「의문사 + to부정사」**의 형태로 표현합니다.

· **who to + 동사원형** : **누가** ~해야 할지, **누구를** ~해야 할지

· **when to + 동사원형** : **언제** ~해야 할지

· **where to + 동사원형** : **어디에서/어디로** ~해야 할지

· **what to + 동사원형** : **무엇을** ~해야 할지

· **which one to + 동사원형** : **어떤 것을** ~해야 할지

· **how to + 동사원형** : **어떻게** ~해야 할지, ~하는 **방법**

· 나는 누구랑 함께 가야 할지 결정할 수 없었다. I could not decide **who should go**.

· 나는 누구를 만나야 할지 몰랐다. I didn't know **who to meet**.

· 나는 언제 시작하는지 알고 싶었다. I wanted to know **when to start**.

· 문제는 언제 그것을 끝내야 하느냐는 것이었다. The problem was **when to finish** it.

· 그가 나에게 어디로 가야 할지 알려 주었다. He told me **where to go**.

· 나는 무엇을 해야 할지 몰랐다. I didn't know **what to do**.

· 어떤 것을 사야 할지 결정할 수 없었다. I couldn't decide **which one to buy**.

· 어떤 가방을 선택해야 할지 몰랐다. I didn't know **which bag to choose**.

· 나는 컴퓨터 사용법을 모른다. I don't know **how to use** the computer.

27 마실 물이 필요하다 (to부정사) P1-02-27

'~할, ~하는, ~해야 할' 의 의미로 형용사처럼 명사를 꾸며줄 때 「to + 동사원형」을 사용합니다. **「명사 + to + 동사원형」**의 구문은 「to + 동사원형」이 앞에 있는 명사를 수식하면서 '~할 …' 라는 표현을 나타냅니다.

· 나는 마실 물이 좀 필요했다. I needed some **water to drink**.

· 읽어야 할 책이 많았다. I had many **books to read**.

· 끝내야 할 숙제가 있었다. I had **homework to finish**.

· 우물쭈물할 시간이 없었다. I had no **time to lose**.

· 해야 할 일이 매우 많았다. I had a lot of **work to do**.

to부정사가 수식하는 명사와 to부정사의 동사 사이에 전치사가 필요할 경우에는 동사 뒤에 꼭 **전치사**를 붙여 써야 합니다. **'친구들과 놀다'** 는 play **with** friends라고 표현합니다. 따라서 to부정사를 이용하여 **'함께 놀 친구'** 라고 표현해야 할 경우 friends to play **with**라고 합니다.

- 나는 함께 놀 친구가 없었다. I had no **friend to play with**.
- 나는 가지고 쓸 펜이 없었다. I had no **pen to write with**.
- 생각해 봐야 할 문제가 있다. I have a **problem to think about**.

28 자는 게 낫겠다 (had better) P1-02-28

'~하는 편이 좋겠다, ~하는 게 낫겠다' 는 **「had better + 동사원형」**으로, **'~하지 않는 게 낫겠다'** 라고 할 때는 **「had better not + 동사원형」**의 형태로 표현합니다.

- 일찍 자는 게 낫겠다. I **had better** go to bed early.
- 우산을 가져가는 게 좋겠다. You **had better** take an umbrella.
- 택시를 타고 가는 게 낫겠다. I **had better** take a taxi.
- 집에 있는 것이 좋겠다. I **had better** stay home.
- 저축을 좀 하는 게 좋겠다. I **had better** save some money.
- 그 모임에는 가지 않는 게 좋겠다. I **had better not** go to the meeting.
- 우리는 일찍 만나지 않는 게 낫겠다. We **had better not** meet early.
- 거짓말은 하지 않는 게 좋겠다. We **had better not** tell a lie.
- 그것은 시작하지 않는 게 좋겠다. We **had better not** start it.
- 늦지 않는 게 좋겠다. We **had better not** be late.

29 인형처럼 보였다 (like) P1-02-29

'마치 ~처럼' 이라고 표현할 때는 **like**를 사용하여 나타낼 수 있습니다. 이 때 like 다음에는 명사가 옵니다.

· 나는 그렇게 했다. I did it **like** that.

· 그는 아기처럼 울었다. He cried **like** a baby.

· 그는 물고기처럼 수영했다. He swam **like** a fish.

· 그는 말처럼 달렸다. He ran **like** a horse.

· 우리는 서로 닮았다. We are **like** each other.
cf. 우리는 서로 좋아한다. We **like** each other.

· 사람들은 우리가 자매 같다고 말한다. People say that we are **like** sisters.

· 그녀는 인형처럼 보였다. She looked **like** a doll.

· 비가 올 것 같았다. It looked **like** rain.

· 그것은 초콜릿 같은 맛이 났다. It tasted **like** chocolate.

30 인형보다 더 예뻤다 (more ~ than) P1-02-30

'~보다 더 …하다'는 「-er than ~/more ... than ~」으로 표현하며, '~보다 덜 …하다'는 「less ... than ~」으로 나타냅니다.

· 그녀는 인형보다 더 예뻤다. She is **prettier than** a doll.

· 내 동생은 나보다 키가 더 크다. My brother is **taller than** I.

· 그는 나보다 더 뚱뚱하다. He is **fatter than** I.

· 이것이 내 것보다 더 크다. This is **bigger than** mine.

· 그 산은 내가 생각한 것보다 더 아름다웠다.
The mountain was **more** beautiful **than** I thought.

· 나는 내 친구들보다 덜 영리한 것 같다. I think I am **less** clever **than** my friends.

· 그것이 이것보다 덜 비쌌다. That was **less** expensive **than** this.

· 오늘은 어제보다 덜 신났다. Today I was **less** excited **than** yesterday.

· 야채보다 고기를 덜 먹는 것이 좋다. It's good to eat **less** meat **than** vegetable.

31 그를 천재라고 한다 (It is said that) P1-02-31

'사람들이 그러는데 ~라고들 한다'라고 표현할 때는 「People say that + 주어 + 동사/It is said that + 주어 + 동사」의 구문으로 나타냅니다. 또한, '~라고 하는 말을 들었다'라는 표현은 「I heard that + 주어 + 동사」라고 합니다.

· 사람들은 그를 천재라고 말한다. **People say that** he is a genius.
It is said that he is a genius.

· 그는 매우 예의바른 아이라고 했다. **People said that** he was a very polite boy.
It was said that he was a very polite boy.

· 거기에서 큰 사고가 있었다고 했다.
People said that there was a big accident there.
It was said that there was a big accident there.

· 그 가수가 갑자기 죽었다고 했다.
People said that the singer died suddenly.
It was said that the singer died suddenly.

· 그것을 끝마치기는 쉽지 않다는 말을 들었다. **I heard that** it was not easy to finish it.

· 더 적게 먹는 것이 건강에 좋다고 들었다. **I heard that** it was good to eat less.

32 많은, 적은 (many, much/a few, a little) P1-02-32

많고 적음을 나타내는 말은 셀 수 있는 명사와 셀 수 없는 명사에 따라 다릅니다. **'많은'**은 **셀 수 있는 명사**일 경우 **many**로, **셀 수 없는 명사**일 경우에는 **much**를 사용하여 나타냅니다. **a lot of**와 **lots of**는 **모든 명사** 앞에 쓸 수 있습니다. **a few**는 **셀 수 있는 명사** 앞에서, **a little**은 **셀 수 없는 명사** 앞에서 **'몇몇의, 약간의, 적은'**의 의미로 사용됩니다. 같은 의미인 **some**은 **모든 명사** 앞에 올 수 있습니다.

· 나는 친구가 많다. I have **many** friends.

· 나는 좋은 일을 많이 하고 싶다. I want to do **many** good things.

· 냉장고에 과일이 많이 있었다. There was **a lot of** fruit in the refrigerator.

· 숙제가 많았다. I had **much** homework.

· 운동을 많이 했다. I did **much** exercise.

· 우리 아빠는 일이 많으셨다. My dad had **lots of** work.

· 나는 반지가 몇 개 있다. I have **a few** rings.

· 나는 돈을 조금 모았다. I saved **a little** money.

· 사과를 몇 개 먹었다. I ate **some** apples.

· 빵을 조금 샀다. I bought **some** bread.

33 잊으려고 애썼다 (try -ing) P1-02-33

다음에 동사는 동사 뒤에 **to부정사**(to + 동사원형)가 오는 경우와 **동명사**(-ing)가 오는 경우에 따라 의미가 달라집니다.

· **try to + 동사원형** : ~하려 애쓰다
try -ing : 시험 삼아 ~해 보다

· **stop to** + 동사원형 : ~하기 위해 멈추다
stop -ing : ~하는 것을 그만두다

· **remember to + 동사원형** : 미래에 ~할 일을 기억하다
remember -ing : 과거에 ~한 일을 기억하다

· **forget to + 동사원형** : 미래에 ~할 일을 잊다
forget -ing : 과거에 ~한 일을 잊다

· 나는 그 일을 잊으려고 애썼다. I **tried to** forget about it.

· 그는 시험 삼아 개에게 먹이를 주어 보았다. He **tried** feed**ing** the dog.

· 나는 그에게 전화를 하려고 멈추었다. I **stopped to** call him.

· 우리 아빠는 담배를 끊었다. My dad **stopped** smok**ing**.

· 나는 내일 그를 만날 일을 기억할 것이다. I'll **remember to** see him tomorrow.

· 나는 지난 여름에 그녀를 만난 것을 기억한다.
I **remember** meet**ing** her last summer.

· 나는 그 책 가져가는 것을 잊지 않을 것이다. I won't **forget to** bring the book.

· 나는 그에게 돈을 빌리던 일을 잊었다. I **forgot** borrow**ing** some money from him.

34 요리를 잘한다/못한다 (be good at/be poor at)

P1-02-34

'~을 잘하다'는 「be good at + 명사/-ing」, '~을 못하다'는 「be poor at + 명사/-ing」로 표현합니다.

· 나는 요리를 잘한다. I **am good at** cooking.

· 그는 남을 잘 도와준다. He **is good at** helping others.

· 그는 영어를 잘한다. He **is good at** speaking English.

· 그는 다른 사람의 험담을 잘한다. He **is good at** speaking ill of others.

· 나는 노래를 잘 못한다. I **am poor at** singing.

· 나는 거짓말을 잘 못한다. I **am poor at** lying.

· 나는 춤을 잘 못 춘다. I **am poor at** dancing.

· 나는 달리기를 잘 못한다. I **am poor at** running.

35 눈이 올 때 (시간접속사)

P1-02-35

· ~할 때 : **when, as**
· ~하는 동안 : **while**
· ~하자마자 : **as soon as**
· ~하면서 : **as**
· ~할 때까지 : **until**
· ~하고 나서야 비로소 …하다 : **not ~ until ...**

· 눈이 올 때는 밖에 나가고 싶다. **When** it snows, I want to go out.

· 운전할 때는 항상 조심해야 한다. **When** we drive cars, we should be careful.

· 내가 없는 동안 누군가가 나에게 전화를 했다. **While** I was away, someone called me.

· 저녁을 먹으면서 축구 경기를 보았다.
While I was having dinner, I watched the soccer game.

· 내가 집에 오자마자 비가 왔다. **As soon as** I came home, it rained.

· 숙제를 끝내자마자 컴퓨터 게임을 시작했다.
As soon as I finished my homework, I played computer games.

· 그 편지를 마치면서 한 가지만 더 이야기하고 싶었다.
As I ended the letter, I wanted to say one more thing.

· 나는 그가 올 때까지 기다리고 있었다. I was waiting **until** he came.

· 오늘이 되어서야 비로소 그 뉴스를 들었다. I did **not** hear the news **until** today.

36 지난주 (때를 나타내는 표현들) P1-02-36

· 지금 now

· 오늘 today

· 어제 yesterday

· 그저께 the day before yesterday

· 내일 tomorrow

· 모레 the day after tomorrow

· 지난주 last week

· 다음 주 next week

· 지난주 오늘 a week ago today

· 다음 주 오늘 a week from today

· 일주일 전에 a week ago

· 일주일 후에 a week later

· 작년 last year

· 재작년 the year before last

· 내년 next year

· 내후년 the year after next

· 작년 이맘때에 at this time last year

· 내년 이맘때에 at this time next year

· 오는 일요일에 on this coming Sunday

· 매일 every day, each day

· 매달 every month, each month

· 격주로 every two weeks, every other week

· 격일로 every two days, every other day

37 그리고, 그러나 (연결어) P1-02-37

· 그리고 and

· 그러나 but, however

· 그래서 so, thus

· 그러고 나서 and then

· 그러므로 therefore

· 따라서 accordingly

· 그래도 for all that

· 그럼에도 불구하고 nevertheless

· 게다가 in addition, moreover

· 반면에 on the other hand

· 대신에 instead

· 반대로 by contrast

· 결국 finally, in the end

- 마침내 at last
- 간단히 말하자면 in brief, in short
- 즉, 다시 말하면 that is, in other words
- 예를 들면 for example
- 마찬가지로 likewise
- 비슷하게 similarly
- 요약하자면 in summary
- 그렇다면 if so
- 그렇지 않으면 otherwise

PART 2

내가 쓰고 싶은 말이 다 있는

상황별 분류 20

날씨와 계절 | 하루 일과 | 일상생활 | 학교생활 | 학교행사 | 친구 관계 | 취미 활동 | 운동 | 가족 | 집안일
명절 · 기념일 | 성격 · 언행 | 건강 | 외모 | 의생활 | 식생활 | 쇼핑 | 문화생활 | 여행 | 나의 미래

Snowman

Saturday December 17, Snowy

Today it snowed. It was not very cold outside.
My brother and I went out and made a snowman in the playground.
We made the snowman eyes, a nose and a mouth. He was very cute.
A lot of children were playing in the snow.
We made snowballs. I had a snowball fight with my brother.
It got colder, so we came back home. I had a wonderful day.

눈사람 12월 17일 토요일, 눈

오늘 눈이 왔다. 밖은 그리 춥지 않았다.
동생과 나는 밖으로 나가 운동장에서 눈사람을 만들었다.
우리는 눈사람에게 눈, 코, 입을 만들어 주었다. 매우 귀여웠다.
많은 아이들이 눈 속에서 놀고 있었다.
우리는 눈 뭉치를 만들었다. 나는 동생과 눈싸움을 했다.
날씨가 더 추워져서 집으로 돌아왔다. 즐거운 하루였다.

outside 밖에 **playground** 운동장 **cute** 귀여운 **snowball** 눈 뭉치 **fight** 싸움 **wonderful** 즐거운, 멋진

01 날씨

좋은 날씨 P2-01-0101

- 날씨는 정말 좋았다. — It was really nice.
- 화창한 날씨였다. — It was fine.
- 햇살이 밝았다. — It was sunny.
- 쾌청한 날씨였다. — It was bright.
- 상쾌한 날씨였다. — It was balmy.
  balmy 상쾌한, 향기로운, 기분 좋은
- 쾌적한 날씨였다. — It was delightful.
  delightful 쾌적한, 유쾌한
- 포근한 날씨였다. — It was mild.
- 오늘은 참 맑은 날씨였다. — It was fair today.
  fair 맑은, 공평한
- 햇살이 빛나고 있었다. — The sun was shining.
  shine 빛나다, 반짝이다
- 하늘이 맑았다. — The sky was clear.
- 하늘에 구름 한 점 없었다. — There wasn't a cloud in the sky.
- 더할 나위 없이 좋은 날씨였다. — The weather was perfect.
  weather 날씨 | perfect 완벽한
- 정말 이보다 더 좋은 날씨는 없을 것이다. — The weather couldn't be better.
  couldn't be better 더 좋을 수 없다
- 날씨가 점점 좋아지고 있다. — The weather is getting better.
  get + 비교급 점점 ~해지다
- 날씨가 활짝 개었다. — It cleared up.
  up 완전히, 모조리(=completely)
- 날씨가 너무 좋아서 밖에 나가 돌아다니고 싶었다. — The weather was so nice that I wanted to hang around.
  hang around 돌아다니다

흐린 날씨 P2-01-0102

- 구름 낀 흐린 날씨였다. — It was cloudy.
- 구름으로 뒤덮인 어두운 날씨였다. — It was overcast.
  overcast 흐린, 음침한, 구름으로 뒤덮인
- 날씨가 우중충했다. — It was dull.
  dull 흐린, 무딘, 활기 없는
- 음울한 날씨였다. — It was gloomy.
  gloomy 음울한, 음침한, 어두운
- 음산한 날씨였다. — It was murky.
  murky 음산한, 어두운, 자욱한
- 날씨가 궂었다. — It was nasty.
  nasty 날씨가 궂은, 불쾌한
- 구름이 하늘을 뒤덮기 시작했다. — Clouds began to cover the sky.
- 아침 내내 흐렸다. — It's been gray all morning.
- 날씨가 너무 흐려서 기분도 가라앉았다. — I felt down because it was so cloudy.
- 날씨 때문에 우울했다. — I felt depressed because of the weather.
  depressed 우울한, 풀이 죽은

변덕스런 날씨 P2-01-0103

- 날씨가 변덕스러웠다. — The weather was erratic.
  erratic 불규칙적인, 변덕스러운
- 날씨를 예측할 수가 없었다. — The weather was unpredictable.
  unpredictable 예측할 수 없는
  We couldn't predict the weather.
  predict 예측하다
- 따뜻했는데 갑자기 추워졌다. — It had been warm, but it suddenly got cold.
- 아침에는 비가 오락가락했다. — It rained occasionally in the morning.
  occasionally 이따금, 수시로
- 햇빛이 나는데도 비가 내렸다. — It rained even if the sun shone.
  even if 비록 ~일지라도, ~하는데도

• 우리는 그런 걸 '호랑이가 시집가는 날씨'라고 한다.

We call that 'the weather of the day when tiger brides get married.'

일기예보 P2-01-0104

• 일기예보를 주의 깊게 들었다.

I listened to the weather forecast.

forecast 예상, 예보

• 일기예보를 확인했다.

I checked the weather forecast.

• 일기예보에서 내일 날씨가 맑을 것이라고 예보했다.

The weather forecast predicted sunshine for tomorrow.

• 일기예보관은 내일 비가 올 거라고 했다.

The weatherman said it would rain tomorrow.

• 일기예보에 따르면, 날씨가 곧 좋아질 것이라고 한다.

According to the weather forecast, the weather will improve soon. according to ~에 따르면

• 일기예보에서 소나기가 약간 올 것이라고 한다.

The weather forecast predicts a little shower.

• 일기예보대로 날씨가 좋았다.

It was fine as forecasted.

as ~대로

• 오늘의 일기예보가 맞았다.

Today's weather forecast proved right.

prove (to be) + 형용사 ~임이 판명되다

• 오늘의 일기예보가 틀렸다.

Today's weather forecast turned out wrong.

turn out ~임이 드러나다

• 때때로 일기예보를 믿지 못할 때가 있다.

Sometimes I don't believe the weather forecast.

기온 P2-01-0105

• 오늘 기온은 영상 5도였다.

Today's temperature was 5 degrees Celsius.

Celsius, Centigrade 섭씨(*cf.* Fahrenheit 화씨)

• 오늘 기온은 영하 5도였다.

Today's temperature was 5 degrees Celsius below zero. below ~ 아래, ~ 이하

• 온도계는 25도를 가리켰다.

The thermometer stood at 25°C.

thermometer 온도계 | stand (값 · 정도가) ~이다

• 기온이 갑자기 올랐다.

The temperature suddenly rose.

rose rise(오르다)의 과거형

- 기온이 급상승했다. — The temperature soared.
  soar 높이 솟다, 급상승하다
- 기온이 35도까지 올랐다. — The temperature rose up to 35°C.
- 기온이 갑자기 떨어졌다. — The temperature fell suddenly.
- 기온이 영하 10도까지 떨어졌다. — The temperature dropped to 10°C below zero.
- 오늘 최고 기온은 35도였다. — Today's high temperature was 35°C.
- 오늘 최저 기온은 영하 10도였다. — Today's low temperature was 10°C below zero.
- 체감 온도는 영하 20도였다. — The wind chill index was 20°C below zero.
  wind chill index 체감 온도

02 봄

봄 맞이

P2-01-0201

- 봄이 빨리 오면 좋겠다. — I hope spring will come quickly.
- 봄이 살며시 오고 있는 것 같았다. — Spring seemed to be coming quietly.
  seem to + 동사원형 ~인 것 같다
- 봄기운을 느낄 수 있었다. — I could feel the breath of spring.
  breath 기미, 호흡, 생명
- 봄이 왔다. — It became spring.
- 지금 봄이 한창이다. — Spring is in all its glory.
  be in all one's glory 한창이다, 전성기다
- 봄은 사계절 중 가장 즐거운 계절이다. — Spring is the most pleasant of all the seasons.
- 나는 사계절 중에서 봄을 가장 좋아한다. — I like spring best of all the seasons in a year.
- 봄이 되니 새싹이 돋아난다. — As spring comes, the trees push out fresh shoots.
  shoot (명) 새싹, 사격, 발사, 어린 가지 (동) 쏘다
- 꽃들이 봉오리져 있었다. — The flowers were in buds.
  bud 싹, 봉오리

- 날씨가 따뜻해져서 두꺼운 외투를 벗었다.
  It became warmer, so I took off my warm clothes.
  take off ~을 벗다
- 날씨가 따뜻해져서 졸렸다.
  Warm weather made me sleepy.
  sleepy 졸린
- 들에 봄나물이 많았다.
  There were lots of spring herbs in the field.
  herb 식용식물, 풀, 허브

봄 날씨 P2-01-0202

- 날씨가 더 따뜻해졌다.
  The weather became warmer.
- 화창한 봄날이었다.
  It was a fine spring day.
- 상쾌한 봄 날씨였다.
  We had balmy spring weather.
- 날씨가 매우 따뜻해서 정말 즐거웠다.
  It was so warm, and I was really happy.
- 산책하기에 딱 좋은 날씨였다.
  It was perfect for taking a walk.
  perfect 더할 나위 없는, 완전한
- 잔디에 등을 대고 누워 하늘을 바라보았다.
  I lay on my back on the grass and saw the sky.
  lay lie(눕다)의 과거형 | lie on one's back 등을 대고 눕다
- 하늘이 정말 맑았다.
  The sky was really clear.
- 봄바람이 무척 부드러웠다.
  The spring breeze was too gentle.
  breeze 산들바람
- 황사가 불었다.
  There was yellow dust in the air.
  yellow dust 황사
- 황사 바람이 심하게 불었다.
  There was a yellow dust storm.
- 황사 때문에 마스크를 썼다.
  I put on a mask because of the yellow dust.
- 황사로 하늘이 뿌예졌다.
  The sky was hazy with the yellow dust.
  hazy 안개 낀, 흐릿한

꽃샘추위 P2-01-0203

- 오늘 겨울의 막바지 추위가 있었다.
  Today was winter's last shot.
  shot 발사, 겨냥, 시도

- 이번 주엔 꽃샘추위가 있을 것이다. We will have spring frost this week.
  frost 강추위, 서리
- 꽃 피는 계절인데도 날씨가 아직 춥고 바람이 불었다. It was still cold and windy in the blooming season.
  bloom 꽃이 피다
- 봄을 시샘하는 추위가 매서웠다. The cold weather envious of spring was severe.
  envious 질투하는, 샘내는
- 봄바람이 겨울바람보다 더 차가운 것 같다. A spring breeze seems to be colder than a winter wind.
- 꽃샘추위 때문에 아침에 따뜻한 옷을 입었다. I put on warm clothes in the morning because of the spring chill.
  put on ~을 입다(*cf.* wear 입고 있다)

안개 P2-01-0204

- 오늘 아침에 안개가 끼었다. It was foggy[misty] this morning.
  foggy, misty 안개 낀
- 짙은 안개였다. The fog was heavy[thick].
- 짙은 안개 때문에 앞이 잘 안 보였다. I couldn't see well because of the heavy fog.
- 안개가 몰려오고 있었다. A fog was rolling in.
  roll in 몰려오다
- 갑자기 안개가 짙어졌다. The fog thickened suddenly.
  thicken 진해지다, 두꺼워지다
- 안개가 걷혔다. The fog cleared up.
- 햇빛이 나니 안개가 걷혔다. After the sun shone, the mist cleared up.
  shone shine(비치다)의 과거형
- 아침에 안개가 끼더니 이제는 깨끗이 걷혔다. In the morning the fog rolled in, but it is clear now.
- 아침에 안개가 끼면, 낮에는 화창하다고 한다. It is said that when it is foggy in the morning, it will be sunny in the afternoon.

봄 음식 P2-01-0205

- 식탁에 봄나물이 올라왔다. There were spring herb food in the table.

- 나는 쑥떡을 좋아한다.
  I like rice cake with mugwort.
  mugwort 쑥
- 나는 쑥 냄새를 정말 좋아한다.
  I really like the smell of mugwort.
- 오늘 아침에는 엄마께서 냉잇국을 끓이셨다.
  This morning, my mom cooked shepherd's purse soup. shepherd's purse 냉이
- 나는 쓴 맛 때문에 씀바귀가 싫었다.
  I didn't like sow thistle because of its bitter taste.
  sow thistle 씀바귀 | bitter 씁쓸한
- 이제 딸기가 제철이다.
  Now strawberries are in season.
- 딸기가 정말 싱싱하고 달콤했다.
  The strawberries were really fresh and sweet.
- 나는 얼려 먹는 딸기를 좋아한다.
  I like frozen strawberries.
  frozen freeze(얼리다)의 과거분사

봄꽃 P2-01-0206

- 개나리가 곳곳에 피었다.
  Golden bells blossomed all over the country.
  golden bell 개나리 | blossom 꽃을 피우다
- 개나리는 봄의 상징이다.
  The golden bell is the symbol of spring.
- 노란 개나리꽃으로 마을이 환해졌다.
  The village became bright because of the yellow golden bell flowers.
- 산에는 진달래꽃이 환하게 피어 있었다.
  Azaleas were blooming brightly on the mountains.
  azalea 진달래
- 진달래를 몇 송이 꺾어서 화병에 꽂아 두었다.
  I picked some azaleas and put them in the vase.
- 나는 연보랏빛 목련꽃을 좋아한다.
  I like light purple magnolia blossoms.
  magnolia 목련
- 거리에 봄 꽃가루가 많이 날렸다.
  Spring pollen blew in the street a lot.
  pollen 꽃가루 | blew blow(불다)의 과거형
- 나는 꽃가루 알레르기가 있다.
  I am allergic to pollen.
  allergic to ~에 알레르기가 있는
- 온 세상이 꽃으로 뒤덮인 것 같았다.
  All the world seemed to be covered with the flowers. be covered with ~로 덮여 있다
- 꽃들이 시들지 않기를 바랐다.
  I hoped the flowers wouldn't wither.
  wither 시들다

꽃놀이 P2-01-0207

- 오늘 우리 가족은 꽃놀이를 갔다. — Today my family went to view the flowers.
  view 바라보다, 조사하다
- 벚꽃이 한창이었다. — The cherry blossoms were at their best.
  at one's best 한창인, 전성기에
- 벚꽃이 활짝 피어 있었다. — The cherry trees were in full bloom.
  in full bloom 활짝 핀
- OO는 벚꽃으로 유명하다. — OO is well known for its cherry blossoms.
  be well known for ~로 잘 알려져 있다
- 우리 가족은 벚꽃을 구경하러 OO에 갔다. — My family went to OO to see the cherry blossoms.
- 활짝 핀 벚꽃이 무척 아름다웠다. — The full-blown cherry blossoms were too beautiful.
  full-blown 활짝 핀, 만발한
- 꽃들이 정말 환상적이었다. — The flowers were really fantastic.
- 꽃향기가 가득했다. — The flowers filled the air.
  fill (냄새로) 채우다, 가득하게 하다
- 꽃이 바람에 흩날렸다. — The blossoms were scattered by the wind.
  scatter 흩뜨리다
- 벌써 벚꽃이 다 져버렸다. — All the cherry blossoms have already fallen.
  already 벌써, 이미
- 꽃이 시드는 것을 보니 서글펐다. — I was sad to see the flowers wither.
- 이제 봄도 다 끝났다. — Now spring has ended.

꽃 이름 P2-01-0208

개나리 forsythia
수선화 narcissus
무궁화 rose of Sharon
채송화 rose mose
들장미 wild rose
민들레 dandelion
진달래 azalea
철쭉 royal azalea

난초 orchid, orchis
백합 lily
국화 chrysanthemum
수국 hydrangea
장미 rose
튤립 tulip
벚꽃 cherry blossom
붓꽃 blue flag, iris

제비꽃 violet
나팔꽃 morning glory
매화꽃 Japanese apricot flower
안개꽃 babies' breath
접시꽃 hollyhock
라일락 lilac
카네이션 carnation
글라디올러스 gladiolus

03 여름

여름 맞이 P2-01-0301

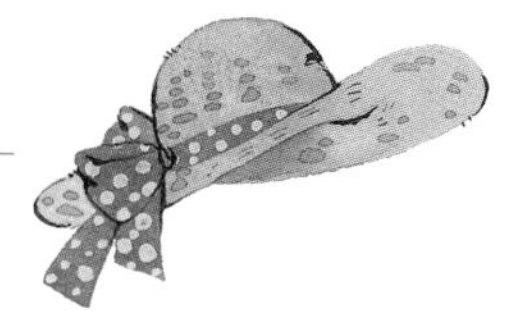

- 여름이 시작되었다. — Summer has started.
- 올 여름은 작년보다 덜 더웠으면 좋겠다. — I hope it will be less hot than last summer.
  less ~ than ... …보다 덜 ~한
- 나는 여름이 싫다. — I don't like summer.
- 여름을 건너뛸 수 있으면 좋겠다. — I wish we could skip summer.
  skip 건너뛰다
- 나는 끈적거리는 여름이 정말 싫다. — I really hate the sticky summer.
  sticky 들러붙는, 끈적거리는
- 여름에는 외출하는 것조차 싫다. — I don't even like going out in summer.
- 올 여름을 어떻게 지낼지 걱정이다. — I'm worried about how to pass this summer.
- 나는 여름에 좀더 활동적이다. — I am more active in summer.
- 여름에는 야외활동을 하기가 더 좋아서 나는 여름이 좋다. — I like summer because it is better for outdoor activities.
- 나는 여름에는 거의 매일 친구들과 밖에서 논다. — I play outdoors with my friends almost every day in summer.

여름 날씨 P2-01-0302

- 날씨가 점점 더워지고 있다. — It is getting hotter and hotter.
  get + 비교급 and 비교급 점점 더 ~해지다
- 오늘 날씨가 매우 더웠다. — It was hot today.
- 날씨가 후텁지근했다. — It was sultry.
  sultry 무더운, 불쾌할 정도로 끈끈하고 더운
- 끈적거리는 날씨였다. — It was sticky.

- 무더웠다. It was muggy.
  muggy 습도가 많고 무더운
- 너무 무더워서 숨이 막힐 정도였다. It was oppressive.
  oppressive 숨이 막힐 정도로 더운
- 날씨가 너무 더워서 짜증이 났다. I felt uneasy because it was too hot.
- 뜨겁고 습한 바람이 불었다. The hot and humid wind blew.
  humid 습기가 많은, 눅눅한 | blew blow(불다)의 과거형
- 여름치고는 시원한 날씨였다. It was cool for summer.
- 이번 여름은 작년보다 약간 더 시원한 것 같다. This summer seems to be a little cooler than last summer.

더위 P2-01-0303

- 나는 더위를 많이 탄다. I am sensitive to the heat.
  sensitive 민감한, 예민한
- 더위를 먹었다. I was affected by the heat.
  be affected by ~에 영향을 받다
- 오늘 더위는 정말 끔찍했다. Today's heat was terrible.
- 너무 더워서 지치고 갈증이 났다. I felt tired and thirsty because it was too hot.
  thirsty 갈증난, 목마른
- 오늘은 불쾌지수가 꽤 높은 날이었다. Today's uncomfortable index was quite high.
  index 지수
- 푹푹 찌는 날씨 때문에 정말 힘들었다. The sizzling weather really bothered me.
  sizzling 몹시 더운 | bother 괴롭히다, 성가시게 하다
- 올해 여름 들어 오늘이 가장 더운 것 같았다. I thought today was the hottest summer day this year.
- 더위를 견딜 수가 없었다. I couldn't bear the heat.
  bear 참다, 견디다
- 너무 더워서 아무 일에나 쉽게 화가 났다. I got easily upset at everything because it was so hot.
- 너무 더워서 누가 건드리기만 해도 짜증이 났다 I felt annoyed even when someone touched me because it was too hot. annoyed 성가신, 귀찮은

- 이렇게 날씨가 더우니 아무것도 하기 싫었다. I didn't feel like doing anything in this hot weather.
  feel like -ing ~하고 싶다
- 이런 더위가 정말 싫었다. I hated the heat like this.
- 열대야 때문에 잠이 오지 않았다. I couldn't fall asleep because of the tropical night.
  tropical 열대성의, 몹시 더운
- 너무 더워서 잠을 잘 자지 못했다. It was too hot for me to sleep well.
  too ~ to ... 너무 ~해서 …하지 못하다

더위 쫓기 P2-01-0304

- 부채로 부채질을 했다. I fanned myself with a paper fan.
- 더위를 참을 수 없어서 결국 에어컨을 켰다. I couldn't stand the heat, so in the end I turned on the air conditioner.
  stand 참다, 견디다 | turn on 켜다(↔ turn off 끄다)
- 시원해져서 선풍기를 껐다. I turned off the electric fan since it got cool.
- 비라도 와서 우리를 좀 식혀 주었으면 좋겠다. I wish it would rain to cool us down.
  I wish + 가정법과거 ~하면 좋겠다
- 더위를 쫓기 위해 시원한 콜라를 마셨다. I drank a glass of Coke to beat the heat.
  beat 이기다, 치다
- 팥빙수가 먹고 싶었다. I wanted to have crushed ice with sweet red beans.
  crushed 분쇄된 | red bean 팥
- 오늘은 복날이어서 삼계탕을 먹었다. Since it was the dog day today, I ate a chicken broth with ginseng.
  broth 묽은 수프, 고깃국 | ginseng 인삼
- 찬물로 시원하게 세수했다. I washed my face with cold water.
- 너무 더워서 옷을 벗었다. I took off my clothes because it was too hot.
- 더위를 잊기 위해 공포영화를 보았다. I saw a horror movie to forget the heat.
- 이 더위가 빨리 끝났으면 좋겠다. I hope this hot weather finishes soon.

땀 P2-01-0305

- 나는 땀이 많다. I sweat easily.
  sweat 땀을 흘리다; 땀

- 가만히 앉아 있어도 땀이 흘렀다. Even when I sat still, the sweat ran.
  even 심지어 ~조차도 | still 움직이지 않는
- 땀이 계속 흘렀다. Sweat kept running.
  keep -ing 계속 ~하다
- 땀에 젖었다. I was wet with sweat.
  be wet with ~로 젖다
- 땀에 흠뻑 젖었다. I sweated all over.
- 땀으로 끈적거렸다 I was sticky with sweat.
- 이마의 땀을 닦았다. I wiped sweat from my forehead.
  forehead 이마 | wipe 닦다, 훔치다
- 몸에서 땀 냄새가 났다. My body smelled of sweat.
- 땀투성이가 되어서 찬물로 샤워를 했다. Because I was sweaty, I took a cold shower.
- 땀띠가 났다. I have a prickly heat.
  prickly 따끔거리는
- 나는 거의 땀을 흘리지 않는다. I hardly sweat.
  hardly 거의 ~ 않다

피서

P2-01-0306

- 야외에서 수영할 수 있어서 나는 여름이 좋다. I like summer because I can swim outside.
- 우리 가족은 어디로 피서를 갈지 의논했다. My family discussed where to go to avoid the hot summer.
  where to + **동사원형** 어디로 ~해야 할지
- 더위를 식히려고 수영하러 갔다. I went swimming to beat the heat.
- 수영장에 있는 미끄럼틀을 타고 내려올 때 정말 신났다. I was excited when I slid down a water slide in the swimming pool.
  slid slide(미끄러지다)의 과거형 | slide 미끄럼틀
- 여름마다 우리 가족은 휴양지로 간다. Every summer, my family goes to a resort.
  resort 휴양지
- 우리는 시골에 별장이 있다. We have a cottage in the country.
  cottage 오두막집, 산장, 별장
- 시골 별장에서 머물기로 계획을 세웠다. We planned to stay at a cottage in the country.

- 우리 가족은 산에 있는 계곡으로 갔다. My family went to a valley in the mountains.
- 나는 계곡 물에 발을 담그고 있었다. I was dipping my feet into the valley.
  dip 담그다, 적시다
- 정말 시원했다. It was really cool.
- 더위를 잊을 수 있었다. I could forget the heat.
- 밤에는 반딧불이를 볼 수 있었다. I could see fireflies at night.
  firefly 반딧불이

여름 바다 P2-01-0307

- 우리는 올 여름 휴가 때 해수욕을 할 것이다. We will swim in the sea this summer holiday.
- 우리 가족은 해변으로 갔다. My family went to the beach.
- 나는 해변을 따라 걸었다. I walked along the beach.
- 바닷바람이 더위를 식혀 주었다. The wind on the beach cooled us.
  cool (동) 차게 하다, 시원하게 하다 (형) 시원한
- 비치파라솔 아래에 앉아 있었다. I was sitting under the beach umbrella.
- 튜브를 타고 파도를 즐겼다. I enjoyed the waves in a swimming tube.
- 바나나보트를 탔다. I rode a Banana Boat.
  rode ride(타다)의 과거형
- 정말 신났다. It was so exciting.
- 동생과 나는 서로 물을 튀겼다. My brother and I splashed water on each other.
  splash 튀기다
- 모래를 쌓아 모래성을 만들었다. I heaped sand to make a sand castle.
  heap 쌓아 올리다 | castle 성
- 몸에 모래를 덮고 쉬었다. I covered myself with sand and relaxed.
  relax 쉬다
- 바다에 빠져 허우적거리다가 짠 바닷물을 엄청나게 많이 먹었다. I fell in the sea, and I drank so much salty sea water while struggling to get up.
  struggle 버둥거리다
- 물에 빠져 죽을 뻔했다. I almost drowned.
  drown 물에 빠지다, 익사하다

일광욕

P2-01-0308

- 해변에서 일광욕을 했다. — I sunbathed at the beach.
- 선크림을 발랐다. — I applied sunscreen.
  apply 바르다, 적용하다
- 새까맣게 탔다. — I got really tan.
- 햇볕에 너무 많이 노출해서 피부가 벗겨진다. — I was so exposed to the sun that my skin is peeling.
  expose 노출하다 | peel (껍질이) 벗겨지다
- 햇볕에 좀 탔다. — I got a light sunburn.
  sunburn 햇볕에 탐
- 햇볕에 심하게 탔다. — I got a severe sunburn.
- 햇볕에 타서 피부가 따끔거렸다. — My skin hurt from the sunburn.

모기

P2-01-0309

- 모기 한 마리가 계속 윙윙거리며 날아다녔다. — A mosquito was buzzing continually.
  buzz 윙윙거리며 날다
- 모기 때문에 잠을 잘 잘 수가 없었다. — I couldn't sleep well because of mosquitoes.
- 모기장을 쳤다. — I put up a mosquito net.
  put up (천막 · 네트 등을) 치다
- 모기에 물렸다. — I was bitten by mosquitoes.
  bitten bite(물다)의 과거분사
- 모기를 잡으려고 모기향을 피웠다. — I used mosquito incense to catch mosquitoes.
  incense 향
- 모기약을 뿌렸다. — I sprayed the mosquitoes.
- 모기를 손바닥으로 잡았다. — I caught a mosquito with my palms.
  palm 손바닥
- 모기 물린 곳이 무척 가려웠다. — I felt itchy on the mosquito bite.
  itchy 가려운
- 모기 물린 곳을 박박 긁었다. — I scratched the mosquito bite hard.
  scratch (가려운 데를) 긁다

비 P2-01-0310

- 하늘에 비구름이 꼈다. There were rain clouds in the sky.
- 하늘이 먹구름으로 덮여 있었다. The sky was covered with dark clouds.
- 비가 올 것 같았다. It was likely to rain.
  be likely to ~할 것 같다
  It looked like rain.
  look like + **명사** ~할 것 같다, ~처럼 보이다
- 비가 내리기 시작했다. It began to rain.
- 비가 왔다. It rained.
  It was rainy.
- 그냥 잠깐 내리는 소나기였다. It was only a little shower.
- 가벼운 비였다. It was a light rain.
- 안개비가 왔다. There was a misty rain.
  misty 안개 낀
- 부슬비가 내렸다. It drizzled.
- 산성비였다. It was acid rain.
  acid 산성의
- 비가 와서 한결 시원해졌다. It became much cooler because of the rain.

비에 젖다  P2-01-0311

- 비를 만났다. I was caught in the rain.
  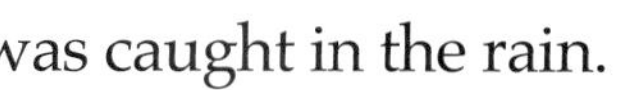
  be caught in the rain 비를 만나다
- 비에 젖었다. I got wet in the rain.
- 흠뻑 젖었다. I was soaking wet.
- 옷이 젖었다. My clothes got wet.
- 우산을 가지고 가지 않아서였다. It was because I didn't bring my umbrella.
  bring 가지고 가다

- 젖은 옷을 갈아입고 싶었다. I wanted to change my wet clothes.
- 수건으로 물기를 닦았다. I dried myself with a towel.
- 감기에 걸릴 것 같았다. I felt I would catch a cold.
  catch a cold 감기에 걸리다
- 신발이 온통 진흙투성이였다. My shoes were caked all over with mud.
  be caked with ~로 뒤덮이다
- 나무 밑에서 비가 그치기를 기다렸다. I waited under the tree for the rain to stop.
- 젖은 옷을 입은 채 집에 돌아왔다. I went back home with the wet clothes on.

비 오는 날 P2-01-0312

- 비가 오면 비를 맞으며 놀고 싶을 때가 있다. When it rains, sometimes I want to play in the rain.
- 나는 빨간 우비를 입었다. I put on my red raincoat.
- 비를 맞으며 반 친구들과 축구를 했다. I played soccer with my classmates in the rain.
- 비가 오면 기름에 튀긴 음식이 먹고 싶다. When it rains, I feel like eating fried food.
  fried 기름에 튀긴
- 비가 오면 방에서 만화책이나 읽고 싶다. When it rains, I just want to read comic books in my room.
- 비가 올 때는 우울한 음악을 듣는 것이 더 좋다. It's better for me to listen to gloomy music when it rains.
  gloomy 우울한, 울적한
- 비가 오면 항상 우울하다. Rain always depresses me.
  depress 우울하게 하다, 풀 죽게 하다

우산 P2-01-0313

- 비가 오는데 우산이 없었다. It was raining, but I had no umbrella.
- 만일을 위해 우산과 우비를 가지고 갔다. I took my umbrella and raincoat in case.
  in case 만일의 경우에 대비하여
- 우산을 폈더니 고장 난 것이었다. When I opened my umbrella, it was broken.

- 우산살이 부러졌다. The umbrella frames were broken.
  frame 뼈대, 구조
- 우산에 큰 구멍이 나 있었다. The umbrella had a big hole.
- 우산 꽂이에 우산이 하나도 없었다. There was no umbrella in the umbrella stand.
  stand 걸이, 꽂이
- 엄마가 나에게 우산을 가져다 주셨다. My mom brought my umbrella to me.
- 엄마를 기다렸지만, 오지 않으셨다. I waited for my mom, but she didn't appear.
  appear 나타나다
- 나는 친구와 우산을 같이 썼다. I shared my umbrella with a friend of mine.
  share 함께 쓰다, 함께 나누다
- 바람이 강해서 우산이 뒤집혀 날아갔다. The strong wind blew my umbrella inside out.
  inside out 뒤집혀
- 강한 바람 때문에 우산을 쓰나마나였다. The umbrella was useless because of a strong wind.
- 나는 우산을 접었다. I closed my umbrella.

폭우 P2-01-0314

- 폭풍우가 올 것 같은 날씨였다. It looked like a thunderstorm was coming.
  thunderstorm 천둥을 동반한 폭풍우
- 비가 퍼부었다. It poured.
- 비가 거세게 내렸다. It rained hard.
  It rained heavily.
- 비가 더 거세졌다. It rained harder.
- 비가 억수같이 왔다. It rained cats and dogs.
  rain cats and dogs 비가 억수같이 내리다
- 폭우였다. It was a heavy rain.
- 정말로 쏟아 붓는 것처럼 비가 내렸다. It was really pouring down.
- 이렇게 비가 많이 오는 것을 본 적이 없다. I've never seen a heavy downpour like this.
  downpour 호우, 억수

홍수 P2-01-0315

- 비가 계속 내렸다.
  It rained continuously.
  continuously 계속해서
- 비가 하루 종일 그칠 줄 모르고 내렸다.
  The rain never let up all day long.
  let up 그치다, 잠잠해지다
- 비가 아주 오랫동안 많이 내렸다.
  It rained too long and hard.
- 홍수 경보가 발령되었다.
  The flood warning was issued.
  warning 경보, 주의 | issue 내다, 발령하다
- 집들이 물에 잠겼다.
  The houses were flooded.
- 거리에 물이 넘쳤다.
  There was a flood in the streets.

장마 P2-01-0316

- 장마철이다.
  It is the rainy season.
- 장마가 시작되었다.
  The rainy season has started.
- 모든 것이 다 눅눅한 것 같았다.
  Everything seemed to be damp.
  damp 축축한, 습기 찬
- 반짝이는 햇살이 그리웠다.
  I missed the bright sunshine.
- 밤에 천둥 번개가 쳤다.
  There were lightning and thunder at night.
  lightning 번개 | thunder 천둥
- 번쩍 하는 번개에 깜짝 놀랐다.
  I was surprised by the flash of lightning.
  flash 번쩍임, 섬광
- 천둥소리가 나서 무서웠다.
  I was scared by thunder rumbles.
  scared 무서운, 겁에 질린 | rumble 우르릉 울리는 소리
- 드디어 비가 그쳤다.
  Finally, it stopped raining.
  stop -ing ~하는 것을 멈추다
- 비가 그치고 다시 햇빛이 비치기 시작했다.
  The rain stopped, and the sun began to shine again.
- 드디어 장마가 끝났다.
  At last, the rainy season was over.
  be over 끝나다

바람 P2-01-0317

- 바람 한 점 없었다. There was no wind.
- 바람이 불었다. It was windy.
- 바람이 세게 불었다. It blew hard.
- 치마가 바람에 휘날렸다. My skirt blew in the wind.
- 굉장한 폭풍이 있었다. There was a terrible storm.
- 태풍이 남부 지역을 강타했다. The typhoon hit the southern parts.
- 유리창 몇 개가 폭풍 때문에 깨졌다. Some windows got broken in the storm.
- 강한 바람 때문에 걷기가 무척 힘들었다. It was very hard to walk because of the strong wind.
- 바람을 안고 걸어가야 했다. I had to walk against the wind.
  against ~에 맞서, ~에 대항하여
- 바람 때문에 머리가 온통 엉망이었다. My hair was all messy because of the wind.
  messy 흐트러진, 지저분한
- 바람이 잠잠해지고 있었다. The wind was dying down.
  die down 점점 조용해지다, 잠잠해지다
- 바람이 멎었다. The wind has stopped.

가뭄 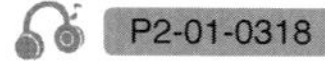

P2-01-0318

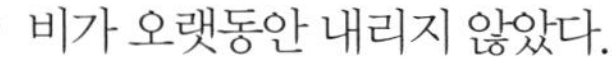

- 비가 오랫동안 내리지 않았다. It didn't rain for long.
  for long 오랫동안
- 오랫동안 날씨가 건조했다. It was dry for a long time.
  for a long time 오랫동안
- 몇 달 동안 비가 한 방울도 오지 않았다. It hasn't rained a drop for months.
- 요즘은 가뭄 때문에 날씨가 훨씬 더웠다. These days it was much hotter because of the drought.
  these days 요즘 | drought 가뭄
- 올 여름에 가뭄이 들었다. We had a drought this summer.
- 요즘엔 비가 거의 오지 않았다. There was little rain recently.
  little 거의 ~ 않다

- 가뭄으로 논에 농작물이 시들었다.
  The drought made the crops in the rice paddy wither. crop 농작물, 곡물, 수확 | paddy 논
- 곧 비가 내리기를 바랄 뿐이다.
  We just wish the rain would fall soon.
- 우리는 물을 아껴 써야 했다.
  We had to save water.
  save 아끼다, 절약하다

04 가을

가을 맞이 P2-01-0401

- 가을 하늘이 정말 멋지고 맑았다.
  The autumn sky was really nice and clear.
- 나는 가을을 가장 좋아한다.
  I like autumn best.
- 가을은 독서하기에 가장 좋은 계절이다.
  Autumn is the best season for reading.
- 가을은 식욕이 왕성해지는 계절이다.
  Everyone has a good appetite in autumn.
  appetite 식욕
- 가을은 추수의 계절이다.
  Autumn is the harvest season.
  harvest 추수
- 가을의 상쾌한 산들바람이 선선했다.
  The autumn fresh breeze was cool.
  breeze 산들바람, 미풍
- 바람이 불자 나뭇잎이 떨어졌다.
  As the wind blew, the leaves fell.
- 마음이 쓸쓸했다.
  I felt lonely.
- 낙엽이 바람에 흩날렸다.
  The dead leaves were scattered by the wind.
- 감기에 걸리기 쉬운 때다.
  It is the time when we catch a cold easily.

가을 날씨 P2-01-0402

- 맑은 가을 날씨였다.
  It was fine autumn weather.

- 상쾌한 바람이 불었다. There was a refreshing breeze.
  refreshing 상쾌한, 시원한
- 부드러운 산들바람이 불고 있었다. A gentle breeze was blowing.
  gentle 부드러운
- 정말 시원하고 상쾌한 바람이었다. It was a very cool and refreshing breeze.
  refreshing 상쾌한
- 날씨가 시원했다. It was cool.
- 날씨가 맑은 후 흐려졌다. It was clear, but got cloudy later.
  later 후에, 나중에
- 몸이 으스스했다. I felt a chill.
  chill 냉기, 한기, 으스스함
- 쌀쌀했다. It was chilly.
  chilly 으스스한, 쌀쌀한
- 바람이 더 차가워졌다. The wind was colder.

단풍놀이 P2-01-0403

- 나무들이 단풍이 들었다. The trees turned red and yellow.
  turn + 형용사 ~하게 변하다
- 단풍잎들이 빨갛게 물들었다. The maple leaves have turned red.
  maple 단풍
- 우리는 산으로 단풍놀이를 갔다. We went to the mountains to enjoy the autumn leaves.
- 산에는 사람들이 매우 많았다. There were so many people on the mountains.
- 가을 단풍이 매우 아름다웠다. The autumn leaves were so wonderful.
- 나는 낙엽을 저벅저벅 밟았다. I crunched through the fallen leaves.
  crunch 저벅저벅 밟다 | fallen leaves 낙엽
- 낙엽이 바스락거리는 소리가 좋았다. I liked the crunching sound of the fallen leaves.
  crunching 바스락 부서지는
- 노란 은행잎을 몇 개 주웠다. I picked up several gingko leaves.
  pick up 집어 올리다 | several 몇몇의 | gingko 은행나무
- 낙엽을 책갈피 속에 넣었다. I put some fallen leaves between the pages of a book.

05 겨울

겨울 날씨 P2-01-0501

- 날씨가 추워졌다. It became cold.
- 매우 쌀쌀해졌다. It became very chilly.
- 오늘 아침은 기온이 많이 내려갔다. The temperature dropped very low this morning.
  temperature 기온 | drop 떨어지다
- 날씨가 많이 추워졌다. It cooled down.
  cool down 날씨가 추워지다
- 해가 지면서 더 추워졌다. It became colder as the sun set.
- 며칠 동안 추운 날씨가 계속되었다. The weather has been cold for several days.
- 나는 매우 추웠다. I felt very cold.
- 몹시 추웠다. It was awfully cold.
  awfully 아주, 무척
- 얼음장 같은 날씨였다. It was icy.
  icy 얼음 같은, 매우 차가운
- 엄청나게 추운 날씨였다. It was frigid.
  frigid 몹시 추운, 쓸쓸한, 냉랭한
- 얼어붙을 듯이 추운 날씨였다. It was freezing.
  freezing 어는 듯이 추운, 몹시 추운
- 너무 추워 얼어 죽는 줄 알았다. I was freezing to death.
  ~ to death ~해 죽을 뻔하다
- 살을 에는 듯한 추위였다. It was a biting cold.
  biting 살을 에는 듯한, 얼얼한
- 정말 뼛속까지 스미는 추위였다. It was a really piercing cold.
  piercing 뼈에 사무치는, 꿰뚫는
- 추워서 덜덜 떨었다. I shivered because of the cold.
  shiver 와들와들 떨다

- 온몸에 소름이 돋았다. I had goose bumps all over.
  goose bumps 소름
- 너무 추워서 손이 곱았다. My hands were numb because it was so cold.
  numb (추위로) 감각을 잃은, (얼어서) 곱은
- 서리가 내렸다. It frosted.
  frost 서리가 내리다, 서리
- 어젯밤에 내린 서리로 땅이 하얗다. The ground was white with last night's frost.
- 겨울치고는 따뜻한 날씨였다. It was warm for winter.

추위 이기기 P2-01-0502

- 나는 추위를 견뎌야 했다. I had to put up with the cold.
  put up with ~을 견디다, 참다
- 이제는 겨울 내복을 입어야겠다. Now I am going to wear underclothes for winter.
- 옷을 많이 껴입었다. I bundled up.
  bundle up 따뜻하게 몸을 감싸다
- 아침에 따뜻하게 옷을 챙겨 입었다. I put on warm clothes in the morning.
- 재킷의 지퍼를 올려 입었다. I zipped up my jacket.
- 목도리로 귀와 목을 감쌌다. I wrapped my ears and neck with a scarf.
  wrap 감싸다, 둘러싸다
- 벙어리장갑을 꼈다. I put on my mittens.
  mitten 벙어리장갑
- 겨울용 부츠를 신었다. I put on my winter boots.
- 언 손을 녹이려고 따뜻한 입김을 불어 보았다. I tried blowing warm breath on my numb hands to warm them up. numb 얼어서 곱은
- 나는 휴대용 손난로를 가지고 다녔다. I carried a portable hand heater.
  portable 들고 다닐 수 있는, 휴대용의
- 추위를 이겨보려고 운동을 했다. I worked out to beat the cold.
  beat (더위 · 추위 등을) 이기다
- 이제 좀 따뜻해졌다. Now I have gotten warm.

첫눈 P2-01-0503

• 올해 첫눈이 오기를 기다렸다.	I waited for the first snow of the year. wait for ~을 기다리다
• 오늘 올해의 첫눈이 왔다.	The first snow of the year fell today.
• 첫눈을 보니 매우 기뻤다.	I was so glad to see the first snow of the year.
• 첫눈이 펄펄 내리고 있었다.	The first snowflakes were falling. snowflake 눈송이
• 첫눈을 보자마자 친구들에게 전화를 했다.	As soon as I saw the first snow this year, I called my friends.
• 강아지와 함께 밖으로 뛰어나갔다.	I ran outside with my puppy.
• 나는 펄쩍펄쩍 뛰며 좋아했다.	I enjoyed it, jumping high.
• 큰 눈송이를 잡으려고 펄쩍 뛰었다.	I jumped high to catch big snowflakes.
• 첫눈이 왔으니 이젠 더 추워질 것 같다.	It is likely to get colder since the first snow of the year fell.

눈 P2-01-0504

• 눈이 내렸다.	It snowed. It was snowy. We had a snowfall.
• 함박눈이 내리고 있다.	Big snowflakes are falling down.
• 눈이 펑펑 내린다.	It is snowing heavily.
• 진눈깨비가 내렸다.	It snowed with rain. It sleeted. sleet 진눈깨비가 내리다
• 싸락눈이 내렸다.	It was a powdery snow. powdery 가루 모양의
• 간밤에 눈이 약간 내렸다.	There was a light snowfall last night.

- 나는 눈을 맞으며 걸었다. I walked in the snow.
- 머리와 어깨에 눈이 쌓였다. Snow piled up on my head and shoulders.
- 외투에 쌓인 눈을 털었다. I knocked snow off my overcoat.
  knock ~ off ~을 털어내다

폭설 P2-01-0505

- 눈이 엄청나게 많이 내렸다. It snowed heavily.
- 길가에 눈이 많이 쌓여 있었다. There was a lot of snow piled up along the roadside. pile up 쌓이다
- 눈 때문에 오도 가도 못했다. I was blocked by the snow.
  be blocked 봉쇄되다
- 우리는 눈에 갇혀 집에서만 하루를 보냈다. We were snowed in and spent a day only in the house. snow in 눈에 갇히다
- 눈이 1미터나 내렸다. The snow was a meter deep.
- 온 세상은 눈으로 덮였다. The world was covered with snow.
- 온 세상이 하얗게 변했다. The world has changed to white.
- 폭설 때문에 학교가 휴교했다. My school is closed because of the heavy snow.
- 폭설 때문에 교통이 마비했다. The heavy snow tied up traffic.
  tie up 꼼짝 못하게 하다, 교통을 두절시키다 | traffic 교통
- 눈이 녹지 않았으면 좋겠다. I hope the snow won't melt.
  melt 녹다

눈 치우기 P2-01-0506

- 눈을 치워서 길을 내야 했다. We had to remove the snow and clear the way.
- 제설차는 도로에 쌓인 눈을 치웠다. The snowplow car removed snow from the street.
  snowplow car 제설차
- 나는 눈을 쓸었다. I swept the snow away.
  swept sweep(쓸다)의 과거형

- 길에 있는 눈을 치웠다.
  I cleared the road of snow.
  clear A of B A에서 B를 치우다
- 나는 집 앞의 눈을 삽으로 치웠다.
  I shovelled the snow in front of my house.
  shovel (동) 삽질하다 (명) 삽
- 눈 치우기가 어려웠다.
  We had trouble removing the snow.
  have trouble -ing ~하는 데 어려움을 겪다
- 눈이 녹고 있었다.
  The snow was melting down.
- 눈이 녹아 없어졌다.
  The snow has melted.

눈싸움 P2-01-0507

- 친구들과 눈싸움을 했다.
  I had a snowball fight with my friends.
  snowball 눈 뭉치
- 눈싸움을 하려고 눈 뭉치를 만들었다.
  I made snowballs for a snowball fight.
- 나는 친구들보다 눈 뭉치를 더 크게 만들었다.
  I made bigger snowballs than my friends.
- 우리는 서로 눈 뭉치를 던졌다.
  We threw snowballs at one another.
  one another (3명 이상) 서로
- 친구들은 내 눈 뭉치를 잘 피했다.
  My friends stepped well out of the way of my snowballs. step out of ~에서 발걸음을 옮겨 피하다
- 친구들에게 눈을 뿌렸다.
  I sprinkled snow on my friends.
  sprinkle 뿌리다, 끼얹다
- 친구 옷 속에 눈을 넣었다.
  I put snow in my friend's clothes.
- 눈 위에서 친구와 서로 부둥켜안고 뒹굴었다
  My friend and I rolled in the snow hugging each other. each other (2명) 서로

눈사람 P2-01-0508

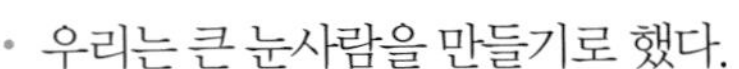

- 우리는 큰 눈사람을 만들기로 했다.
  We agreed to make a big snowman.
  agree 동의하다
- 우리는 운동장에서 커다란 눈뭉치 두 개를 굴렸다.
  We rolled two big snowballs around the playground. roll 굴리다 | playground 운동장

• 나는 귀여운 눈사람을 만들고 싶었다.	I wanted to make a cute snowman.
• 우리는 작은 눈 뭉치를 큰 눈 뭉치 위에 올려 놓았다.	We put one small snowball on the big snowball.
• 눈사람 얼굴을 만들기 위해 우선 나뭇가지로 눈썹을 만들었다.	At first, I made eyebrows with twigs to form the snowman's face. twig 작은 가지, 잔가지
• 그리고 눈사람의 눈, 코, 입을 만들었다.	I made the snowman's eyes, nose and mouth.
• 드디어 멋진 눈사람이 되었다.	Finally, it bacame a nice snowman.
• 아주 작은 눈사람도 만들었다.	I made a very small snowman, too.
• 눈사람이 녹지 않고 그대로 있으면 좋겠다.	I hope the snowman will stay as it is without melting. without -ing ~하지 않고
• 나는 눈사람과 사진을 찍었다.	I took pictures with the snowman.

Computer 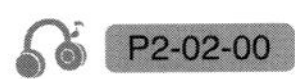 P2-02-00

Wednesday September 18, Sunny

I really like playing computer games.
It is more interesting to play them with my brother.
Today I played the games without doing my homework.
My mom was very angry. My mom scolded me.
Mom said to me, "Stop playing games, and read a book!"
Tomorrow, I will play games after I finish my homework.

컴퓨터 9월 18일 수요일, 맑음

나는 컴퓨터 게임 하는 것을 매우 좋아한다.
동생과 함께 하면 더 재미있다. 오늘은 숙제도 하지 않고 게임을 했다.
엄마는 매우 화가 나셨다. 엄마한테 꾸중을 들었다.
엄마는 나에게 "게임 그만 하고 책 좀 읽어라!" 하고 말씀하셨다.
내일은 숙제를 끝마치고 게임을 해야겠다.

interesting 재미있는 **without -ing** ~하지 않고 **scold** 꾸중하다 **stop -ing** ~하는 것을 그만두다 **finish** 끝내다

01 아침

아침을 나타내는 말

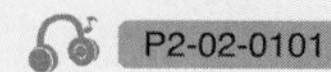

P2-02-0101

날이 밝기 전에 before dawn
새벽에 at dawn
동틀 녘에 at break of day
아침에 in the morning
아침마다 every morning, each morning
오늘 아침 this morning
아침 일찍 early in the morning, at an early hour
토요일 아침에 on Saturday morning
아침 내내 all morning
어느 여름날 아침에 one summer morning

잠 깨기

P2-02-0102

- 해가 떴다. The sun rose.
  rose rise(일어나다, 떠오르다)의 과거형
- 방에 햇살이 비치고 있었다. The sun was shining into the room.
- 나는 6시에 잠에서 깼다. I woke up at six.
  woke wake(잠 깨다)의 과거형
- 일어날 시간이었다. It was time to get up.
  get up (잠자리에서) 일어나다
- 자명종 시계 소리가 나를 깨웠으나, 일어날 수가 없었다. The alarm clock woke me up, but I couldn't get up.
  alarm clock 자명종 시계
- 자명종 시계를 껐다. I turned off the alarm clock.
  turn off ~을 끄다
- 다시 잠이 들었다. I went back to sleep.
  back 다시
- 좀 더 자고 싶었다. I wanted to sleep a little longer.

일찍 일어나기

P2-02-0103

- 내가 제일 싫어하는 것은 아침에 일찍 일어나는 일이다. The thing I hate most is getting up early in the morning. hate 싫어하다

- 나는 여느 때보다 더 일찍 일어났다.

I got up earlier than usual.
than usual 보통 때보다, 여느 때보다

- 늘어지게 기지개를 켜면서 하품을 했다.

I yawned stretching myself.
yawn 하품하다 | stretch oneself 기지개를 켜다

- 일찍 일어나는 사람이 되도록 노력할 것이다.

I try to be an early bird.
early bird 일찍 일어나는 사람

- 일찍 자기로 결심했다.

I decided to go to bed early.

늦잠 P2-02-0104

- 나는 늦잠꾸러기다.

I am a late riser.
late riser 늦게 일어나는 사람

I am a sleepyhead.
sleepyhead 잠꾸러기

- 나는 매일 아침 늦잠을 잔다.

I oversleep every morning.
oversleep 늦잠자다, 너무 많이 자다

- 나는 항상 잠을 늦게 자서 늦게 일어난다.

I always go to bed late; therefore I wake up late.

- 아침 늦게까지 잠을 잤다.

I stayed in bed till late in the morning.

- 오늘 아침에 두 시간이나 늦게 눈을 떴다.

I woke up two hours late this morning.

- 정말 일어나고 싶지 않았다.

I really didn't want to get up.

- 나는 침대에서 나오지 않고 꾸물거렸다.

I procrastinated getting out of bed.
procrastinate 꾸물거리다, 질질 끌다

- 엄마가 일어나라고 소리치셨다.

My mom shouted, "Rise and shine!"
Rise and shine! 기상!, 일어나!

- 내가 잠자고 있을 때 누가 깨우면 짜증이 난다.

I get annoyed when someone wakes me up.

- 해가 중천에 떠 있었다.

The sun was high in the sky.

욕실 사용하기 P2-02-0105

- 일어나자마자 욕실로 들어갔다.

I entered the bathroom as soon as I got up.
as soon as ~하자마자

- 욕실에서 큰일을 보았다. — I used the toilet.
- 화장실 물을 내렸다. — I flushed the toilet.
  flush (물 · 액체를) 왈칵 흐르게 하다 | toilet 변기
- 아침에는 세수만 했다. — I washed just my face in the morning.
- 오늘 아침에 샤워를 했다. — I took a shower this morning.
- 머리를 감았다. — I washed my hair.
- 머리를 말리는 데 거의 10분이 걸렸다. — It took about 10 minutes to dry my hair.
- 드라이기로 머리를 말렸다. — I blow-dried my hair.
  blow-dry (머리를) 드라이어로 매만지다
- 머리를 빗었다. — I brushed my hair.
  brush (머리를) 빗다, (이를) 닦다
- 얼굴에 로션을 발랐다. — I applied lotion on my face.
  apply 바르다, 적용하다, 이용하다

양치질

P2-02-0106

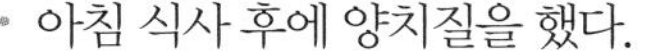

- 아침 식사 후에 양치질을 했다. — I brushed my teeth after breakfast.
- 칫솔 위에 물을 조금 묻혔다. — I ran some water over my toothbrush.
  run 흐르게 하다
- 칫솔 위에 치약을 짰다. — I squeezed toothpaste onto my toothbrush.
  squeeze 꽉 쥐다, 짜내다
- 위아래로 그리고 앞뒤로 칫솔을 움직여 닦았다. — I moved my toothbrush up and down and back and forth. up and down 위아래로 | back and forth 앞뒤로
- 위아래로만 이를 닦으려고 노력했다. — I tried to brush my teeth just up and down.
  try to + **동사원형** ~하려고 노력하다
- 물을 조금 머금고 입안을 헹구었다. — I rinsed my mouth with some water.
  rinse 헹구다
- 칫솔을 물로 씻어 칫솔걸이에 걸었다. — I rinsed off my toothbrush and put it back in the toothbrush rack. rack 걸이, 선반

아침 식사 P2-02-0107

- 아침 식사 시간이었다. It was time for breakfast.
- 아침 식사가 벌써 준비되어 있었다. Breakfast was already ready.
- 아침 식사 대신 우유를 마셨다. I had milk for breakfast instead.
  instead 대신에
- 오늘은 아침으로 빵과 계란 프라이를 먹었다. Today I had bread and some fried eggs for breakfast.
- 아침을 많이 먹었다. I had a heavy breakfast.
- 아침을 간단히 먹었다. I had a light breakfast.
- 한입만 먹었다. I ate just one bite.
  bite 한입, 한 번 먹음
- 서둘러 아침 식사를 끝냈다. I quickly finished my breakfast.
- 아침 식사는 준비되었지만 먹을 시간이 없었다. Breakfast was ready, but I had no time to eat it.
- 아침에 입맛이 없었다. I didn't feel like eating in the morning.
- 오늘 아침은 건너뛰었다. I skipped today's breakfast.

옷 입기 P2-02-0108

- 잠옷을 벗었다. I took off my pajamas.
- 속옷을 갈아입었다. I changed my underwear.
- 어떤 옷을 입을지 결정하기가 어려웠다. It was difficult to decide which clothes to wear.
  which ~ to + **동사원형** 어떤 ~을 …해야 할지
- 오늘 줄무늬 셔츠를 입었다. I wore my striped shirt today.
  striped 줄무늬가 있는
- 블라우스, 조끼, 넥타이 그리고 바지를 입었다. I put on my shirt, vest, neck-tie and trousers.
- 벗은 옷을 옷걸이에 걸어 놓지 않았다. I didn't hang the clothes that I had taken off on the clothes hanger. hang 걸다
- 옷을 바닥에 내버려두었다. I left the clothes on the floor.
  left leave(남겨놓다)의 과거형 | floor 바닥, 마루

엄마의 당부 P2-02-0109

- 선생님 말씀 잘 들어라. — Listen to your teacher.
- 선생님 말씀하실 때 딴 짓 하지 말아라. — Pay attention to your teacher.
  pay attention to ~에 주의를 기울이다
- 친구들과 싸우지 말아라. — Don't fight with your friends.
- 친구들과 사이좋게 지내라. — Be nice to your friends.
- 친구를 괴롭히지 말아라. — Don't pick on your friends.
  pick on ~를 괴롭히다
- 길을 건널 때 조심해라. — Be careful when you cross the street.
- 차 조심해라. — Watch for cars.
  watch for ~을 주의하다, 조심하다
- 길 양쪽을 잘 살펴라. — Look carefully both ways.
- 학교에서 잘 지내라. — Have a good day at school.
- 수업 시간에 잠자지 말아라. — Don't sleep during classes.
- 수업 땡땡이 치지 말아라. — Don't play hooky.
  hooky 꾀부려 빼먹기
- 학교 끝나면 집으로 곧장 와라. — Come home straight after school.
- 낯선 사람을 조심해라. — Watch out for strangers.
- 조심해라. — Take care.
- 손을 항상 깨끗이 씻어라. — Keep your hands clean.

집 나서기 P2-02-0110

- 우리 부모님은 아침마다 항상 나를 재촉하신다. — My parents always rush me every morning.
  rush 재촉하다, 돌진하다
- 나는 빨리 준비해야 했다. — I had to get ready quickly.
- 준비물을 챙겼다. — I took what I needed.

- 서둘렀다. — I hurried up.
  hurry up 서두르다
- 나는 집을 나섰다. — I left home.
- 학교에 늦지 않으려고 서둘렀다. — I hurried up in order not to be late for school.
  in order not to + **동사원형** ~하지 않기 위해서
- 늦잠을 자서 학교에 10분 지각했다. — I overslept and was 10 minutes late for school.
- 나는 좀더 부지런해져야 한다. — I need to be more diligent.
- 우물쭈물할 시간이 없었다. — I had no time to lose.
  lose 잃다, 낭비하다
- 오늘 아침에 서두르는 바람에 OO을 놓고 갔다. — Since I was in a hurry this morning, I didn't bring my something. be in a hurry 서두르다

02 점심

학교 급식 P2-02-0201

- 우리 학교에서는 점심시간에 급식을 한다. — My school provides meals for students at lunch time. provide 제공하다
- 때때로 반찬이 좋지 않다. — Sometimes the side dishes are not good.
- 식당에서 그 음식 좀 그만 나왔으면 좋겠다. — I wish the cafeteria would stop serving that food.
- 오늘 반찬 중에 돈가스가 있었다. — One of today's side dishes was pork cutlet.
- 오늘 오후에 친구들과 만나 점심을 같이 먹었다. — I met with my friends to have lunch together this afternoon.
- 점심에 먹을 것이 너무 많았다. — I had too much to eat at lunch.
- 나는 점심에 김밥과 샌드위치를 먹었다. — I had kimbap and sandwiches for lunch.
- 점심을 조금 먹었다. — I grabbed a bite for lunch.
  grab a bite 식사를 조금하다

점심시간 P2-02-0202

- 정오에 점심시간이 한 시간 있다.
  We have an hour's lunch break at noon.
  break 잠깐의 휴식
- 점심시간에 방송부원들이 음악을 틀어주었다.
  The broadcasting members played music during lunch time. broadcasting 방송의
- 친구들과 함께 이야기하며 음악을 들었다.
  I listened to music, and talked with my friends.
- 우리는 점심시간에 10분 정도 축구를 했다.
  We played football during lunch time for about 10 minutes.
- 나는 점심을 많이 먹어서 졸렸다.
  I was sleepy because I had a heavy lunch.
- 점심식사 후에 잠시 낮잠을 잤다.
  After lunch, I took a short nap.
  take a nap 낮잠 자다
- 점심시간이 좀더 길면 좋겠다.
  I wish we had a longer lunch time.
  I wish + **가정법 과거** ~하면 좋겠다

군것질 P2-02-0203

- 나는 간식을 즐긴다.
  I am a snacker.
  snacker 간식을 좋아하는 사람
- 나는 군것질하는 것을 좋아한다.
  I like eating between meals.
  eat between meals 군것질하다
- 간식을 조금 먹었다.
  I had some snacks.
- 간식으로 우유를 마셨다.
  I drank milk between meals.
- 간식으로 빵을 조금 먹었다.
  I had some bread between meals.
- 나는 단것을 좋아한다.
  I have a sweet tooth.
  have a sweet tooth 단 음식을 좋아하다
- 나는 간식으로 과일만 먹는다.
  I have only fruit for my snack.
- 간식을 사러 학교 매점에 갔다.
  I went to the snack corner to buy snacks.
- 간식을 자주 먹어서 살이 찌는 것 같다.
  I think I am gaining weight because I eat between meals so often. gain weight 살찌다

03 저녁

저녁 활동 P2-02-0301

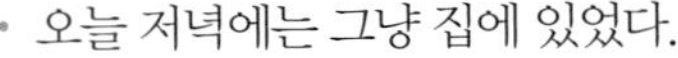

• 오늘 저녁에는 그냥 집에 있었다.	I just stayed at home this evening.
• 오늘 저녁에는 할 일이 아무것도 없었다.	I had nothing to do this evening.
• 오늘 저녁을 먹은 후에 산책을 했다	I went for a walk after dinner. go for a walk 산책하다
• 곧 어두워져서 집에 돌아왔다.	It became dark, so I came back home.
• 해질 무렵에 친구를 만났다.	I met a friend of mine at dusk. dusk 땅거미, 황혼
• 오늘은 친구네 집에서 잘 것이다.	I'm going to sleep over at my friend's house. sleep over 외박하다
• 부모님의 어깨를 안마해 드렸다.	I tapped my parents on their shoulders.
• 음악을 들으며 오늘의 피로를 풀었다.	I relaxed by listening to music.
• 잠자기 전에 내일 할 일을 점검했다.	Before going to bed, I checked things to do tomorrow.
• 나는 잠자기 전에 반드시 일기를 쓴다.	I made it a point to keep a diary before going to bed. make it a point to 반드시 ~하다

씻기 P2-02-0302

• 나는 씻는 것을 정말 싫어한다.	I really don't like to wash my body.
• 간단히 샤워를 했다.	I took a short shower.
• 따뜻한 물로 채운 욕조 안에서 쉬었다.	I relaxed in the bathtub full of warm water.
• 뜨거운 물로 목욕했다.	I had a hot bath.
• 때를 밀었다.	I scrubbed my body.

- 엄마가 등을 밀어 주셨다. My mom scrubbed my back.
- 목욕하고 나니 기분이 상쾌했다. I felt refreshed after my bath.
- 몸의 물기를 수건으로 닦았다. I dried myself with a towel.
- 반신욕을 했다. I took a bath dipping just half of my body.
  dip 담그다

저녁 식사 P2-02-0303

- 6시에 저녁을 먹었다. I had dinner at 6 o'clock in the evening.
- 엄마가 저녁을 준비하셨다. My mom prepared dinner.
- 저녁이 거의 다 준비되었다. Dinner was almost ready.
- 일찌감치 저녁을 먹었다. I had an early dinner.
- 저녁 식사 때 우리는 하루를 어떻게 지냈는지에 대해 이야기했다. At dinner, we talked about how our day went.
- 저녁을 먹으면서 가족들과 즐거운 대화를 나누었다. I had a pleasant conversation with my family over dinner. over + 음식 ~을 먹으면서
- 오늘 외국인 친구를 저녁 식사에 초대했다. We invited a foreign friend to have dinner with us this evening.
- 저녁 식사에 초대되어 친구네집에 갔다. I went to my friend's house because I was invited for dinner.
- 오늘 저녁은 외식을 했다. I ate out this evening.
  eat out 외식하다
- 오늘 우리 가족은 근사한 식당에서 저녁 식사를 했다. My family had dinner at a nice restaurant this evening.
- 나는 저녁으로 스테이크를 먹었다. I ate steak for dinner.

TV 시청 P2-02-0304

- 저녁 식사 후에 거실에서 TV를 보았다. After dinner, I watched TV in the living room.

- 아무것도 하는 일 없이 TV만 보았다. I just watched TV without doing anything else.
- 내 동생은 TV만 본다. My younger brother is a couch potato.
  couch potato TV만 보면서 시간을 보내는 사람
- 나는 TV에 중독된 것 같다. I seem to be addicted to TV.
  be addicted to ~에 빠지다, 중독되다
- 6번 채널에서 뮤직 쇼를 보았다. I watched 'Music Show' on Channel 6.
- 내가 가장 좋아하는 프로그램은 쇼 프로그램이다. My favorite program is a variety show.
- 그 쇼 프로그램은 ABC에서 매주 월요일에 방영한다. The show is on ABC every Monday.
- 그것은 정말 우습고 재미있었다. It was really funny and interesting.
- 그 드라마가 재방송되었다. The soap opera was a rerun.
  soap opera 드라마, 연속극 | rerun 재방송, 재상영
- 나는 다른 방송으로 채널을 돌렸다. I turned to another channel.
- 부모님께서는 나에게 교육방송을 보라고 강요하셨다. My parents forced me to watch EBS programs.
  force ~ to ... ~에게 …하라고 강요하다
- 나는 그 프로가 매우 지루했다. The program was very boring to me.
- TV 볼륨을 낮췄다. I turned the TV volume down.
- TV 볼륨을 높였다. I turned the TV volume up.
- TV를 껐다. I turned off the TV.
- 나는 TV 보는 시간을 줄여야 한다. I need to cut down on my TV watching.
  cut down on ~을 줄이다
- TV를 너무 많이 본다고 부모님께 꾸지람을 들었다. I was scolded by my parents because I watched TV too much.

라디오 · 비디오 P2-02-0305

- 나는 저녁에 TV를 보지 않고 라디오를 듣는다. I listen to the radio instead of watching TV.
  instead of ~ 대신에
- 라디오를 들으며 공부했다. I studied while listening to the radio.

- 나는 항상 라디오를 듣다가 잠이 든다. I always fall asleep while listening to the radio.
- 밤새 라디오가 켜져 있었다. The radio was on all night.
  be on 켜져 있다
- 비디오를 하나 빌렸다. I rented a video.
- 오늘은 비디오로 영화를 봤다. Today, I watched movies on video.
- 정말 재미있었다. It was really interesting.
- 영화를 보느라 밤늦게까지 자지 않았다. I stayed up late to see a movie.
  stay up late 늦게까지 자지 않고 깨어 있다

저녁 하늘 P2-02-0306

- 달이 일찍 떴다. The moon was up early.
- 달무리가 아주 멋졌다. The moon's halo was wonderful.
  halo (해 · 달의) 무리
- 달이 참 밝았다. The moon was very bright.
- 보름달이 하늘 높이 떠 있었다. The full moon was high up in the sky.
  full moon 보름달
- 하늘에는 반달이 있었다. There was a half moon in the sky.
  half moon 반달
- 초승달이었다. It was the sickle moon.
  sickle moon 초승달
- 하늘에 별이 많았다. There were a lot of stars in the sky.
- 하늘에 별이 총총했다. The sky was starry.
  starry 별이 총총한, 별이 많은
- 하늘에서 별이 반짝거렸다. The stars twinkled in the sky.
  twinkle 반짝거리다
- 나는 별들을 세어 보았다. I tried counting the number of stars.
  count 세다
- 내가 가장 좋아하는 별에 소원을 빌었다. I wished upon my favorite star.
  favorite 가장 좋아하는

04 잠

잠 준비하기 P2-02-0401

• 하품이 났다.	I yawned. yawn 하품하다
• 눈꺼풀이 무겁고 매우 졸렸다.	My eyelids were heavy and I was very sleepy. eyelid 눈꺼풀
• 잠을 일찍 자야겠다.	I am going to bed early. go to bed 잠자리에 들다
• 부모님께 안녕히 주무시라고 인사했다.	I said good night to my parents.
• 잠옷으로 갈아입었다.	I changed into my pajamas.
• 자명종 시계를 맞추어 놓았다.	I set the alarm clock. set 설정하다, 배치하다, 두다
• 잠시 잠자리에서 책을 읽었다.	I read in bed for a while. for a while 잠시 동안
• 잠자리에 들기 전에 뭔가를 먹고 싶었다.	I felt like eating something before going to bed.
• 잠자리에 들 때가 되어서야 비로소 숙제를 끝마쳤다.	I didn't finish my homework until I went to bed. not ~ until ... …가 되어서야 비로소 ~하다

잠자기 P2-02-0402

• 푹 자고 싶다.	I want to sleep well.
• 나는 음악을 들으며 잠이 들었다.	I fell asleep listening to music. fall asleep 잠들다
• 너무 피곤해서 곧 잠이 들 것 같다.	I am so tired that I am going to fall asleep soon.
• 오늘 밤에는 달콤한 꿈을 꾸고 싶다.	I want to have sweet dreams tonight.
• 내가 불을 끄자마자 동생은 잠들었다.	As soon as I turned off the light, my brother fell asleep.

- 나는 베개에 머리를 대자마자 잠이 들었다. — I fell asleep as soon as I hit the pillow.
  hit the pillow 베개에 머리를 대다, 잠자리에 들다
- 눕자마자 잠이 들었다. — I went out like a light.
  go out like a light 눕자마자 잠들다
- 오늘 밤에는 잠을 잘 못 잘 것 같다. — I don't think I will be able to sleep well tonight.
- 저녁을 먹지 않고 잠자리에 들었다. — I went to bed without eating dinner.
  without -ing ~하지 않고
- 자정이 넘어서야 잠자리에 들었다. — I didn't get to bed until after midnight.

잠버릇 P2-02-0403

- 나는 폭신한 베개를 베고 자는 것을 좋아한다. — I like to sleep on a fluffy pillow.
  fluffy 폭신한, 솜털의 | pillow 베개
- 엎드려 자는 것이 편하다. — It is comfortable for me to sleep on my stomach.
  stomach 배, 복부
- 등을 대고 누워 자면 불편하다. — I feel uncomfortable sleeping on my back.
  uneasy 거북한, 불편한
- 나는 옆으로 자는 것을 좋아한다. — I like to sleep on my side.
- 가끔 잠꼬대를 한다. — I sometimes talk in my sleep.
- 잠을 잘 때 이를 간다. — I grind my teeth while I sleep.
  grind 갈다, 으깨다
- 우리 아빠는 주무실 때 코를 심하게 고신다. — My dad snores heavily while sleeping.
  snore 코를 골다
- 나는 밤에 자주 깬다. — I often wake up at night.

꿈 P2-02-0404

- 나는 꿈을 너무 많이 꾼다. — I dream too much.
- 오늘 밤에는 그의 꿈을 꾸고 싶다. — I want to dream about him tonight.
- 나는 가끔 악몽으로 고생한다. — Sometimes I suffer from nightmares.
  nightmare 악몽

- 무서운 영화를 봐서, 악몽을 꿀까 봐 두려웠다. I watched a scary movie, so I was afraid I would have a nightmare. scary 무서운
- 어젯밤에 악몽을 꾸었다. Last night I had a nightmare.
- 나는 이상한 꿈을 꾸었다. I had a strange dream.
- 괴물에게 쫓기는 꿈을 꾸었다. I dreamed that I was being chased by a monster. be chased by ~에게 쫓기다
- 낭떠러지에서 떨어지는 꿈을 꾸었다. I dreamed that I was falling from a cliff. cliff 벼랑, 낭떠러지
- 한 축구 선수의 꿈을 꾸었다. I dreamed about a soccer player.
- 꿈속에서 우리 할머니를 보았다. I saw my grandmother in a dream.
- 꿈이 너무 달콤해서 잠에서 깨기 싫었다. I hated to wake up because my dream was so sweet.

잘 자다 P2-02-0405

- 잘 잤다. I slept well.
- 곤하게 잤다. I slept heavily.
- 단잠을 잤다. I had a sound sleep. sound (수면이) 충분한, 깊은
- 푹 잘 잤다. I slept like a baby. sleep like a baby 아기처럼 푹 자다
- 누가 업어 가도 모르게 정신없이 잠을 잤다. I slept like a log. sleep like a log 정신없이 자다
- 오후 내내 잤다. I slept the whole afternoon.
- 숙면은 건강에 아주 중요하다. Sound sleep is essential for good health. essential 필요한, 아주 중요한

잠 못 이루다 P2-02-0406

- 잠을 푹 자지 못했다. I didn't sleep soundly.

- 밤에 한숨도 자지 못했다. — I had a sleepless night.
  sleepless 잠 못 자는
- 밤을 꼬박 새웠다. — I stayed up all night.
- 나는 불면증에 시달린다. — I suffer from insomnia.
  insomnia 불면증
- 나는 밤에 자주 깬다. — I wake up often at night.
- 나는 잠귀가 밝다. — I sleep lightly.
- 나는 한숨도 잘 수가 없었다. — I couldn't sleep a wink.
  I couldn't sleep at all, not even a wink.
  not ~ at all 전혀 ~하지 않다
- 잠자리에서 뒤치락거렸다. — I tossed in my bed.
  toss 뒤치락거리다, 던지다
- 밤새 잠을 못 자고 뒤척였다. — I tossed and turned all night.
  toss and turn 잠을 못 자고 뒤척이다

05 하루의 정리

즐거운 하루 P2-02-0501

- 하루 일을 잘 마쳤다. — I finished the day well.
- 일이 다 잘 되었다. — Everything went well.
  go well 잘되다
- 신나는 하루였다. — It was an exciting day.
- 오늘은 기분이 무척 좋았다. — I felt great today.
- 정말 좋은 하루였다. — I had a really nice[terrific / wonderful] day.
  terrific 아주 좋은
- 좋은 경험을 했다. — I had a good experience.
  experience 경험

- 저녁에 무척 재미있었다. — I enjoyed the evening very much.
- 오늘 일을 잊지 못할 것이다. — I won't forget today's incident.

  incident 작은 사건이나 일

바쁜 하루 P2-02-0502

- 오늘은 할 일이 많았다. — I had many things to do today.
- 오늘은 매우 바빴다. — I was very busy today.
- 정말 바쁜 하루였다. — I had a really busy day.
- 눈코 뜰 새 없이 바빴다. — I was as busy as a bee.

  as busy as a bee 아주 바쁜
- 하는 일 없이 바빴다. — I was busy doing nothing.

  be busy -ing ~하느라 바쁘다
- 시간 가는 줄도 몰랐다. — I didn't know the time of the day.
- 너무 바빠 일기도 못 썼다. — I was too busy to write in my diary.

힘겨운 하루 P2-02-0503

- 하루 종일 스트레스를 많이 받았다. — I was under a lot of stress all day long.
- 오늘 너무 창피했다. — I was so embarrassed today.

  embarrassed 당황한, 창피한
- 정말 힘든 하루였다. — I had a really tough day.

  tough 고된, 고달픈
- 나는 녹초가 되었다. — I was flat out of energy.

  be flat out 녹초가 되다
- 나는 완전히 지쳐 버렸다. — I was worn-out[exhausted].

  worn-out, exhausted 기진맥진한
- 피곤했다. — I was tired.
- 집에 오자마자 소파에 털썩 주저앉았다. — I flopped down on the sofa as soon as I got home.

  flop down 털썩 주저앉다
- 끔찍한 하루였다. — It was a terrible day.

우울한 하루 P2-02-0504

- 하루 종일 기분이 나빴다. I was in a bad mood all day long.
- 오늘은 기분이 울적했다. I felt down today.
- 오늘은 기운이 없었다. I felt low today.
- 마음이 우울했다. I felt depressed.
- 내 계획은 허사로 돌아갔다. My plan ended up as nothing.
  as nothing 허사로
- 내 계획이 엉망이 되었다. My plan became a mess.
- 일진이 사나운 날이었다. It wasn't my day.
- 정말 쉬고 싶었다. I really wanted to take a break.
- 쉴 시간이 없었다. I had no time to rest.

지루한 하루 P2-02-0505

- 오늘은 매우 지루했다. I was very bored today.
- 오늘이나 어제나 매일 똑같다. Every day is the same.
- 그저 시간만 보냈다. I just killed time.
  kill 죽이다, 시간을 헛되이 보내다
- 하루 종일 집에서 빈둥거렸다. I lay about the house all day long.
  lie about 빈둥거리다 | all day long 하루 종일
- 매일 똑같은 일상이 지겹다. I am tired of my daily routine.
  be tired of ~에 질리다 | routine 판에 박힌 일, 일과
- 나에겐 변화가 필요하다. I need a change.
- 뭔가 좀 흥미로운 일이 있으면 좋겠다. I wish something exciting would happen.

내일의 계획 P2-02-0506

- 나는 항상 미리 계획을 세운다. I always plan ahead.
  ahead 앞서서, 앞에

- 내일에 대해 생각해 보아야 한다. I need to think about tomorrow.
- 나는 무엇이든 자꾸 미루는 버릇이 있다. I have a habit of putting things off from day to day.
  have a habit of -ing ~하는 버릇이 있다 | put off ~을 미루다
- 내일 무엇을 해야 할지 생각 중이다. I am thinking about what to do tomorrow.
  what to + **동사원형** ~을 해야 할지
- 내일 그 일을 하려고 계획 중이다. I am planning to do it tomorrow.
- 나는 학습 계획을 세웠다. I planned to study.
- 내일 할 재미있는 일이 생각났다. I had a fun idea for tomorrow.
- 나는 계획대로 그 일을 할 것이다. I will do it as planned.
- 장래 계획을 세워야겠다. I am going to make plans for the future.
- 이틀 동안의 주말 계획을 세웠다. I made plans for this two day weekend.

굳은 다짐 P2-02-0507

- 오늘 할 일을 내일로 미루지 않으려고 한다. I try not to postpone today's work till tomorrow.
  postpone 연기하다, 미루다
- 계획이 흐지부지되지 않도록 해야겠다. I won't let my plans go up in smoke.
  let + **목적어** + **동사원형** ~가 …하도록 하다 | go up in smoke 연기처럼 사라지다
- 별 다른 문제가 없는 한 계획을 바꾸지 않을 것이다. I won't change my plans, unless there is a big problem.
  unless ~하지 않는다면, ~하지 않는 한
- 계획을 지키도록 모든 노력을 다해야겠다. I will make every effort to stick to my plan.
  make effort 노력하다
- 계획대로 일이 잘되면 좋겠다. I hope to do a good job as planned.
- 그 계획이 성공하기를 바란다. I hope the plan will be successful.
- 내 계획이 허사가 되지 않도록 최선을 다해야겠다. I will do my best so that my plan won't end up as nothing. do one's best 최선을 다하다 | so that ~하도록

Late for School 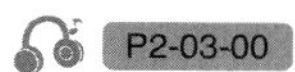 P2-03-00

Monday May 6, Clear

Today I was scolded by my teacher because I was late for school.
In the morning, I couldn't get up because I was very tired.
So I was late for school.
My teacher was angry about it. She said, "Don't be late again."
I knew I was lazy. I promised my teacher I would not be late again.
From now on, I won't watch TV late and I'll go to bed early.

지각 5월 6일 월요일, 맑음

오늘 학교에 지각해서 선생님께 꾸중을 들었다.
아침에 나는 매우 피곤해서 일어나지 못했다. 그래서 학교에 지각했다.
선생님께서 화가 나셨다. 선생님은 "다시는 지각하지 말거라." 하고 말씀하셨다.
나는 내가 게으르다는 것을 알았다. 나는 선생님께 다시 지각하지 않겠다고 약속했다.
이제부터는, TV를 늦게까지 보지 않고 일찍 잠자리에 들 것이다.

be scolded 꾸중을 듣다 **get up** 잠자리에서 일어나다 **promise** 약속하다 **from now on** 이제부터 **go to bed** 잠자리에 들다

01 일상생활

오전 P2-03-0101

• 우리 가족은 하루 일과를 아침 6시에 시작한다.	My family's daily routine begins at six o'clock in the morning. routine 일과, 매일의 일상
• 나는 보통 아침 6시에 일어난다.	I usually get up at 6 o'clock in the morning.
• 나는 먼저 이불부터 갠다.	First of all, I fold the blankets. first of all 무엇보다, 우선 | fold (이불을) 개다 | blanket 이불, 담요
• 엄마는 제일 먼저 일어나셔서 아침을 준비하신다.	My mom gets up the earliest and prepares breakfast. the earliest 가장 일찍(최상급)
• 나는 아침에 고양이 세수만 한다.	I wash just my face in the morning.
• 나는 7시쯤에 아침을 먹는다.	I have breakfast around seven o'clock. around + 시간 ~경에
• 아침 식사를 한 뒤 옷을 갈아입는다.	I change my clothes after breakfast.
• 부모님은 아주 조심하라고 늘 말씀하신다.	My parents always tell me to be very careful.
• 아빠가 출근하시고 나서 나와 동생이 학교에 간다.	After my dad goes to work, my brother and I go to school.
• 엄마가 현관에서 배웅을 해주신다.	My mom sees me off at the porch. see ~ off ~를 배웅하다 | porch 현관
• 동생은 걸어서 학교에 간다.	My brother walks to school.
• 나는 버스를 타고 학교에 간다.	I go to school by bus.

오후 P2-03-0102

• 학교가 끝나면 집으로 곧장 돌아온다.	After school, I go straight home. straight 곧장, 쭉
• 가끔 방과 후에는 PC방에는 갈 때도 있다.	Sometimes I go to an Internet cafe after school.

- 엄마가 매일 나를 데리러 오신다. My mom picks me up every day.
  picks up (차로 사람을) 마중 나가다
- 방과 후에 나는 영어 학원에 간다. I go to an English academy after school.
  academy 학원, 협회
- 나는 집에 오자마자 샤워를 한다. As soon as I come back home, I take a shower.
  as soon as ~하자마자 | take a shower 샤워하다
- 나는 컴퓨터로 숙제를 한다. I do my homework on the computer.
- 우리는 보통 7시에 저녁을 먹는다. We usually have dinner at seven o'clock.
- 나는 저녁 식사 후 보통 텔레비전을 본다. I usually watch TV after dinner.
- 잠자리에 들기 전에 일기를 쓴다. I keep a diary before going to bed.
  keep a diary 일기 쓰다
- 나는 10시쯤에 잠자리에 든다. I go to bed [at] about 10 o'clock.

휴일 P2-03-0103

- 오늘은 휴일이라 집에 있었다. I was at home because today was a holiday.
- 이번 휴일에는 하루 종일 집에서 책을 읽으며 보냈다. I spent all day reading at home this holiday.
- 나는 음악을 들으며 소파에 앉아 있었다. I sat on the sofa while listening to music.
  listen to ~을 듣다, 귀 기울여 듣다
- 이번 주말 연휴에는 특별한 계획이 없었다. I had no plans for this holiday weekend.
- 나는 특별히 할 일이 없었다. I had nothing special to do.
- 하루 종일 집에서 빈둥거렸다. I lazed around at home all day.
  laze around 빈둥거리다, 꾸물거리다
- 이번 휴일엔 그냥 집에 있기로 했다. I decided to stay at home this holiday.
- 이번 휴일에는 목욕탕에 갔다. I went to a bathhouse this holiday.
  bathhouse 목욕탕, 탈의장
- 우리 가족은 이번 휴일에 조부모님 댁에 다녀왔다. My family went to my grandparents' home this holiday.
- 이번 휴일은 숙제하다가 다 보냈다. I spent this holiday doing my homework.

- 따분한 휴일이었다. It was a boring holiday.
- 즐거운 휴일을 보냈다. I had a wonderful holiday.

02 기분 · 감정

기분 · 감정

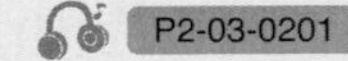

P2-03-0201

기쁜 happy, pleased
슬픈 sad, sorrowful
피곤한 tired
화난 angry
우울한 blue, melancholy, dismal, gloomy
만족하는 satisfied, pleased
희망에 찬 hopeful
흥분한 excited
안도한 relieved
낙천적인 optimistic
비관적인 pessimistic
초조한 nervous
긴장되는 tense
무관심한 indifferent
실망한 disappointed
뉘우치는 regretful
걱정하는 anxious, worried
분개한 indignant
부끄러운 ashamed, shy
놀란 surprised, astonished
지루한 bored
냉정한 cold
당황한 embarrassed
질투하는 envious, jealous
단조로운 monotonous
성난 offended
성급한 hasty
호기심이 강한 curious
신경질이 난 irritated
성가신 annoying
분개한 resentful
관대한 generous
혼란스런 confused
음울한 dreary
겁먹은 frightened, scared

좋은 기분

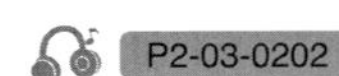

P2-03-0202

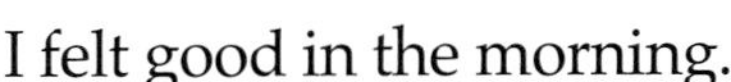

- 아침에 나는 기분이 좋았다. I felt good in the morning.
- 즐거운 기분으로 집을 나와 학교로 갔다. I left for school in a pleasant mood.
  pleasant 즐거운, 유쾌한 | mood 기분, 분위기
- 아주 기분이 좋았다. I was in high spirits.
  in high spirits 기분이 아주 좋은
  I was in a good mood.
  in a good mood 기분이 좋은
- 오늘 새 옷을 사서 기분이 좋았다. I was in a good mood today because I bought a new dress.

- 새 옷에 대해 칭찬을 들어서 기분이 좋았다.
  I was happy to receive compliment's on my new clothes. receive 받다 | compliment 경의, 칭찬
- 그 아이가 따뜻하게 말해 줘서 기분이 좋아졌다.
  His warm words made me feel happy.
- 나는 큰 소리로 웃었다.
  I laughed loud.
- 세상을 다 얻은 듯한 기분이었다.
  I felt like I was on top of the world.
  on top of the world 기분이 아주 좋은
- 꿈꾸는 듯한 기분이었다.
  I felt as if I were in a dream.
  as if ~ 마치 ~인 것처럼

나쁜 기분 P2-03-0203

- 오늘은 기분이 이상했다.
  I felt strange today.
  strange 이상한, 낯선
- 오늘 아침 기분이 좋지 않았다.
  I was in a bad mood this morning.
  in a bad mood 기분이 좋지 않은
- 그 사람 때문에 기분이 나빴다.
  He hurt my feelings.
  hurt (감정을) 상하게 하다
- 나는 기분이 나빴다.
  I felt bad[terrible].
- 그것 때문에 신경이 날카로워졌다.
  It got on my nerves.
  get on one's nerves ~의 신경을 건드리다
- 나는 감정을 억제하려고 애썼다.
  I tried to control my feelings.
  control 조절하다, 통제하다
- 기분을 바꾸고 싶었다.
  I wanted to change my mood.
- 기분이 한결 좋아졌다.
  I felt better.

기쁨 · 즐거움 P2-03-0204

- 나는 기뻤다.
  I was glad.
- 나는 행복했다.
  I was happy.
- 무척이나 행복했다.
  I was as happy as a king.

- 나는 즐거웠다. I was pleased[joyful / joyous].
- 나는 매우 기뻤다. I was very delighted.
  delighted 아주 기쁜
- 그 소식을 듣고 기뻤다. I was glad to hear the news.
- 그 소식은 너무 좋아서 사실이라고 하기 어려울 정도였다. The news was too good to be true.
- 정말 믿을 수 없는 소식이었다. The news was really incredible.
  incredible 믿을 수 없는
- 날듯이 기뻤다. I was on cloud nine.
  I was walking on air.
- 좋아서 껑충껑충 뛰었다. I jumped with joy.
- 너무 기뻐서 눈물이 났다. I cried for joy.
- 내 생애에 가장 기쁜 순간이었다. It was the biggest moment of my life.
- 눈물이 나올 정도로 기뻤다. I nearly wept for joy.
  nearly 거의 | wept weep(울다)의 과거형
- 나는 너무 기뻐 입이 귀에 걸렸다. I was so delighted that I grinned from ear to ear.
  grin 이를 드러내고 싱글거리다
- 미칠 듯이 기뻤다. I was overjoyed.
  overjoyed 미칠 듯이 기쁜
- 너무 기뻐 말이 나오지 않았다. I was so happy that I was speechless.
  speechless 말문이 막힌, 말을 못하는
- 마치 내 꿈이 이루어진 것 같았다. I felt as if my dreams had come true.
  come true 실현되다, 이루어지다
- 기뻐서 가슴이 두근거렸다. My heart pounded with delight.
  pound 심장이 두근거리다

우울함

P2-03-0205

- 나는 우울했다. I felt down.
  I was moody[down / long-faced / melancholy / blue / depressed].

- 그는 우울해 보였다. — He looked blue.
- 나는 시험을 못 봐서 우울했다. — I was gloomy since I failed the test.
- 오늘은 어쩐지 우울했다. — Today I felt blue for no reason.
- 농담할 기분이 아니었다. — I was not in the mood to be joked with.
- 그 사람 때문에 우울해졌다. — He got me down.
- 나는 혼자 있고 싶었다. — I wanted to be alone.
- 울고 싶었다. — I felt like crying.
- 그는 하루 종일 아주 우울한 얼굴을 하고 있었다. — He was so long-faced all day long.

슬픔 P2-03-0206

- 나는 슬펐다. — I was sad[sorrowful].
- 마음이 아팠다. — I was heartbroken.
  heartbroken 안타까운, 마음이 아픈
- 나는 슬픈 광경을 보았다. — I saw a sad sight.
  sight 광경
- 목이 메었다. — I felt a lump in my throat.
  feel a lump in one's throat 감정이 복받쳐 목이 메다
- 오늘 슬픈 일이 있었다. — I had a sad incident today.
  incident 사건, 일
- 나는 그의 이야기를 듣고 슬펐다. — It made me sad to hear his words.
- 나는 그 슬픈 소식을 듣고 울음을 터뜨렸다. — I burst into tears at the sad news.
  burst into tears 울음을 터뜨리다
- 내가 가장 좋아하는 애완견이 죽어서 몹시 슬펐다. — I was very sad because my favorite dog died.
- 너무 슬퍼 울고 말았다. — I cried in my grief.
  grief 슬픔
- 나는 눈물을 참으려고 애썼다. — I tried to hold back the tears.
  hold back 참다, 담아두다

- 나는 삼촌이 돌아가셔서 슬펐다. — I felt sorrow for my uncle's death.

괴로움 P2-03-0207

- 나는 괴로웠다. — I was distressed.
  be distressed 괴로워하다
- 마음이 불안했다. — I was uncomfortable.
  uncomfortable 불안한
- 나는 고민을 잊고 싶었다. — I wanted to forget my worry.
  worry 걱정, 고민
- 그 일로 마음이 아팠다. — It broke my heart.
- 그 일을 잊으려고 노력했다. — I tried to forget about it.
- 그만하기 다행이다. — I should be glad it wasn't worse.
  worse 더 나쁜(bad의 비교급)
- 그 어려운 문제들을 푸는 일이 괴로웠다. — It was terrible to solve the hard questions.
  solve (문제를) 풀다, 해결하다
- 나는 그에게 많은 괴로움을 끼치고 싶지 않았다. — I didn't want to annoy him much.
  annoy 괴롭히다, 귀찮게 하다
- 고통 없이는 얻는 것도 없다. — No pain, no gain.

화 P2-03-0208

- 나는 화가 났다. — I got mad.
  I was angry.
- 기분이 상했다. — I was offended.
  be offended 성나다, 불쾌하게 느끼다
- 열 받았다. — I was burned up.
  be burned up 열 받다, 노하다
- 나는 화를 냈다. — I lost my temper.
  lose one's temper 화내다
- 벌컥 화가 났다. — I became passionate.
  passion 화를 벌컥 냄, 열정

- 나는 거의 화내지 않는다. I hardly ever get angry.
  hardly 거의 ~ 않다
- 그 사람 때문에 화가 났다. He drove me crazy.
  He made me angry.
- 화를 가라앉힐 수가 없었다. I couldn't calm myself down.
  calm ~ down ~를 진정시키다
- 그는 화를 잘 낸다. He gets angry easily.
- 그는 아무 일도 아닌 것에 화를 냈다. He lost his temper over nothing.
- 나는 화가 나서 얼굴이 붉어졌다. My face turned red with anger.
- 나는 화난 목소리로 소리를 질렀다. I shouted with an angry voice.
- 그는 화난 것 같았다. He looked angry.
- 그가 화가 난 것은 내가 말대꾸를 했기 때문이다. He got angry because I talked back to him.
  talk back to ~에게 말대꾸하다
- 나는 그의 처지에서 생각해 보았다. I tried thinking in his place.
  think in one's place ~의 처지에서 생각해 보다
- 나는 그가 약속을 지키지 않아서 화가 났다. I was upset because he didn't keep his promise.
  keep one's promise 약속을 지키다
- 너무 화가 나서 폭발할 것 같았다. I felt like exploding.
  explode 폭발하다
- 너무 화가 나서 잠을 잘 수가 없었다. I was too upset to sleep.
- 그가 불난 데 부채질을 했다. He fanned the flames.
- 나는 화나는 것을 억눌렀다. I controlled my temper.

짜증

P2-03-0209

- 나는 짜증이 났다. I was irritated[annoyed].
- 그는 나를 짜증나게 했다. He grossed me out.
  gross ~ out ~를 짜증나게 하다
- 그것 때문에 정말 짜증이 났다. It really pissed me off.
  piss ~ off ~를 짜증나게 하다

- 그의 비열한 행동이 정말 나를 짜증나게 했다. His nasty behavior really irritated me.
  nasty 심술궂은, 비열한
- 나는 아무런 이유도 없이 짜증을 냈다. I showed my temper for no reason.
- 그것이 정말 나를 열 받게 했다. It really burned me up.
  burn up 열 받게 하다
- 나는 그에게 신경질이 났다. I got irritated with him.
- 짜증을 내지 않으려고 노력했으나 허사였다. I tried in vain to keep my cool.
  in vain 헛되이, 허사로 | keep one's cool 침착하다

실망 · 낙담

P2-03-0210

- 그 소식을 듣고 나는 실망했다. I was disappointed at the news.
- 그는 나를 실망시켰다. He let me down.
  let ~ down ~를 실망시키다
- 내 성적을 보고 부모님은 실망하신 듯했다. My parents looked disappointed after seeing my grades.
- 실망스럽게도 그는 아무 말 없이 가버렸다. To my disappointment, he went away without a word.
- 시원섭섭했다. It was bittersweet.
  bittersweet 괴로우면서도 즐거운, 쓰면서도 달콤한
- 나는 비참한 생각이 들었다. I felt miserable.
  miserable 비참한, 가련한, 불쌍한
- 나는 낙담했다. I lost heart.
  I was discouraged.
- 나는 좌절했다. I was frustrated.
  frustrated 좌절한, 실망한
- 그가 그렇게 했다니 유감이었다. It was a pity that he did so.
  it is a pity that ~해서 유감이다
- 벼랑 끝에 서 있는 것 같았다. I felt like standing on a cliff.
  feel like ~하는 기분이 들다
- 좋은 기회를 놓쳐서 유감이다. It is a pity to miss a good opportunity.
  opportunity 기회

- 너무 어처구니없어서 참을 수가 없었다.
  I couldn't bear it because it was so ridiculous.
  bear 참다, 견디다 | ridiculous 어리석은, 엉뚱한

체념

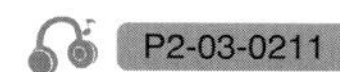

P2-03-0211

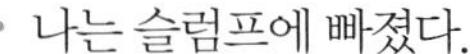

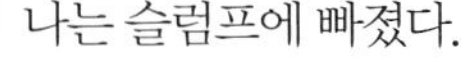

- 나는 슬럼프에 빠졌다.
  I am in a slump.
  slump 의기소침, 침체되어 있는 상태
- 나로서는 어쩔 수 없었다.
  I couldn't help myself.
  can't help oneself 어쩔 수 없다
- 나는 아무 일도 할 수 없었다.
  I couldn't do anything at all.
- 이미 끝난 일이다.
  It is over and done with.
- 나는 더 이상 참을 수가 없었다.
  I couldn't stand it any more.
  stand 참다, 견디다
- 막다른 길이었다.
  That was a dead-end street.
  dead-end 막다른, 빈민가의
- 더는 기회가 없었다.
  There wasn't any chance.
- 포기하고 싶었다.
  I wanted to give up.
  give up 포기하다
- 항복하고 싶었다.
  I felt like throwing in the towel.
  throw in the towel 항복하다, 수건을 던지다
- 나는 무슨 일이 일어나든 관심이 없었다.
  I didn't care what happend.
  care 관심을 갖다, 걱정하다
- 나는 내가 할 수 있는 일은 다 해보려 애썼다.
  I tried to do everything that I could.
- 아무리 노력해도 소용없었다
  It was no use making every effort.
  it is no use -ing ~해 봤자 소용없다
- 그림의 떡이었다.
  It was pie in the sky.

놀람

P2-03-0212

- 그 소식을 듣고 깜짝 놀랐다.
  I was so surprised at the news.
  I was surprised to hear the news.

• 그건 정말 놀라운 소식이었다.	It was really hot news.
• 그것은 놀라운 일이었다.	It was a surprise.
• 그것은 참으로 충격적이었다.	It was really shocking.
• 내 귀를 믿을 수가 없었다.	I couldn't believe my ears.
• 믿을 수가 없었다.	It was incredible. incredible 믿을 수 없는
• 믿기 어려운 일이었다.	It was hard to believe.
• 그 소식에 가슴이 두근거렸다.	My heart beat quickly at the news. beat (심장이) 뛰다
• 너무 놀라서 말을 할 수가 없었다.	I was too surprised to speak.
• 나는 그 광경을 보고 너무 놀랐다.	I was too surprised at the sight.
• 나는 전혀 놀라지 않았다.	I was not surprised at all.
• 나는 놀라서 소리를 질렀다.	I cried out in surprise.
• 놀랍게도 그가 나타났다.	To my surprise, he appeared. to one's + 감정명사 ~가 … 하게도
• 나는 그런 일에는 놀라지 않으려고 애쓴다.	I try not to be surprised at such a thing.
• 놀라서 가만히 서 있었다.	I stood still in surprise. still 조용한, 정지한, 움직이지 않는

창피함 · 당혹감 P2-03-0213

• 나는 그 소식에 창피했다.	I was embarrassed by the news.
• 나는 그 소식에 어리둥절했다.	I was puzzled by the news. be puzzled 어리둥절하다, 당혹스럽다
• 나는 그 소식에 혼란스러웠다.	I was confused by the news. be confused 당황스럽다, 혼란스럽다
• 그 광경을 보고 매우 당황했다.	I was very embarrassed to see the sight.
• 어찌해야 할지를 몰랐다.	I didn't know what to do.
• 무슨 말을 해야 할지 몰랐다.	I didn't know what to say.

- 창피해서 얼굴이 달아올랐다. My face burned with embarrassment.
- 너무 창피해서 죽을 뻔했다. I almost died of embarrassment.

후회 P2-03-0214

- 나는 아무런 후회가 없었다. I had no regrets.
  regret 후회, 유감; 후회하다
- 나는 무척 후회되었다. I had so many regrets.
- 내가 한 일을 몹시 후회한다. I am very sorry for what I did.
  be sorry for ~을 후회하다, ~가 유감이다
- 열심히 공부하지 않은 것을 후회한다. I am very sorry I didn't study hard.
- 그건 모두 내 잘못이었다. It was all my fault.
- 그럴 의도가 전혀 아니었다. I didn't mean it at all.
  mean 의도하다, ~할 작정이다
- 게으름 부린 것을 후회한다. I regret that I was lazy.
- 나는 더 조심했어야만 했다. I should have been more careful.
  should have + 과거분사 ~했어야 했다
- 그의 조언대로 하지 않은 것은 정말 후회한다. I really regret that I didn't follow his advice.
- 이젠 너무 늦었다. It is too late now.
- 내가 왜 그의 말을 듣지 않았는지 모르겠다. I don't know why I didn't listen to him.
- 그렇게 빈둥거린 것은 후회한다. I regret that I fooled around so much.
  fool around 할 일 없이 빈둥거리다
- 나중에 후회하지 않도록 최선을 다해야겠다. I'll do my best not to regret it later.
- 후회 없는 삶을 살고 싶다. I want to live without any regrets.

걱정 P2-03-0215

- 성적 때문에 걱정되었다. I was worried about my score.
- 그 문제가 걱정되었다. I was anxious about the problem.

- 나는 그것이 너무 걱정되어 잠을 잘 잘 수 없었다. I was so worried that I couldn't sleep well.
- 걱정되어 죽을 뻔했다. I was worried to death.
  to death 몹시, 아주
- 그건 걱정할 일이 아니었다. It was nothing to worry about.
- 그건 내가 걱정할 일이 아니었다. That was not my concern.
  concern 걱정, 근심, 관심사
- 나는 그런 일은 걱정하지 않으려고 한다. I try not to worry about such a thing.
- 그런 걱정거리는 잊기로 했다. I decided to forget about such worries.
- 나는 부모님께 걱정을 끼치지 않으려고 노력한다. I try not to worry my parents.
- 나는 걱정거리가 없다. I have nothing to worry about.

고민 P2-03-0216

- 나는 신경 쓸 일이 많았다. I had a lot of things to care for.
  care for 걱정하다, 신경 쓰다
- 생각해 봐야 할 문제가 있었다. I had a problem to think about.
- 그것은 나에게 매우 중요한 문제였다. The matter was very important to me.
  matter 문제, 일
- 여러 가지로 머리가 복잡했다. I had a lot of things on my mind.
- 그는 그 문제로 고민했다. He was troubled with the problem.
  be troubled with ~로 고민하다
- 나는 하루 종일 마음을 졸였다. I've been in suspense all day.
  be in suspense 마음 졸이다
- 어떻게 해결해야 할지 생각 중이었다. I was thinking about how to solve it.
- 고민을 잊고 싶었다. I wanted to forget my agony.
  agony 고민, 고뇌
- 고민 때문에 잠이 오지 않았다. I couldn't sleep because I was worried.
  in anguish 괴로워서, 고민으로
- 그렇게 고민할 필요가 없다고 생각했다. I didn't think I had to worry so much.

03 생리 현상

입 · 목 P2-03-0301

- 나는 재채기를 했다. I sneezed.
- 콜라를 마시니 트림이 났다. I burped after drinking a glass of coke.
  burp 트림하다
- 사레가 걸렸다. I choked on something.
  choke on ~ 때문에 목이 막히다
- 사레가 걸렸을 때 엄마가 내 등을 살살 문질러 주셨다. When I choked, mom stroked my back.
  stroke 쓰다듬다, 어루만지다
- 갑자기 딸꾹질이 났다. Suddenly I hiccupped.
  hiccup 딸꾹질하다
- 딸꾹질을 참아 보려고 했으나 더 큰 소리가 났다. I tried to stop a hiccup, but I made a bigger sound.
- 딸꾹질을 멎게 하려고 물을 마셨다. I drank some water to stop my hiccups.
- 책을 읽으면서 하품을 했다. I yawned while reading the book.
- 가래가 끓었다. I got phlegm in my throat.
  phlegm 가래 | throat 목구멍, 인후, 식도
- 목소리가 잘 안 나왔다. I lost my voice.
- 목이 아파서 목소리가 쉬었다. I had a frog in my throat.
  a frog in one's throat 아파서 쉰 목소리
- 숨이 찼다. I was out of breath.
  out of breath 숨이 차서, 헐떡이는
- 심호흡을 했다. I took a deep breath.
- 나는 자주 한숨을 쉰다. I often sigh.
  sigh 한숨 쉬다

코 P2-03-0302

- 나는 콧물이 났다. I had a runny nose.

- 콧물이 흘렀다.
  My nose was running.

- 코를 훌쩍거렸다.
  I sniffled.
  sniffle 코를 훌쩍이다

- 휴지로 콧물을 닦았다.
  I wiped my runny nose with a tissue.
  wipe 닦다

- 내 동생은 손등으로 코를 닦았다.
  My brother wiped his nose on the back of his hand.

- 코가 막혔다.
  I had a stuffy nose.
  stuffy 코가 막힌

- 코가 근질거렸다.
  My nose felt itchy.
  itchy 간지러운, 근질거리는

- 나는 잠 잘 때 코를 곤다.
  I snore when I sleep.

- 나는 코를 자주 후빈다.
  I often pick my nose.

- 코피가 났다.
  I had a bloody nose.
  bloody 피나는, 피를 흘리는

- 코에서 코피가 주룩주룩 흘렀다.
  Blood was pouring from my nose.
  pour 퍼붓다, 흘리다

- 코를 킁킁거리며 냄새를 맡았다.
  I sniffed.
  sniff 코를 킁킁거리다, 냄새 맡다

눈 P2-03-0303

- 눈에 뭐가 들어가서 눈을 깜박였다.
  I blinked because something went into my eyes.
  blink 깜박거리다

- 눈이 빨갛게 충혈되었다.
  My eyes went red.
  go + **형용사** ~해지다

- 눈곱이 붙어 있었다.
  I had sleep in my eyes.
  sleep 눈곱, 잠

- 눈에 눈곱이 들러붙어 있었다.
  My eyes were gummed up.
  gum 들러붙다, 찐득찐득해지다

- 눈물이 나왔다.
  Tears came into my eyes.

- 눈물이 흘렀다.
  Tears flowed.
  flow 흘러나오다

• 갑자기 눈물이 나왔다.	Tears rushed to my eyes. rush 갑자기 나오다, 돌진하다
• 눈물을 참았다.	I kept back my tears. keep back 참다, 억제하다
• 나는 눈물을 흘렸다.	I shed tears. shed (눈물 · 피를) 흘리다
• 너무 감동해서 눈물이 났다.	I was moved to tears. be moved 감동하다
• 눈물을 닦았다.	I wiped my wet eyes.
• 무의식적으로 눈을 비볐다.	I rubbed my eyes unconsciously. rub 비비다 | unconsciously 무의식적으로, 자기도 모르게

귀 P2-03-0304

• 누가 내 이야기를 하는지 귀가 간지러웠다.	My ears burned.
• 귀가 멍멍했다.	My ears were ringing. ring 울리다
• 귀가 울렸다.	I had a ringing in my ears.
• 귀를 팠다.	I picked my ears.
• 그 소리는 귀에 익었다.	The sound was familiar to my ears.
• 나는 귀가 밝다.	I am quick to hear. I have good hearing.
• 나는 귀가 어둡다.	I have poor hearing.

얼굴 · 머리 P2-03-0305

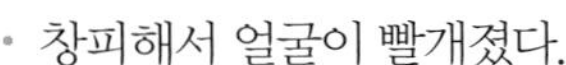

• 창피해서 얼굴이 빨개졌다.	I was embarrassed, so I blushed. blush 얼굴을 붉히다
• 깜짝 놀랐을 때 얼굴이 창백해졌다.	When I was surprised, my face turned pale.
• 머리카락이 조금 빠졌다.	I lost my hair a little.

• 머리가 쭈뼛 섰다. My hairs stood up on my neck.

• 머리가 조금 세었다. Some of my hair has turned gray.
turn + 형용사 ~로 변하다

• 나는 머리가 빨리 자란다. My hair grows well.

• 나는 머리가 잘 자라지 않는다. My hair grows slowly.

• 머리에 비듬이 있다. I have dandruff.

팔 · 다리 P2-03-0306

• 나는 긴장을 하면 손이 떨린다. My hands tremble when I am nervous.
tremble 떨리다

• 다리에 쥐가 났다. I had a cramp in my leg.
cramp 경련, 쥐

• 다리 근육이 뻣뻣해졌다. My leg muscles were stiff.
stiff 뻣뻣한, 경직된, 굳은

• 다리가 뻐근했다. My legs were stiff.

• 다리가 저렸다. My legs were asleep.

• 한쪽 발이 저렸다. My foot has gone to sleep.

• 발이 저려 감각이 없어졌다. My foot became numb.
numb 감각이 없어진, 곱은

소변 · 대변 P2-03-0307

• 오줌이 마려웠다. I felt like peeing.
feel like -ing ~하고 싶다 | pee 오줌 누다, 오줌

• 소변을 보고 싶었다. I wanted to go number one.
number one 소변

• 소변을 보러 화장실에 갔다. I went to the restroom to take a pee.

• 똥이 마려웠다. I felt the call of nature.
the call of nature 자연의 부름(대변을 보고 싶은 생각)

- 대변을 보고 싶었다. — I wanted to go potty.
  potty 변소, 어린이용 변기
- 대변을 보았다. — I went number two.
  number two 대변
- 설사가 났다. — I had diarrhea.
  diarrhea 설사
- 물똥이 나왔다. — I had watery diarrhea.
  watery 물기가 많은
- 설사로 고생했다. — I suffered from diarrhea.

- 배가 고파 꼬르륵 소리가 났다. — My stomach growled.
  growl 으르렁거리다
- 속이 안 좋아 배에서 꾸르륵 소리가 났다. — My stomach rumbled.
  rumble 우르르 울리다
- 땀이 많이 났다. — I sweated a lot.
- 온몸에 소름이 돋았다. — I got goose bumps all over.
  goose bumps 소름
- 너무 놀라서 식은땀이 났다. — I was so surprised that I was in a cold sweat.
  cold sweat 식은땀
- 자다가 식은땀이 났다. — I had night sweats.
- 차 안에서 방귀를 뀌었다. — I passed gas in the car.
  pass gas 방귀 뀌다
- 나는 원래 방귀를 잘 뀌는 편이다. — I tend to pass gas a lot.
  tend to + **동사원형** ~하는 경향이 있다
- 방귀 냄새가 지독했다. — The gas smelled terrible.

04 실수 · 잘못

실수 P2-03-0401

• 나는 너무 자주 실수를 한다.	I make mistakes too often.
• 내가 조심성이 없어서 그런 것 같다.	I think it is because I am not careful.
• 그것은 내 경솔함 때문이었다.	It was because of my carelessness. carelessness 부주의, 경솔
• 실수로 화분을 깨고 말았다.	I broke the vase by mistake. by mistake 실수로
• 실수로 다른 사람의 발을 밟았다.	I stepped on someone's foot by mistake. step on ~을 밟다
• 똑같은 실수를 세 번이나 했다.	I made the same mistake three times.
• 내가 왜 그런 어리석은 실수를 저질렀는지 모르겠다.	I don't know why I made the silly mistake.
• 내 잘못은 단지 내가 약간 부주의했다는 것뿐이었다.	My only fault is that I was a little careless. fault 잘못, 결점
• 하지 말아야 할 말을 무심코 그 아이에게 해버렸다.	I blurted something to him. blurt 무심결에 불쑥 말하다
• 나는 말실수를 했다.	I had a slip of the tongue. slip 잘못, 미끄러짐 | tongue 혀
• 그 실수 때문에 정말 창피했다.	I was really embarrassed because of the mistake.
• 어처구니없는 실수로 부끄러웠다.	I felt ashamed of my careless mistake. ashamed 부끄러운
• 내 실수로 그의 기분을 상하게 했다.	My mistake offended him.
• 나는 내 실수를 알아채지 못했다.	I didn't realize my mistakes.
• 나는 좀더 주의했어야 했다.	I should have been more careful. should have + 과거분사 ~했어야 했다
• 나는 그에게 미안하다고 했어야 했다.	I should have said sorry to him.

- 나는 그에게 사과했어야 했다.
  I should have apologized to him.
  apologize 사과하다
- 나는 내가 저지른 실수를 그에게 사과했다.
  I apologized to him for my mistakes.
- 그는 내 사과를 받아들였다.
  He accepted my apology.
  accept 받아들이다, 수락하다
- 나는 그것이 누구의 실수였는지 확인했다.
  I checked whose fault it was.
- 그가 내 실수를 지적했다.
  He pointed out my mistakes.
  point out ~을 지적하다
- 다음에는 실수 없이 잘할 것이다.
  Next time, I will do a good job without any mistakes.
- 다시는 같은 실수를 하지 않도록 노력할 것이다.
  I will try not to make the same mistake again.
- 이미 엎질러진 물이다.
  It is no use crying over spilt milk.
  it is no use -ing ~해봤자 소용없다
- 원숭이도 나무에서 떨어질 때가 있다. (=누구나 실수할 수 있다.)
  Even Homer sometimes nods.
  nod 졸다

기억력 · 건망증

- 나는 건망증이 있다.
  I am forgetful.
  forgetful 잘 잊어버리는
- 나는 기억을 오래 하지 못한다.
  I have a short memory.
- 나는 기억력이 나쁜 것 같다.
  I seem to have a bad memory.
  have a bad memory 기억력이 나쁘다
- 나는 잘 잊어버린다.
  I am absent-minded.
  absent-minded 잘 잊는, 건성의
- 난 기억력이 정말 형편없다.
  My memory is like a sieve.
  like a sieve 체에서 빠져 나가는 것과 같이 술술 빠져 나가는
- 나는 잘 외우지 못한다.
  I couldn't memorize things well.
- 중요한 물건들을 어디다 두었는지 잊었다.
  I misplaced some important things.
  misplace 잘못 두다, 둔 곳을 잊다
- 그것을 어디에 놓았는지 생각나지 않았다.
  I didn't remember where I had put it.

- 나는 온 집안을 다 뒤져 보았다. I searched the entire house.
  search 탐색하다, 뒤지다 | entire 전체의, 전부의
- 결국 그것을 찾지 못했다. In the end, I couldn't find it.
- 모든 것이 다 헷갈렸다. I got all mixed up.
  mixed up 혼란스럽게 뒤섞인
- 나는 건망증 때문에 사람들을 자주 곤란에 빠뜨린다. I often get someone into trouble because of my forgetfulness. get ~ into trouble ~를 곤란에 빠뜨리다
- 서두를 때는 무언가를 꼭 빠트린다. When I hurry up, I always miss something.
- 잊어버리고 OO를 놓고 왔다. I've left OO behind.
  leave ~ behind (깜빡하여) ~를 놓아두고 오다

잘못 P2-03-0403

- 모든 게 내 잘못이었다. Everything was my fault.
- 선생님께서 내 잘못을 관대하게 봐 주셨다. The teacher was generous to a fault.
  generous 관대한, 너그러운
- 그가 내 잘못을 너그러이 봐 주었다. He went easy on me.
  go easy on ~에게 화내지 않다
- 그가 내 잘못을 눈감아 주었다. He overlooked my faults.
  overlook 눈감아주다
- 그는 내 잘못을 절대 그냥 지나치지 않았다. He never passed over my faults.
  pass over ~을 너그럽게 봐주다, 용서하다
- 그것은 정말 내 잘못이 아니었다. It was not really my fault.
- 아마도 그가 나를 오해한 것 같았다. He probably misunderstood me.
  probably 아마도, 어쩌면
- 나는 내 잘못을 인정했다. I admitted my fault.
  admit 인정하다, 허용하다
- 나는 내 잘못이 아니라고 주장했다. I insisted that it was not my fault.
  insist 우기다, 주장하다
- 일부러 그런 것은 아니었다. I didn't do that on purpose.
  on purpose 고의로, 일부러

- 솔직히 말해 일부러 거기에 가지 않았다. Honestly I didn't go there intentionally.
  intentionally 일부러, 고의로
- 나는 그에게 한 번만 봐 달라고 부탁했다. I asked him to give me another chance.
- 나는 옳고 그름을 가리고 싶었다. I wanted to distinguish between right and wrong.
  distinguish between A and B A와 B를 구별하다
- 그것은 단지 우연히 일어난 일이었다. It was just an accident.

05 용돈

용돈 P2-03-0501

- 나는 한 달에 한 번 용돈을 받는다. I get pocket money once a month.
  pocket money 용돈
- 부모님께서 나에게 용돈으로 일주일에 OO원을 주셨다. My parents gave me OO won a week for my allowance. allowance 용돈
- 나의 한 달 용돈은 평균 OO원이다. My monthly allowance is OO won on average.
  on average 평균적으로, 대략
- 오늘 용돈을 받았다. I get my pocket money today.
- 용돈을 더 받기 위해서 부모님의 구두를 닦아 드렸다. I polished my parents' shoes to get more allowance.
  polish 닦다, 윤을 내다
- 나는 부모님을 도와드려서 용돈을 번다. I earn my own pocket money by helping my parents. by -ing ~함으로써
- 나는 용돈을 벌기 위해 매일 아침 신문을 배달한다. I deliver newspapers every morning for my pocket money. deliver 배달하다
- 용돈을 다 써버렸다. I spent all my allowance.
  I ran out of allowance.
  run out of ~을 다 써버리다, ~가 바닥나다
  I ran short of my allowance.
  run short of ~가 바닥나다, ~가 부족하다

- 나는 OO원으로 며칠을 지내야 했다.
  I had to live on OO won for several days.
- 나는 용돈이 너무 적다고 불평했다.
  I complained that my allowance was too small.
  complain 불평하다
- 부모님께 용돈을 더 달라고 졸라댔다.
  I pressed my parents for more allowance.
  press ~를 강요하다, 조르다
- 부모님께 용돈을 미리 달라고 부탁드렸다.
  I asked my parents for my allowance in advance.
  in advance 미리, 먼저
- 부모님은 기꺼이 내게 돈을 주셨다.
  My parents were willing to give me some money.
  be willing to + **동사원형** 기꺼이 ~하다

돈이 부족하다 P2-03-0502

- 나는 씀씀이가 너무 헤프다.
  I spend money much too freely.
- 주머니 사정이 좋지 않았다.
  My purse was half empty.
  half 거의, 반 | empty 텅 빈
- 나는 돈이 부족했다.
  I ran short of money.
- OO원이 부족했다.
  I was OO won short.
- 나는 이런저런 일로 돈이 필요했다.
  I needed money for this and that.
- 우리 집은 부유하지 않다.
  My family is not well-off.
  well-off 부자인, 부유한
- 친구를 속여 돈을 빼앗고 싶지 않았다.
  I didn't want to cheat my friends out of their money.
  cheat A out of B A를 속여서 B를 빼앗다
- 돈을 지혜롭게 쓰는 것이 중요하다.
  It is important to spend money wisely.
- 돈이 많으면 좋겠다.
  I wish I had a lot of money.
- 나는 돈을 많이 벌고 싶다.
  I want to earn a lot of money.
  earn 돈을 벌다

빈털터리가 되다 P2-03-0503

- 나는 돈을 척척 잘 쓴다.
  I am wasteful of money.
  wasteful 낭비하는

- 필요 없는 물건을 사는 데 돈을 다 써버렸다. — I spent all the money on unnecessary things.
- 나는 돈이 한 푼도 없었다. — I didn't have a penny.
  penny 1센트 동전
- 완전히 빈털터리가 되었다. — I am completely broke.
  completely 완전히 | broke 파산한, 빈털터리가 된
- 친구에게 돈을 빌렸다. — I borrowed some money from a friend of mine.
  borrow 빌리다
- 그가 나에게 약간의 돈을 꾸어 주었다. — He lent me some money.
  lend 빌려주다
- 돈을 곧 갚겠다고 그에게 약속했다. — I promised him that I would pay it back soon.
  pay back 돈을 갚다
- 그는 나에게 OO원을 꾸어 갔다. — He borrowed OO won from me.
- 그는 일주일 이내로 갚겠다고 했다. — He said that he would return in a week.
- 나는 그에게 OO원의 빚이 있다. — I owe him OO won.
  owe 빚지다
- 나는 최대한 빨리 갚았다. — I paid back as soon as possible.
  as ~ as possible 가능한 ~하게

저축

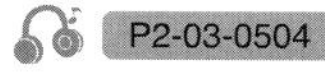

- 우리는 미래를 위해 저축해야 한다. — We should save money for the future.
  save 저축하다, 저장하다
- 어려운 날을 대비하여 저축해야 한다. — We should save up for a rainy day.
  for a rainy day 만일의 경우를 대비하여
- 나는 매달 돈을 조금씩 저축한다. — I save some money every month.
- 나는 용돈의 많은 부분을 저축한다. — I save a lot of of my allowance.
- 나는 소비를 줄이려고 노력한다. — I try to cut down on my spending.
  cut down on (비용을) 줄이다
- 나는 돈을 많이 써서 저축하지 못했다. — I spent a lot of money, so I didn't save.
- 한 달에 OO원이라도 저축하고 싶다. — I wish to save money even if it is only OO won a month.

- 절약하고 저축하며 살아야 한다. We have to scrimp and save.
  scrimp 절약하다
- 나는 쓸데없는 것에 돈을 낭비하지 않을 것이다. I won't waste my money on useless things.

은행 P2-03-0505

- 오늘은 엄마와 은행에 갔다. Today I went to the bank with my mom.
- 우선 번호표를 뽑았다. First of all, I took a number.
- 오늘 은행에 예금 계좌를 개설했다. I opened an account with the bank today.
  account 예금 계좌
- 돈이 생길 때마다 예금할 것이다. I will make a deposit whenever I get money.
  make a deposit 예금하다 | whenever ~할 때마다
- 은행에 돈을 예금했다. I deposited some money in the bank.
- 입금표를 작성했다. I filled out a deposit slip.
  fill out (서식 등을) 작성하다 | slip 자그마한 용지
- 계좌 번호와 예금할 금액을 적어 넣었다. I filled it out by writing my account number and the deposit amount.
- 통장, 입금표와 함께 예금할 돈을 은행원에게 주었다. I gave the teller my deposit with the bankbook and deposit slip.
  teller 은행원 | bankbook 통장
- 출금표를 작성했다. I filled out a withdrawal slip.
  withdrawal 인출, 취소
- 은행에서 예금을 찾았다. I withdrew my savings from the bank.
  withdrew withdraw(인출하다, 철회하다)의 과거형

06 절약

근검한 생활 P2-03-0601

- 우리 가족은 매우 검소하다. My family is very thrifty.
  thrifty 검소한, 절약하는

- 나는 절약하려고 노력한다. I try to be economical.
  economical 절약하는, 경제적인
- 우리 가족은 검소하게 생활한다. My family lives a frugal life.
  frugal 검소한, 소박한
- 우리 가족의 절약성 덕분에 우리 가족이 풍족하게 살 수 있다고 생각한다. I think that my family lives well because of my family's frugality.
- 가끔 마음껏 돈을 쓰고 싶을 때가 있다. Sometimes I want to spend money as I want.

절약 방법 P2-03-0602

- 우리 가족은 가정에서 에너지를 절약하기 위해 여러 가지 방법을 사용한다. My family uses various methods to save home energy. various 여러 가지의
- 우리는 절전 전구를 사용한다. We use energy-saving light bulbs.
  energy-saving 에너지를 절약하는
- 우리는 방에서 나올 땐 항상 전등을 끈다. We turn off the light when we leave a room.
  turn off ~을 끄다
- 우리는 에너지 절약형 가전제품을 사용한다. We use appliances designed to save energy.
  appliance 가전제품 | designed 계획된, 고안된
- 나는 꼭 보아야 할 프로그램이 있을 때만 TV를 켠다. I turn on the TV only when I have a program to watch. turn on ~을 켜다
- 우리는 항상 에너지를 낭비하지 않으려고 노력한다. We always try not to waste energy.
- 방에서 나올 때는 반드시 에어컨이나 난방기를 끈다. When I go out of a room, I make sure to turn off the air conditioner or the heater.
- 냉장고 문을 오래 열어두지 않는다. We don't leave the refrigerator door open.
  leave ~ **형용사** ~을 …한 상태로 두다
- 물을 절약하기 위해서 물이 적게 나오는 샤워기 꼭지를 이용한다. We use a low-flow shower head to save water.
  low-flow 물이 적게 나오는
- 양치할 때는 물을 틀어 놓고 하지 않는다. I don't let the water run when I brush my teeth.
  let + **목적어** + **동사원형** ~을 …하게 하다
- 가까운 곳에 갈 때는 걷거나 자전거를 탄다. When we go to nearby places, we walk or bike.
  nearby 가까운

- 필요하지 않은 물건은 절대 사지 않는다.
  I never buy unnecessary things.
  unnecessary 불필요한

재활용 P2-03-0603

- 종이는 버리기 전에 이면지로 활용한다.
  I use both sides of paper before throwing it away.
- 지난 신문들을 재활용하기 위해 모은다.
  We collect the old newspapers for recycling.
  recycling 재활용
- 엄마께서 지난 신문들을 묶어 놓으셨다.
  My mom bundled old newspapers.
  bundle 다발로 묶다
- 우유팩은 다른 쓰레기와 분리한다.
  I separate milk cartons from the other trash.
  separate 나누다, 분리하다 | carton 상자, 판지 | trash 쓰레기
- 재활용은 환경을 위해서 필요하다.
  Recycling is necessary for our environment.
- 재활용은 지구를 푸르게 하기 위한 한 가지 방법이다.
  Recycling is one way in order to make our earth green. in order to + **동사원형** ~하기 위한
- 나는 되도록 일회용품을 사용하지 않으려 한다.
  I try not to use disposable products if possible.
  disposable 일회용의, 사용 후 버리는 | if possible 가능하면
- 줄여 쓰고 다시 쓰고 재활용하려고 노력한다.
  I try to reduce, reuse and recycle.

07 교통

교통수단

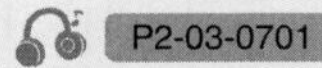
P2-03-0701

자동차 car, automobile
버스 bus
미니 버스 minibus
2층 버스 double-decker
관광 버스 sightseeing bus
공항 버스 airport shuttle
통근 버스 commuter bus
통학 버스 school bus
기차 train
트럭 truck
경운기 cultivator
트랙터 tractor
순찰차 patrol car
밴 van
택시 cab, taxi
자가용 private car
소방차 fire engine
기중기 crane
불도저 bulldozer
쓰레기 수거차 garbage truck
배 ship, vessel
작은 배 boat
모터보트 motor boat
요트 yacht
잠수함 submarine
비행기 airplane
헬리콥터 helicopter

버스 P2-03-0702

- 버스 정류장에 사람들이 많았다. There were many people at the bus stop.
- 나는 OO로 가는 버스를 타기 위해 줄 서서 기다리고 있었다. I was waiting in line to get on the bus to OO.
- 어떤 사람이 내 앞에서 새치기를 했다. Somebody cut in line in front of me.
- 나는 버스를 놓쳤다. I missed the bus.
- 20분 동안 더 기다려야 했다. I had to wait for another 20 minutes.
- 시외버스를 탔다. I took the long distance bus.
- 셔틀 버스를 이용했다. I took a shuttle bus.
- 그 버스는 20분마다 운행된다. The buses run every 20 minutes.
- 그것은 교통 체증 때문이었다. It was because of the heavy traffic.
- 버스가 30분 늦게 도착했다. The bus arrived thirty minutes late.
- 버스 노선표를 찾아 보았다. I looked for the bus route map.
- 버스 카드를 이용했다. I used a bus card.
- 버스 카드를 기계에 대면서 버스에 탔다. I got on the bus, scanning my bus pass on the machine. scan 훑다, (정보를) 읽다, 탐지하다
- 그 공원까지의 버스 요금은 OO원이다. The bus fare to the park is OO won.
- 버스에 사람이 너무 많아서 버스 타기가 무척 힘들었다. The bus was overcrowded, so I had difficulty getting on the bus. have difficulty in -ing ~하는 데 어려움이 있다
- 버스가 거의 비어 있어서 자리에 앉을 수 있었다. The bus was almost empty, so I was able to a seat.
- 버스에서 잠이 들었다. I fell asleep on the bus.
- 종점까지 갔다. I went to the end of the bus line.
- 버스가 승객들로 가득 차 있었다. The bus was crowded with passengers.
- 그 공원까지는 세 정거장이 남아 있었다. There were three stops before the park.
- 버스에서 내리기 위해서는 벨을 눌러야 했다. I had to push one of the buzzers on the bus to get off. buzzer (버스의) 벨

• 버스에서 벨을 누르지 않아 내릴 정거장을 지나쳤다.	I missed my stop because I didn't push the buzzer on the bus.
• 버스를 잘못 탔다.	I had taken the wrong bus.
• 버스가 다른 방향으로 가고 있었다.	The bus was going in another direction.
• 버스가 급정거를 했다.	The bus stopped suddenly.
• 버스가 펑크가 났다.	The bus had a flat tire.
• 버스에서 내렸다.	I got off the bus.
• 버스가 고장 나서 지각했다.	I was late because the bus broke down.
• 막차는 11시에 있다.	The last bus is at 11 o'clock.

지하철

P2-03-0703

• 나는 오늘 지하철을 탔다.	I took the subway today.
• 지하철은 버스보다 더 편했다.	The subway was more comfortable than the bus.
• 나는 가장 가까운 지하철역을 찾아야 했다.	I had to find the nearest subway station.
• 매표구 앞에서 줄을 섰다.	I stood in line in front of the ticket booth.
• 나는 자동발권기에서 표를 구입했다.	I got a ticket at an automated ticket machine. automated 자동화 된
• 나는 안전선 뒤로 물러 서 있었다.	I stayed behind the safety line.
• 지하철에서 책을 읽었다.	I read a book on the subway.
• 지하철에 서 있을 때는 어디에 시선을 두어야 할지 모르겠다.	When I stand on the subway, I don't know what to look at. what to + **동사원형** 무엇을 ~해야 할지
• 러시아워였다.	It was rush hour.
• 지하철에 사람이 매우 많았다.	The subways were very crowded.
• 나는 많은 사람들과 부딪쳤다.	I bumped into many people.
• 누군가가 내 발을 밟았다.	Someone stepped on my foot.
• 노인들에게 자리를 양보했다.	I offered my seat to the elderly.

- 나는 어느 출구로 나가야 하는지 몰랐다. I didn't know which exit I should use.
- 안내 방송에 귀를 기울였다. I listened to announcements.
- 나는 순환선인 2호선을 탔다. I took Line 2 which was a loop.
  loop 순환선, 둥근 모양의 고리
- 거기에 가려면 지하철을 갈아타야 했다. I should change subway trains to go there.
- 다른 노선으로 갈아탔다. I transferred to another line.
  transfer 옮기다, 이동하다
- 갈아타는 역에는 항상 사람이 많다. The transfer stations are always overcrowded.
- 자리에 앉아 졸다가 한 정거장을 지나쳤다. I passed one stop while I was napping in the seat.
- 지하철에서 내려서 3번 출구로 나왔다. After getting off the subway, I took exit number 3.

자동차

P2-03-0704

- 우리는 새 차를 가지고 있다. We have a brand new car.
  brand new 아주 새 것인, 신품의
- 아빠 차는 9인승이다. My dad's car accommodates 9 people.
  accommodate 수용하다
- 엄마 차는 소형차다. My mom's car is a compact.
- 삼촌 차는 중형차다. My uncle's car is a sedan.
- 지붕이 열리는 차를 갖고 싶다. I want to have a convertible.
  convertible (명) 지붕이 접히는 자동차 (형) 개조할 수 있는
- 우리 차는 중고차이지만 잘 달린다. Even though our car is an old car, it runs well.
- 아빠는 차를 항상 깨끗하게 닦으신다. My dad keeps his car clean all the time.
- 엄마는 초보 운전자이시다. My mom is a novice driver.
  novice 초보의
- 엄마는 운전에 서투르시다. My mom is a poor driver.
- 아빠는 운전을 잘하신다. My dad is a good driver.
- 아빠는 무사고 운전자이시다. My dad is an accident-free driver.
- 아빠는 속도를 높이셨다. My dad speeded up.

- 아빠는 속도를 늦추셨다. My dad slowed down.
- 아빠가 앞 차를 따라잡으셨다. My dad caught up with the car ahead of us.
  catch up with ~을 따라잡다
- 우리는 고속도로로 갔다. We took the expressway.
- 우리는 길을 잘못 들었다. We took the wrong road.
- 도로 한가운데서 차가 고장 났다. The car broke down in the middle of the road.
- 차 안이 너무 더워서 유리창을 내려서 열었다. I rolled down the window because it was too hot in the car.

택시 P2-03-0705

- 우리는 서둘러 가야 했다. We had to rush.
  rush 급히 가다, 돌진하다
- 나는 무엇을 타야 할지 몰랐다. I didn't know what to take.
- 우리는 택시를 잡아야 했다. We had to catch a taxi.
- 택시로 거기에 가려면 30분이 걸린다. It takes me half an hour to get there by taxi.
- 우리는 택시 승강장으로 갔다. We went to a taxi stand.
  stand 택시 주차장, 대기하는 곳
- 택시 승강장에서 택시가 오기를 기다렸다. We waited for a taxi to come at a taxi stand.
- 우리는 택시를 불러야 했다. We had to call a taxi.
- 엄마가 택시를 불러 세웠다. My mom hailed a taxi.
  hail 큰 소리로 불러 세우다
- 다른 사람들과 택시를 합승했다. We shared the taxi with others.
- 나는 택시 뒷좌석에 탔다. I got into the back seat of the taxi.
- 나는 택시 기사 아저씨에게 그 주소로 데려다 달라고 부탁했다. I asked the taxi driver to take me to the address.
- 택시를 타고 지름길로 갔다. We took a shortcut by taxi.
  shortcut 지름길
- 기사 아저씨에게 거기에서 세워 달라고 했다. I asked the taxi driver to stop there.

- 기사 아저씨가 매우 친절했다. The taxi driver was very kind to me.
- 기사 아저씨에게 요금을 냈다. I paid the driver the fare.
  fare (교통수단의) 요금
- 엄마는 기사 아저씨에게 잔돈을 그냥 가지라고 하셨다. My mom told the driver to keep the change.
- 우리는 택시에서 서둘러 내렸다. We got out of the taxi in a hurry.

기차

P2-03-0706

- 우리 가족은 대전으로 가는 좌석을 예매했다. My family reserved seats to Daejeon.
  reserve 예약하다
- 우리는 고속열차인 KTX를 타고 갔다. We went by the express train, KTX.
  express 고속의, 급행의
- 우리는 편도 기차표를 샀다. We got one-way tickets.
- 우리는 왕복표를 샀다. We got round trip tickets.
- 아빠가 기차역까지 태워다 주셨다. My dad gave me a ride to the station.
- 우리는 기차가 출발하기 전에 개찰구를 통과했다. We passed the gate before the train departed.
- 기차가 한 시간 연착되었다. The train arrived one hour late.
- 기차가 고장 나서 한 시간 연착된다고 했다. They said that the train was out of order, so it would arrive one hour late.
- 기차가 연착되어서 짜증이 났다. I was annoyed because the train was delayed.
- 기차를 타기 전에 대전행 기차인지 확인했다. Before getting on the train, I made sure it was the right one for Daejeon.
- 나는 기차표에 있는 좌석을 찾았다. I found the seat on my ticket.
- 누가 내 자리에 앉아 있었다. Someone was sitting in my seat.
- 나는 좌석 번호를 다시 확인해 보았다. I checked my seat number again.
- 창가 쪽 자리에 앉았다. I took a window seat.
- 통로 쪽 자리에 앉았다. I took an aisle seat.

- 마지막 기차는 10시에 출발한다. The last train leaves at 10 o'clock.
- 기차를 타면 멀미가 나지 않는다. When I take a train, I don't get train sick.

배 P2-03-0707

- 우리는 배를 타고 그곳에 갈 계획을 세웠다. We planned to go there by ship.
- 우리는 배를 탔다. We boarded the ship.
- 나는 배멀미를 조금 했다. I felt a little seasick.
- 신선한 바람을 쐬러 갑판으로 갔다. I went to the deck to breathe fresh air.
- 배가 파도에 심하게 흔들렸다. The ship moved a lot in the waves.
- 나는 배 난간을 꼭 잡았다. I held the ship's railing tightly.
  railing 난간 | tightly 단단히, 꽉
- 우리는 지나가는 배에 손을 흔들었다. We waved to a passing boat.
- 배에서 내렸다. We got off the ship.
- 나는 작은 모터보트를 타고 싶었다. I wanted to ride in a small motor boat.
- 우리는 보트를 빌렸다. We rented a boat.
- 모터보트를 탈 때 정말 재미있었다. It was really exciting while I was riding in the motor boat.
- 우리는 노를 저었다. We rowed the boat.
  row 노를 젓다
- 배가 뒤집어질까 걱정했다. I was afraid that the boat would capsize.
  capsize 뒤집히다
- 배 조정하기가 쉽지 않았다. It was not easy to steer the boat.
  steer 조종하다

안전벨트 P2-03-0708

- 차를 타면 안전벨트를 매는 것이 좋다. When we are in a car, we had better fasten our seat belts. fasten 채우다, 묶다

- 안전벨트는 사고가 났을 때 사망이나 부상의 위험을 줄여준다. — Seat belts reduce the risk of death or injury in an accident. reduce 줄이다 | risk 위험
- 이제부터는 안전벨트를 꼭 매기로 했다. — I decided to fasten my seat belt from now on.
- 안전벨트를 매었다. — I fastened my seat belt.
- 안전벨트를 매면 불편해서 매지 않았다. — I didn't wear my seat belt because it was uncomfortable.
- 안전벨트가 풀리지 않았다. — The seat belt was stuck.

교통 안전 P2-03-0709

- 교통 규칙을 위반해서는 안 된다. — We should not violate traffic laws. violate 어기다, 위반하다
- 길을 건널 때 조심해야 한다. — We should be careful when crossing the road.
- 횡단보도를 건널 때는 꼭 신호를 지켜야 한다. — When we cross at the crosswalk, we have to obey the traffic signs. crosswalk 횡단보도
- 파란색 불이 켜져 있을 때만 길을 건너야 한다. — We have to cross the road only when the light is green.
- 빨간색 불이 켜져 있을 때는 기다려야 한다. — We have to wait when the light is red.
- 아무 곳에서나 길을 건너면 안 된다. — We shouldn't cross the road at any place.
- 육교 아래로 길을 건너면 안 된다. — We shouldn't cross under a pedestrian overpass. pedestrian 보행자, 보행자용의 | overpass 육교
- 커브 길에서는 주위를 잘 살펴야 한다. — We need to look around on curves. look around 둘러보다
- 무단 횡단을 해서는 안 된다. — We shouldn't jaywalk. jaywalk 교통 신호를 무시하고 무단 횡단하다
- 보행자들은 보통 왼쪽으로 걷는다. — Pedestrians usually walk on the left-hand side. Pedestrian 보행자
- 운전하면서 휴대폰으로 전화하는 것은 매우 위험하다. — Talking on a cell phone while driving is very dangerous.
- 교차로에서는 항상 조심해야 한다. — We have to be careful at intersections. intersection 교차로

도로 상황 P2-03-0710

- 교통이 한산했다. The traffic was light.
- 도로 상황이 양호했다. The traffic was moderate.
- 오늘 교통 상황이 매우 좋지 않다. The traffic was terrible today.
- 도로가 주차장 같았다. The road was like a parking lot.
- 도로가 막혀 있었다. The roads were blocked.
  blocked 막힌, 봉쇄된
- 학교 가는 길에 교통 체증이 심했다. There was a terrible jam on the way to school.
- 차들이 서행하고 있었다. The traffic was crawling along.
  crawl 천천히 가다, 네 발로 가다
- 이제껏 본 중에 최악의 교통 정체인 것 같았다. It seemed to be the heaviest traffic I've ever seen.
- 도로 공사 중이어서 통행을 통제했다. The traffic was blocked off since the road was under construction.
- 앞에 교통사고가 있었다. There was a car accident ahead.
- 교통 상태가 좋아지고 있었다. The traffic was easing up.
  easy up 좋아지다, 수월해지다
- 더 많은 사람들이 대중교통을 이용해야 한다. More people should use public transportation.
  public transportation 대중교통

차 부속품

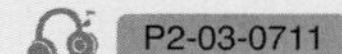

핸들 steering wheel
안전벨트 seat belt
브레이크 brake
사이드 브레이크 emergency brake
액셀러레이터 accelerator
클러치 clutch
기어 변속기 gear shift
수동 변속기 stick
자동 변속기 automatic
자동차 계기판 instrument, panel
주행기록계 odometer

속도계 speedometer
연료계 fuel gauge
시동 거는 열쇠 구멍 ignition
백미러 rearview mirror
사이드 미러 side-view mirror
바퀴 wheel
미등 tail light, rear light
전조등 headlight
후진등 back up light
브레이크등 brake light
방향지시등 blinker

트렁크 trunk
보조 타이어 spare tire
와이퍼 wiper
보닛 hood, bonnet
번호판 license plate
천장 창 sun roof
스키 걸이 ski rack
앞 시트 front seat
뒤 시트 back seat
조수석 passenger seat
에어백 air bag

My Favorite Subject  P2-04-00

Tuesday April 23, Nice

My favorite subject is physical education.
I like running and kicking soccer balls.
I don't like English.
Mom always says, "You have to study English every day!"
It's too boring for me to read and listen to English, but I think English is important. So I will study English hard.

내가 좋아하는 과목 4월 23일 화요일, 화창함

내가 가장 좋아하는 과목은 체육이다. 나는 달리면서 축구공 차는 것을 좋아한다.
나는 영어를 좋아하지 않는다. 엄마는 항상 "매일 영어를 공부해야 한다!"하고 말씀하신다.
나에겐 영어를 읽고 듣는 것이 너무 지루하지만, 영어가 중요하다고 생각한다.
그래서 나는 영어를 열심히 공부할 것이다.

favorite 가장 좋아하는 **physical education** 체육 **have to** ~해야 하다 **boring** 지루한

01 학교

학교의 종류 P2-04-0101

유치원 kindergarten
초등학교 elementary school, primary school
중학교 junior high school, middle school
고등학교 high school
상업고교 commercial high school
공업고교 technical high school
농업고교 agricultural high school
대안학교 alternative school
단과대학 college
종합대학 university

우리 학교 P2-04-0102

• 나는 초등학교에 다닌다.	I go to elementary school.
• 나는 OO 초등학교 학생이다.	I am a OO elementary school student.
• 나는 사립학교에 다닌다.	I go to a private school. private 사립의, 사적인
• 우리 학교는 공립이다.	My school is public. public 공립의, 공적인
• 우리는 학교에서 교복을 입지 않는다.	We don't wear a school uniform at school. school uniform 교복
• 나는 OO 초등학교 5학년 2반 2번이다.	I am in OO elementary school, 5th grade, class 2, number 2.
• 나는 친구들을 만날 수 있어서 학교 가는 것을 좋아한다.	I like to go to school because I can see my friends.
• 나는 공부하기가 싫어서 학교 가는 것이 싫다.	I hate to go to school because I don't like to study.
• 우리 때때로 학교는 매우 즐겁다.	Sometimes, my school is very enjoyable. enjoyable 즐거운, 재미있는
• 때때로 학교생활이 힘들다.	Sometimes, my school is difficult. difficult 힘든, 어려운

학교 일과 P2-04-0103

- 우리 학교는 8시 30분에 시작한다. My school begins at 8:30.
- 학교 수업이 아침 9시부터 오후 3시까지 있다. I have classes from 9 a.m. to 3 p.m.
- 우리는 매 시간 10분씩 쉰다. We have a 10-minute break every hour.
  break 잠깐 동안의 휴식
- 4교시가 끝나고 한 시간 동안 점심시간이 있다. We have an hour for lunch after fourth period.
- 나는 수업이 끝나고 방과 후 활동에 참여한다. After classes, I take part in an after-school activity.
  take part in ~에 참여하다
- 3시 30분에 수업이 모두 끝난다. All of my classes are over at half past three.
  be over 끝나다
- 우리는 오후 수업이 끝나고 함께 교실을 청소한다. After classes in the afternoon, we clean our classroom together.
- 나는 오후 4시에 학교에서 집에 돌아온다. I come home from school at 4 in the afternoon.
- 오늘 학교에서 재미있었다. I had fun at school today.
- 가끔 학교 생활이 지겨울 때도 있다. Sometimes I am tired of my school life.
- 내일은 학교에 안 간다. I have no school tomorrow.

등교 P2-04-0104

- 우리 학교는 집에서 가깝다. My school is close to my house.
  close 가까운
- 우리 학교는 집에서 그리 멀지 않다. My school is not far from my house.
- 나는 걸어서 학교에 다닌다. I walk to school.
- 우리 학교는 집에서 걸어서 2분 거리다. My school is a two-minute walk from my house.
- 걸어 다닐 수 있는 거리다. It's within walking distance.
- 우리 집은 학교에서 꽤 멀다. My school is quite far from my house.
- 엄마가 차로 데려다 주신다. My mom drives me to my school.

- 아빠가 학교 앞에 내려 주신다. My dad drops me off in front of my school.
  drop ~ off ~를 내려 주다
- 나는 버스로 학교에 다닌다. I go to school by bus.
- 엄마가 버스 정거장까지 태워 주신다. My mom gives me a ride to the bus stop.
- 나는 등교할 때 스쿨버스를 이용한다. I take the school bus to school.
- OO에서 다른 버스로 갈아타야 한다. I have to transfer to another bus at OO.
  transfer 옮기다, 갈아타다
- 나는 자전거로 학교에 다닌다. I go to school by bicycle.

출석 P2-04-0105

- 나는 오늘 아침에 학교에 지각했다. I was late for school this morning.
- 늦잠을 잤기 때문이었다. It was because I overslept.
  oversleep 늦잠 자다
- 늦어서 학교로 급히 뛰어갔다. I was late, so I rushed into the school.
  rush into ~로 돌진하다, 급히 가다
- 지각을 해서 벌을 받았다. I was punished for being late.
  be punished for ~로 벌을 받다
- 선생님께 꾸지람을 들었다. I was scolded by the teacher.
- 다시는 지각하지 않겠다고 약속했다. I promised not to be late again.
- 교통이 막혀 지각했다. I was late because of the traffic jam.
- 이제부터는 시간을 잘 지킬 것이다. I will be punctual from now on.
  punctual 시간을 지키는 | from now on 이제부터
  I will be on time from now on.
- 두통이 있어서 학교를 조퇴했다. I left school early because I had a headache.
- 학교가 끝나기 전에 집에 왔다. I went home before school was over.
- 수업 시간을 빼먹었다. I cut class.
  I skipped class.
  I played hooky.
  play hooky 땡땡이 치다

- 학교에 결석했다. — I was absent from school.
- 아파서 학교에 가지 못했다. — I couldn't go to school because I was sick.
- 며칠 동안 무단으로 학교를 결석했다. — I was absent from school without notice for a few days. without notice 통보 없이

출석 확인 P2-04-0106

- 선생님께서 출석을 부르셨다. — The teacher conducted the roll call. call the roll 출석을 부르다
- 선생님께서 학생들이 출석했는지 확인하셨다. — The teacher checked the attendance of the students. attendance 참석, 출석
- 선생님께서 내 이름을 부르셨다. — The teacher called my name.
- 나는 큰 소리로 대답했다. — I answered the roll call loudly.
- 모든 학생이 출석했다. — All the students were present.
- 결석한 학생이 없었다. — There were no students absent.
- 한 명이 결석했다. — One student was absent.
- 선생님께서 그 아이가 왜 결석했는지 우리에게 물으셨다. — The teacher asked us why he was absent.
- 우리는 그 아이가 결석한 이유를 몰랐다. — We didn't know the reason for his absence.

02 수업

과목

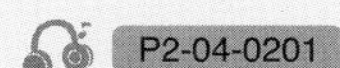

국어 Korean
문학 literature
윤리 ethics
수학 mathematics
영어 English
프랑스어 French
일본어 Japanese

중국어 Chinese
독일어 German
과학 science
생물 biology
물리 physics
화학 chemistry
지리 geography

역사 history
사회 society
음악 music
미술 art
가정 home economics
기술 manual training
체육 physical education

문 구

문구 stationery
문방구 가게 stationery store
문방구 주인 stationery store owner
가위 scissors
각도기 protractor
계산기 calculator
공책 notebook
구멍 뚫는 기구 hole punch
그림물감 paints, colors
도장 seal
도화지 drawing paper
만년필 fountain pen
메모장 memo pad
모눈종이 graph paper
몽당연필 short pencil
복사 용지 copying paper
볼펜 ball-point pen
서예 붓 writing brush
그림 붓 paint brush
색연필 colored pencil
색종이 colored paper
샤프 mechanical pencil, automatic pencil
스탬프 stamp
수채 물감 water colors
유화 물감 oil colors
스케치북 sketchbook
스테이플러 stapler
압정 thumbtack
연필 pencil
연필깎이 pencil sharpener
연필심 lead
스카치테이프 cellophane tape, Scotch tape
잉크통 reservoir
접착테이프 adhesive tape
제도 연필 drawing pencil
조각칼 chisel
줄자 tape measure
지우개 eraser
집게 tongs, pincers
책받침 pad to rest writing paper on
칠판지우개 chalk eraser, blackboard eraser
컴퍼스 compass
크레용 crayon
클립 clip
파일 북 file, folder
팔레트 palette
편지 봉투 envelope
편지지 letter paper, notepaper
포장지 packing paper, wrapping paper
풀 glue
필통 pencil case

수 업

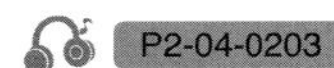

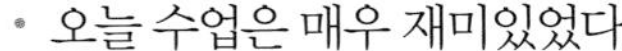

- 오늘 수업은 매우 재미있었다. — Today's classes were very interesting.
- 나는 수학을 잘 한다. — I am good at math.
  be good at ~을 잘하다
- 나는 계산을 잘 못한다. — I am poor at computing.
  be poor at ~을 못하다 | computing 계산
- 내가 그 문제를 풀었다. — I solved the question.
- 선생님께서 쉽게 설명해 주셨다. — The teacher explained it easily.
- 수업이 너무 지루했다. — The classes were too boring.
- 과학 시간에 실험을 했다. — We did an experiment in science class.

- 체육 선생님께서 수영하는 법을 가르쳐 주셨다. My P.E. teacher taught us how to swim.
  taught teach(가르치다)의 과거형 | how to ~하는 방법
- 미술 시간에 만들기를 했다. We crafted things in art class.
  craft ~을 정교하게 만들다
- 미술 시간에 찰흙으로 동물들을 만들었다. I made animals of clay in art class.
  clay 찰흙
- 나는 만들기에 소질이 없다. I am poor at making things.
- 컴퓨터 선생님께서 인터넷에서 유용한 사이트를 이용하는 방법을 가르쳐 주셨다. My computer teacher taught us how to use useful sites on the Internet.
- 인터넷에서 정보 검색하는 방법을 배웠다. I learned how to look up information on the Internet. look up ~을 찾아보다, 검색하다
- 컴퓨터 시간에 친구들과 인터넷 채팅을 했다. I chatted with my friends on the Internet in computer class. chat with ~와 채팅하다
- 나는 음악 시간을 좋아한다. I like music class.
- 음악 시간에 노래 부르는 것이 좋다. I like singing in music class.
- 오늘 갑자기 쪽지 시험을 봤다. We had a pop quiz today.
  pop quiz 예고 없이 보는 시험

토론 수업 P2-04-0204

- 우리는 그 문제에 대해 조별로 토론했다. We discussed the problem in groups.
- 오늘의 토론 주제는 OO에 관한 것이었다. The subject of today's discussion was OO.
- 5명씩 조를 짰다. We formed groups of five.
  form 구성하다, 조직하다
- 나는 토론에 적극적으로 참여했다. I actively took part in the discussion.
  take part in ~에 참석하다, 참여하다
- 나는 그 문제의 중요성을 강조했다. I emphasized the importance of the problem.
  emphasize 역설하다, 강조하다
- 그들은 내 생각에 동의하지 않았다. They disagreed with my thoughts.
  thought 생각, 사고
- 나는 그것에 대한 의견을 더 듣고 싶었다. I wanted to get more opinions about that.

- 다른 친구들의 의견을 귀 기울여 들었다. I listened to other friends' opinions.
- 나는 내 생각을 조리 있게 설명했다. I explained my thoughts articulately.
  articulately 또박또박, 명확하게, 조리 있게
- 나는 그의 제안에 찬성했다. I agreed on his proposal.
  proposal 제안
  I consented to his proposal.
  consent 동의하다, 찬성하다
  I was in favor of his proposal.
  in favor of ~에 찬성하여, 편들어
- 우리는 만장일치로 그의 생각에 동의했다. We unanimously agreed on his idea.
  unanimously 만장일치로, 이의 없이
- 나는 그것에 전적으로 찬성했다. I was all for that.
  for ~에 찬성하는(↔ against ~에 반대하는)
- 나는 그의 의견에 반대했다. I disagreed with his opinion.
  I dissented from his opinion.
  dissent 의견을 달리하다, 이의를 말하다
  I was against his opinion.

발표 수업

P2-04-0205

- 나는 다음 시간에 발표할 것을 준비했다. I prepared my presentation for the next class.
  prepare for ~을 준비하다
- 몇 가지 정보를 찾아보았다. I looked up some information.
  look up ~을 찾아보다, 조사하다
- 드디어 발표 준비가 끝났다. Finally I finished preparing the presentation.
- 나는 수업 시간에 전체 학급 앞에서 발표했다. I presented in front of the whole class.
  present 발표하다 | in front of ~ 앞에
- 모든 시선이 나에게 집중되었다. All the eyes were focused on me.
  focus on ~에 집중시키다
- 웃음거리가 될까봐 걱정스러웠다. I was afraid of making a fool of myself.
  make a fool of oneself 창피를 당하다, 웃음거리가 되다
- 나는 긴장이 되었지만 잘 해냈다. I was very nervous, but I did a good job.

- 너무 초조해서 손이 떨렸다. I was so nervous that my hands trembled.
- 말을 몇 번 더듬기도 했다. I stammered several times.
  stammer 더듬으며 말하다
- 자신감 있게 내 의견을 발표했다. I expressed my opinion with confidence.
  confidence 자신감
- 선생님 앞에서 발표할 때 참 쑥스러웠다. I was shy when I presented in front of my teacher.
- 선생님이 내게 더 자신감 있게 하라고 조언해 주셨다. My teacher advised me to be more confident.
  advise ~ to ... ~에게 …하라고 조언하다

수업 이해하기 P2-04-0206

- 선생님께서 그것을 자세히 설명해 주셨다. The teacher explained it in detail.
  in detail 자세히, 상세히
- 나는 선생님의 설명이 잘 이해되었다. I understood the teacher's explanation well.
- 선생님의 설명이 너무 어려워서 이해하지 못했다. The teacher's explanation was too difficult for me to understand. too ~ for A to ... 너무 ~하여 A가 …할 수 없다
- 처음에는 선생님께서 무슨 설명을 하시는지 이해할 수가 없었다. At first, I couldn't understand what the teacher explained.
- 그것을 알아들을 수가 없었다. I couldn't follow it.
  follow 따라가다, 이해하다
- 그 문제가 이해되지 않았다. I couldn't figure out the question.
  figure out ~을 이해하다, 답을 생각해 내다
- 의미를 파악할 수가 없었다. I couldn't catch the meaning.
  catch 파악하다, 이해하다
- 모든 것이 이해되지 않았다. Everything was over my head.
  over one's head 이해되지 않는
- 그가 무슨 말을 하는지 알아들을 수가 없었다. I couldn't make out what he meant.
  make out 이해하다
- 그 수업을 따라갈 수가 없었다. I couldn't catch up with the class.
  catch up with ~을 따라잡다
- 선생님의 설명을 다시 듣고 나니 이해가 되었다. After listening again to the teacher's explanation, I understood it.

수업 태도 P2-04-0207

- 선생님 말씀에 주의를 기울였다.
  I paid attention to the teacher.
  pay attention to ~ ~에 주의를 기울이다
- 수업 시간 중에 친구들에게 장난을 쳤다.
  I played a trick on my friends during class.
  play a trick on ~에게 장난치다, ~를 속이다
- 내 짝과 이야기를 했다.
  I talked to my partner.
- 선생님 말씀을 귀 기울여 듣지 않았다.
  I didn't listen to the teacher.
- 교과서를 보는 척하면서 만화책을 읽었다.
  I read a comic book while pretending to read the textbook. pretend to ~인 척하다
- 머리가 아파서 양호실에 갔다.
  I had a headache, so I went to the school nurse's office. nurse's office 양호실
- 나는 수업 시간에 주의가 산만했다.
  I got distracted in class.
  distract 흩뜨리다, 혼란스럽게 하다

졸음 P2-04-0208

- 수업 시간에 자지 않으려고 노력한다.
  I try not to fall asleep during class.
- 선생님의 설명을 듣고만 있으려니 졸음이 밀려 왔다.
  I got sleepy from just listening to the teacher's explanation.
- 수업이 지루해서 너무 졸렸다.
  The boring class really put me to sleep.
- 수업 시간에 졸았다.
  I dozed during class.
  doze 꾸벅꾸벅 졸다
- 깜빡 졸았다.
  I dozed off.
- 수업 시간 내내 졸았다.
  I dozed through my class.
- 졸음을 쫓으려고 애썼다.
  I tried to shake off my sleepiness.
  shake off 쫓아내다, 털어내다
- 지루해 죽을 뻔했다.
  I was bored to death.
- 수업이 끝나갈 무렵 잠이 들었다.
  Near the end of the class, I fell asleep.

칭찬 P2-04-0209

- 우리 선생님은 학생들을 늘 칭찬해 주신다.
  My teacher always speaks well of the students.
  speak well of ~를 칭찬하다
- 담임선생님께서 내가 교실 청소를 잘했다고 칭찬해 주셨다.
  My homeroom teacher praised me for cleaning the class well. praise A for B B에 대해 A를 칭찬하다
- 착한 일을 해서 선생님께 칭찬을 들었다.
  I was praised by the teacher because I did something good.
- 선생님께서 내 등을 토닥여 주셨다.
  He patted me on the back.
- 나를 크게 칭찬해 주셨다.
  He spoke highly of me.
  speak highly of ~를 매우 칭찬하다
- 나를 매우 칭찬해 주셨다.
  He paid me a compliment.
  compliment 칭찬, 경의
- 내가 시간을 잘 지킨다고 칭찬해 주셨다.
  He praised my punctuality.
  punctuality 시간 엄수, 정확함
- 칭찬을 들으니 기분이 좋았다.
  It felt good to hear words of praise.
- 칭찬을 받자 나는 기분이 우쭐해졌다.
  When I was praised, I felt proud.
- 칭찬을 함으로써 우리에게 용기를 북돋워 주셨다.
  He cheered us up by praising us.
  cheer ~ up ~에게 용기를 북돋우다

꾸중 · 벌 P2-04-0210

- 선생님께 꾸중을 들었다.
  I was scolded by the teacher.
  be scolded by ~에게 꾸지람을 받다
- 나는 나쁜 행동을 해서 호된 꾸지람을 받았다.
  I was bawled out for my misbehavior.
  bawl out 호통 치며 꾸짖다
- 선생님께서 지각한 학생들을 혼내셨다.
  The teacher scolded students for being late.
- 선생님께 거짓말해서 꾸중을 들었다.
  I was scolded for having lied to my teacher.
- 꾸지람을 받아서 창피했다.
  I felt ashamed that I had been scolded.
  ashamed 부끄러운, 창피한

- 우리 선생님은 문제 학생을 매로 때리셨다. My teacher gave a troublemaker the stick.
  troublemaker 말썽꾸러기, 문제아
- 선생님께서 회초리로 내 손바닥을 때리셨다. The teacher hit me on the palm with a stick.
  palm 손바닥
- 나는 선생님께 종아리를 맞았다. I was whipped on the calves by the teacher.
  whip 채찍질하다, 매로 때리다 | calves calf(종아리, 장딴지)의 복수형
- 나는 선생님과 문제가 많았다. I had many problems with my teacher.
- 수업 시간에 떠들어서 미술 선생님께 벌을 받았다. My art teacher punished me for talking in class.
- 선생님은 우리의 잘못을 바로잡기 위해 벌을 주셨다. He punished us to correct our misbehavior.
  misbehavior 잘못된 행동

선생님의 질문 P2-04-0211

- 선생님께서 우리에게 질문을 하셨다. My teacher asked us a question.
- 나는 선생님의 질문에 대한 답을 알고 있었다. I knew the answer to the teacher's question.
- 나는 자신있게 그 질문에 대답했다. I answered the question confidently.
- 나는 선생님의 질문에 정확하게 대답하고 싶었다. I wanted to answer the teacher's question correctly.
- 내 대답은 정확했다. My answer was accurate.
  accurate 정확한
- 나는 정답을 말해서 칭찬을 받았다. I was praised for the right answer.
- 기분이 너무 좋았다. I felt so good.
- 선생님의 질문에 대답하지 못했다. I didn't answer the teacher's question.
- 나는 틀린 대답을 했다. I gave the wrong answer.
- 선생님께서 다른 학생에게 대답할 기회를 주셨다. The teacher gave another student a chance to answer it.
- 그의 대답은 말도 안 되는 것이었다. His answers didn't make sense.
  make sense 말이 되다
- 나는 어려운 질문으로 선생님을 곤란하게 했다. I annoyed my teacher with hard questions.
  annoy 성가시게 굴다

우등생 P2-04-0212

- 그는 다른 학생들보다 월등히 뛰어나다. He is much better than the other students.
- 나는 그의 비결이 무엇인지 궁금하다. I wonder what his secret is.
- 그는 걸어 다니는 백과사전이다. He is a walking encyclopedia.
  encyclopedia 백과사전
- 그는 뛰어난 학생이다. He is an excellent student.
- 그는 성취 동기가 강하다. He is highly motivated.
  motivated 동기 부여된
- 그는 정말 열심히 공부하는 학생이다. He is a really hardworking student.
- 그는 뭐든지 아는 체한다. He is a real know-it-all.
  know-it-all 아는 체하는 사람
- 그는 모든 것을 아는 듯이 말한다. He talks as though he knew all about it.
  as though 마치 ~인 것처럼(=as if)

문제 학생 P2-04-0213

- 나는 학교에서 말썽꾸러기다. I am a troublemaker at school.
- 나는 항상 수업 시간에 늦는다. I am always late for class.
- 나는 밥 먹듯이 결석한다. I don't go to school so often.
- 나는 가끔 수업을 빼먹는다. I skip class once in a while.
  once in a while 가끔, 때때로
- 나는 오후 수업을 땡땡이쳤다. I cut the afternoon classes.

- 나는 기분이 나쁘면 친구들을 때린다. When I feel bad, I hit my friends.
- 나는 수업 시간에 큰 소리로 떠든다. I talk loudly during class.
- 나는 복도를 뛰어다닌다. I run in the hallway.
- 나는 선생님들의 지시를 무시한다. I disregard the teachers's instructions.
  disregard 무시하다

- 나는 학교를 자주 빠진다. I am often absent from school.
- 나는 절대 숙제를 하지 않는다. I never do my homework.
- 나는 내가 하고 싶은 대로 한다. I do as I want.
- 내 행동은 참 거칠다. I run wild.
  run wild 행동이 거칠다, 난폭하다
- 나는 무엇이든지 제멋대로이다. I do everything my own way.
  do one's own way ~의 방식대로 하다
- 나는 항상 문제를 일으킨다. I am always getting into trouble.
- 나는 선생님들께 말대꾸를 자주 한다. I often talk back to the teachers.
  talk back 말대꾸하다

03 공부

공부 P2-04-0301

- 나는 학교에서 공부를 잘한다. I do well in school.
- 나는 학교에서 공부를 못한다. I do poorly in school.
- 공부를 게을리 했다. I neglected my studies.
  neglect 게을리 하다, 소홀히 하다
- 나는 공부를 열심히 하지 않았다. I did not study hard.
- 수학을 공부하려고 책을 폈다. I opened the book to study math.
- 숙제 내준 문제들을 풀었다. I worked on the take-home test.
- 오늘 배운 것을 복습했다. I reviewed today's lesson.
  review 복습하다
- 영어를 복습했다. I brushed up on English.
  brush up 다시 공부하다, 복습하다
- 새로운 것들을 외웠다. I memorized new things.

- 많은 내용을 외우려고 노력했다. — I tried to learn a lot of information by heart.
  learn ~ by heart ~을 외우다
- 그 내용을 모두 잊어버렸다. — I forgot all the content.
- 내일 배울 것을 미리 읽어보았다. — I preread tomorrow's lesson.
  preread 미리 읽어 예습하다

공부에 대한 다짐 P2-04-0302

- 공부를 열심히 하기로 다짐했다. — I made a decision to study hard.
  make a decision 결심하다(=decide)
- 부모님을 기쁘게 해드리기 위해 열심히 공부할 것이다. — I will study hard to please my parents.
- 지금부터 열심히 공부할 것이다. — I will study hard from now on.
  from now on 지금부터 계속
- 학생으로서 해야 할 일이 매우 많다. — As a student, I have many things to do.
- 노력해서 해로운 것은 없는 것 같다. — It seems that trying wouldn't do any harm.
  do harm 해를 끼치다
- 각 과목 공부를 철저히 하는 것이 중요하다고 생각한다. — I think it is important to master each subject.
  master 완전히 익히다, 정통하다
- 아는 것이 힘이다. — Knowledge is power.
- 공든 탑이 무너지랴! — Hard work is never wasted.
- 구르는 돌에는 이끼가 끼지 않는다. — A rolling stone gathers no moss.
- 뿌린 대로 거둔다. — As a man sows, so shall he reap.
  sow 씨를 뿌리다 | reap 거둬들이다

공부하라는 말씀 P2-04-0303

- 엄마는 끊임없이 공부하라고 잔소리를 하셨다. — My mom kept nagging me about studying.
  keep -ing 계속 ~하다 | nag 잔소리하다
- 엄마의 끊임없는 잔소리에 짜증이 났다. — I was irritated by my mom's constant nagging.
  irritated 짜증이 나는 | constant 계속적인

- 우리 부모님은 내게 늘 공부만 하라고 성화를 하신다.
  My parents are always on my back to study.
  be on one's back ~를 괴롭히다
- 엄마는 내가 무얼 하는지 항상 지켜보신다.
  My mom always keeps her eye on what I do.
  keep one's eye on ~를 지켜보다, 감시하다
- 부모님께서 나에게 그만 빈둥거리고 공부 좀 하라고 하셨다.
  My parents told me not to fool around and just to study. fool around 빈둥거리다
- 부모님의 훈계를 더 이상 듣고 싶지 않았다.
  I wanted their lecture no longer.
  lecture 훈계, 강의 | no longer 더 이상 ~ 않다
- 부모님이 나를 혼자 내버려 뒀으면 좋겠다.
  I want my parents to leave me alone.
  leave ~ alone ~를 내버려두다, 방해하지 않다
- 부모님은 나에게 할 수 있는 한 열심히 공부하라고 말씀하셨다.
  My parents asked me to study as hard as I could.
  as ~ as + 주어 + can 가능한 ~하게
- 부모님은 장래를 위해서 더 열심히 공부하라고 하셨다.
  My parents told me to work harder for the future.
- 부모님들의 기대를 저버리지 않도록 공부를 열심히 할 것이다.
  I will study hard so as not to disappoint my parents.
  so as not to ~하지 않도록 | disappoint ~를 실망시키다

04 시험

시험 공부 P2-04-0401

- 우리는 1년에 두 번 시험을 치른다.
  We have exams twice a year.
- 학기마다 한 번씩 시험을 본다.
  Each semester, we have an exam.
  semester 학기
- 다음 주에 시험이 있다.
  We have an exam next week.
- 시험이 바로 코앞이다.
  The exam is around the corner.
  around the corner 곧 다가오는
- 시험이 다가오고 있다.
  The exam is coming up.
- 오늘 성취도 평가가 있었다.
  Today we had an achievement test.

- 영어급수 시험을 보았다. I had an English level test.
- 나는 시험 준비로 매우 바빴다. I was very busy preparing for the test.
  be busy -ing ~하느라 바쁘다
- 시험을 보기 전에 배운 것을 복습했다. Before the exam, I reviewed what we learned.
- 시험에서 좋은 성적을 얻기 위해 최선을 다했다. I did my best to get good grades on my exam.
- 시험에 대비해서 평소보다 더 열심히 공부했다. I studied for the exam harder than usual.
  than usual 평소보다, 여느 때보다
- 저녁 식사 후에 하루에 2시간씩 공부했다. I studied for two hours a day after dinner.
- 벼락치기로 시험공부를 했다. I crammed for the exam.
  cram 벼락치기로 공부하다
- 막판에 가서 공부를 시작했다. I began to study at the last minute.
- 벼락치기가 좋은 공부 방법이 아니라는 것은 알고 있었다. I knew cramming was not a good way to study.
- 밤늦도록 공부했다. I studied till late at night.
- 밤늦도록 잠을 자지 않고 공부했다. I stayed up late at night studying.
- 놀지도 않고 하루 종일 공부했다. I spent all day studying without playing.
  spend ... -ing ~하느라 …을 보내다
- 교과서를 훑어보았다. I glanced at my textbook.
  glance at ~을 흘긋 보다, 대강 훑어보다
- 지금까지 연습 문제를 두 개밖에 풀지 못했다. I've only finished two exercises so far.
  so far 지금까지
- 많은 것들을 외웠다. I memorized many things.
- 시험은 내게 많은 스트레스를 준다. The exams give me a lot of stress.
- 시험 때문에 스트레스를 많이 받았다. I was very stressed because of the exam.
- 자고 싶은 생각이 간절했다. I was dying to go to bed.
  dying to + **동사원형** 매우 ~하고 싶어하는
- 동생이 시끄럽게 해서 공부에 집중할 수 없다. I had trouble concentrating on studying because my brothe was making so much noise.

- 열심히 공부하는 척했다.
  I pretended to study hard.
  pretend to + **동사원형** ~하는 체하다
- 무엇을 어떻게 공부해야 할지 몰랐다.
  I didn't know what to study or how to study.
- 선생님 설명을 더 귀 기울여 들었어야 했다.
  I should have listened to the teacher's explanation more carefully.
- 시험을 잘 보고 싶었다.
  I wanted to do well on my test.
- 시험을 잘 보면 부모님께서 새 컴퓨터를 사 주시겠다고 약속하셨다.
  My parents promised me a new computer if I did do well on my test.

시험 보기 전 P2-04-0402

- 시험 보기 전에 매우 긴장되었다.
  I was very nervous before the exam.
- 긴장을 풀려고 노력했다.
  I tried to stay relaxed.
  relaxed 긴장을 푼
- 가슴이 두근거렸다.
  My heart was pounding.
- 숨을 깊이 들이쉬었더니 긴장을 푸는 데 도움이 되었다.
  Taking deep breaths helped me relax.
- 마음을 편히 하고 시험을 보았다.
  I took the exams at ease.
  at ease 마음 편하게, 여유 있게
- 시험 전에 노트를 훑어보았다.
  I looked over the notebooks before the exam.
- 나는 커닝 페이퍼를 준비했다.
  I prepared a cheat sheet.

시험 시간 P2-04-0403

- 시험을 보았다.
  I had an exam.
  I took an exam.
- 영어 시험을 봤다.
  I had an English exam.
  I had an exam in English.

- 시험에서 한 번 커닝해 본 적이 있다.

  I cheated once on an exam.

  cheat 커닝하다, 속이다

- 담임선생님께서 시험 감독을 하셨다.

  My homeroom teacher proctored the exams.

  proctor 시험 감독하다

- 시험 중에 한 학생이 다른 학생에게 답을 알려 주었다.

  One student gave another student the answers during the exam.

- 그는 선생님에게 들켰다.

  He was caught by the teacher.

- 정답을 모르는 문제가 많았다.

  I had many questions that I didn't know the answers to.

- 커닝하고 싶었다.

  I wanted to cheat.

- 시험을 보는 중에는 이야기하는 것도, 커닝하는 것도 허용되지 않았다.

  We were not allowed to talk, or cheat during the exams. be allowed to ~하도록 허용되다

- 문제가 너무 어려웠다.

  The questions were too difficult.

- 나는 그 문제를 풀 수가 없었다.

  I couldn't answer the question.

- 정확한 답을 몰랐다.

  I didn't know the correct answers.

- 답을 찍었다.

  I guessed on questions.

  guess 추측하다, 추정하다

  I chose the answers at random.

  at random 임의대로, 되는 대로

- 운 좋게도 그 답이 맞았다.

  Luckily, the answer was right.

- 그 문제가 시험에 나왔다.

  The question was asked in the exam.

- 예상하던 것보다 시험이 쉬웠다.

  The exam was easier than I expected.

  expect 예상하다, 기대하다

- 시험은 내가 예상한 것과는 달랐다.

  The exam was different from what I expected.

- 빈칸 채우기 문제가 몇 개 나왔다.

  There were some fill-in-the-blank questions.

- 문제 대부분은 고르는 문제였다.

  Most questions were multiple-choice.

  multiple-choice 선다형의

- 그 문제는 너무 어려워서 풀 수가 없었다.

  The question was too difficult for me to solve.

  The question was so difficult that I couldn't solve it.

- 수학 문제를 푸는 것이 매우 어려웠다. I had difficulty in solving the math questions.
  have difficulty in -ing ~하는 데 어려움이 있다
- 함정이 있는 문제를 틀렸다. I missed the tricky question.
  tricky 속이는, 교묘한
- 문제를 푸는 동안 최선을 다했다. I did my best while answering the questions.
- 시간 가는 줄 몰랐는데 시간이 다 됐다. Before I knew it, the time was up.
- 시간 안에 시험 문제를 다 풀지 못했다. I couldn't finish my exam on time.
- 서둘러 답안을 작성했다. I filled out the answer sheet in a hurry.
  in a hurry 서둘러
- 나는 최선을 다했다. I did my best.
  do one's best 최선을 다하다
- 드디어 시험이 끝났다. Finally, the exams were over.
  finally 드디어, 결국
- 시험이 끝나니 홀가분했다. After the exams, I felt free.
- 이제는 맘껏 놀고 싶다. Now I want to play freely.
  freely 자유롭게

시험 결과 P2-04-0404

- 시험을 잘 봤다. I did well on the exam.
  do well in ~을 잘하다
- 시험을 망쳤다. I blew the exam.
  blow 망치다
  I messed up on the exam.
  mess up 망쳐 놓다, 실수하다
- 다음에는 더 잘할 것이다. I'll do better next time.
- 시험 결과가 오늘 나왔다. The exam results came out today.
- 다음 주에 성적표를 받게 될 것이다. I will get my report card next week.
- 나는 시험 성적에 별 관심이 없다. I don't care about my grades.

05 성적

성적 P2-04-0501

- 나는 학급에서 성적이 제일 좋다. I am first in my class.
- 내가 우리 반에서 1등이다. I am at the top of my class.
- 나는 우리 반에서 2등이다. I am second in my class.
- 과학 시험에서 만점을 받았다. I got a perfect score on my science test.
  perfect 완전한, 완벽한 | score 성적
- 수학 시험에서 100점 만점에 90점을 맞았다. I got 90 points out of 100 on the math test.
- 영어 성적이 좋았다. I did well in English.
- 영어에서 좋은 점수를 받았다. I got a good grade in English.
  grade 성적
- 한 문제만 틀렸다. I missed just one question.
- 두 문제를 틀렸다. I missed two questions.
- 내 성적은 그저 그렇다. I have fair grades.
  fair (성적이) 나쁘지 않은, 보통인
- 내 성적은 평균이다. I have average grades.
  average 평균
- 나는 우리 반에서 성적이 중간쯤이다. I rank in the middle of my class.
  rank 서열이 ~이다, 정렬시키다
- 내 성적은 평균 이하다. I am below average.
- 성적이 좋지 않았다. I got poor grades in school.
- 나는 영어 성적이 나빴다. I didn't do well in English.
- 영어에서 나쁜 점수를 받았다. I got a poor grade in English.
- 영어에서 50점밖에 못 맞았다. I only got a 50 in English.
- 수학은 엉망이었다. I did terribly in math.

- 나는 우리 반 아이들보다 훨씬 뒤떨어진다. I am far behind my classmates.
- 나는 우리 반에서 꼴찌를 했다. I got the worst grade in my class.
  the worst 가장 나쁜
- 열심히 공부하지 않았기 때문이었다. It was because I didn't study hard.
- 나는 성적표를 부모님께 보여 드리지 않았다. I didn't show my report card to my parents.
- 나는 성적을 올려야 할 필요가 있다. I need to improve my grades.
  improve 향상시키다

성적이 오르다 P2-04-0502

- 성적이 더 좋아져서 매우 기뻤다. I was very happy that my grades were better.
- 이번 학기에 성적이 올랐다. My grades have improved this semester.
- 성적이 점점 좋아지고 있다. My grades are improving.
- 성적은 내가 얼마나 열심히 공부하느냐에 달려 있다고 생각한다. I think my grades depend on how hard I study.
  depend on ~에 달려 있다
- 성적이 올라서 만족스러웠다. I was satisfied with my improved grades.
  be satisfied with ~에 만족하다
- 이제 학교 성적이 중간 이상은 되었다. Now my school grades were above average.

06 선생님

좋아하는 선생님 P2-04-0601

- 우리 선생님은 매우 다정하시다. My teacher is very friendly.
- 우리 선생님은 정말 훌륭하시고 잘생기셨다. My teacher is excellent and looks handsome.
- 나는 실력 있는 선생님이 좋다. I like a competent teacher.
  competent 유능한, 적당한

- 우리 선생님은 학생에게 엄하시기도 하고 다정하시기도 하다.
My teacher is stern and tender with his students.
stern 엄격한 | tender 부드러운, 다정한

- 그 선생님은 재미있어서 좋다.
I like the teacher because he is funny.

- 나는 그 선생님을 개인적으로 본받고 싶다.
He is my role model.
personal 개인적인, 사람의 | model 모범, 본보기

- 많은 학생들이 그분을 존경한다.
Many students respect[look up to] him.
respect 존경하다 | look up to ~를 존경하다

- 그분은 많은 학생들에게 존경을 받는다.
He is well respected by a lot of students.

- 나는 그 선생님에게 빠져 있다.
I have a crush on the teacher.
have a crush on ~에 홀딱 반하다

- 그 선생님은 유머 감각이 있으시다.
The teacher has a sense of humor.

- 그 선생님은 학생들 사이에서 인기가 좋으시다.
The teacher is popular among students.

- 선생님은 우리에게 좋은 영향을 주셨다.
The teacher has had a good influence on us.
have an influence on ~에 영향을 끼치다

싫어하는 선생님

P2-04-0602

- 그 선생님은 매우 괴팍스러우시다.
The teacher is very fastidious.
fastidious 괴팍스러운, 까다로운

- 그 선생님은 너무 보수적이시다.
The teacher is too conservative.
conservative 보수적인

- 선생님이 너무 엄해서 학생들이 모두 두려워한다.
The teacher is so stern that all students are frightened.
so ~ that ... 너무 ~해서 …하다 | stern 엄격한, 단호한

- 우리 담임선생님은 매우 모질다.
My homeroom teacher is really cruel.
homeroom teacher 담임 선생님 | cruel 잔인한, 잔혹한, 모진

- 우리 담임선생님은 일찍 끝내 주시지 않는다.
My homeroom teacher doesn't let us go early.
let + **목적어** + **동사원형** ~에게 …하도록 하다

- 그 선생님은 항상 우리를 짜증나게 하신다.
The teacher always annoys us.

- 그 선생님은 우리에게 자주 벌을 주신다.
The teacher often punishes us.

- 그 선생님은 우리를 지루하게 하신다.
The teacher bores us.

- 그 선생님은 우리의 잘못을 자주 지적하신다. He often points out our faults.
  point out ~을 지적하다

스승의 은혜 P2-04-0603

- 선생님들의 지도에 감사드린다. I am grateful for my teachers' guidance.
  guidance 안내, 지도
- 선생님께서 내게 해주신 것에 대해 진심으로 감사드린다. I really appreciate what the teacher has done for me. appreciate 고맙게 생각하다
- 지금의 나는 선생님들 덕분이라고 생각한다. I think I owe what I am to my teachers.
  owe ~ to ... ~을 …의 덕택으로 알다
- 선생님들께 어떻게 감사의 표시를 해야 할지 모르겠다. I don't know how to express my gratitude to my teachers. gratitude 감사의 마음
- 졸업 후에도 선생님들을 찾아 뵐 것이다. Even after graduation, I will visit my teachers.

영어

영어로 말하기 P2-04-0701

- 어디에서나 영어가 필수인 것 같다. English seems to be required everywhere.
  required 필수의, 요구되는, 필요로 하는
- 나는 3년 넘게 영어를 공부해 왔다. I have been studying English for more than 3 years.
- 영어라면 누구에게도 뒤지고 싶지 않았다. I wanted to be second to none in English.
  second to none 아무에게도 뒤지지 않는
- 외국인이 하는 말을 알아들을 수가 없었다. I couldn't understand what foreigners said to me.
- 내 의견을 영어로 잘 표현할 수가 없었다. I couldn't express my opinion well in English.
- 영어로 내 자신을 잘 표현할 수 없을 때 답답한 마음이 들었다. I felt frustrated when I couldn't express myself well in English. frustrated 실망한, 좌절된

- 때때로 내가 원하는 대로 하고 싶은 말을 제대로 전달하지 못할 때가 있었다. Sometimes I couldn't make myself understood as I wanted. make oneself understood 자신의 생각을 상대방에게 이해시키다
- 나는 정말 영어를 유창하게 말할 수 있으면 좋겠다. I wish I could speak English fluently. fluently 유창하게
- 유창하게 말을 할 수 있을 때까지 영어 공부를 열심히 하기로 결심했다. I decided to study English hard until I was fluent. decide 결심하다
- 나는 실수할까봐 두려워도 영어로 말하려고 노력한다. I try to speak English even when I am afraid of making mistakes. be afraid of -ing ~하는 것을 두려워하다
- 원어민과 대화할 수 있는 기회가 있었으면 좋겠다. I wish to have opportunities to talk with native speakers. opportunity 기회 | native 토착민의, 본래의

듣기 연습 P2-04-0702

- 듣기를 위해서는 TV 영어 프로그램을 보는 것이 좋다. For listening, it is good to watch English programs on TV.
- 매일 아침 영어 비디오를 시청했다. I watched English videos every morning.
- 자막 없이 영어로 된 영화를 보았다. I watched English movies without subtitles. subtitle 자막, 부제
- 매일 영어 테이프를 들었다. I listened to my tapes in English every day.
- 이해가 안 되는 부분은 반복해서 들었다. I listened repeatedly to what I couldn't understand. repeatedly 반복적으로
- 여러 번 들으니 이해가 되었다. After listening several times, I came to understand it.
- 듣기 실력이 많이 향상되었다. My listening skills improved.

발음 연습 P2-04-0703

- 몇 단어는 발음이 잘 안 되었다. I couldn't pronounce some words well. pronounce 발음하다
- 녹음기로 발음을 연습했다. I practiced pronunciation with a tape recorder. pronunciation 발음 | tape recorder 녹음기

- 영어를 소리 내어 연습했다. — I practice making the sounds of English.
- 나는 영어 발음을 매일 밤 복습한다. — Every night I review the English pronunciation.
- 내 발음을 확인하기 위해 녹음을 했다. — I recorded myself to check my pronunciation.
- 원어민의 발음을 듣고 내 잘못된 발음을 교정했다. — I corrected my incorrect pronunciation after listening to a native speaker.
  correct 교정하다, 정확한 | incorrect 부정확한, 틀린

어휘 학습 P2-04-0704

- 나는 단어를 많이 모른다. — I don't know a lot of English words.
- 어휘력을 좀 늘려야 할 필요가 있었다. — I needed to increase my vocabulary.
  increase 늘이다, 증가시키다
- 매일 새로운 단어를 암기했다. — I memorized new words every day.
- 나는 매일 새로운 영어 단어와 표현들을 공부한다. — I study new English words and expressions every day.
- 단어의 의미뿐 아니라 사용법까지 공부했다. — I studied how to use words as well as their meanings. as well as ~뿐 아니라
- 새로운 단어들을 반복해서 쓰면서 익혔다. — I learned new words by writing them repeatedly.

영어로 글쓰기 P2-04-0705

- 나는 영어로 글쓰는 훈련이 필요하다. — I need the discipline of writing in English.
  discipline 훈련
- 영작문을 잘하고 싶었다. — I wanted to write English composition well.
  composition 구성, 작곡, 작문
- 쓰기 실력을 키우기 위해 이메일 친구들과 메일을 주고받았다. — To improve writing skills, I exchanged some mails with my e-mail friend. exchange 교환하다
- 나는 매일 영어로 일기를 쓴다. — I keep a diary in English every day.
- 영어로 내 생각을 표현했다. — I expressed my thoughts in English.
  express 표현하다

- 영어로 나 자신을 표현하는 법을 모를 때면 나는 사전을 참고했다. When I didn't know how to express myself in English, I referred to the dictionary. refer to ~을 참고하다
- 영작을 잘하려면 영어의 기본 문장 구조를 알아야 한다. It's necessary to know basic English structure for good composition.

08 숙제

숙제 P2-04-0801

- 오늘은 숙제가 많았다. Today I have lots of homework.
- 선생님께서 숙제를 너무 많이 내주셨다. The teacher gave us too much homework.
- 숙제가 많아서 부담스러웠다. A lot of homework burdened me. burden 부담을 주다, ~에게 짐을 지우다
- 숙제를 먼저 하는 게 좋겠다. I had better do my homework first. had better + **동사원형** ~하는 편이 더 낫다
- 오늘 숙제는 내 미래에 관한 글을 쓰는 것이다. Today's homework is to write an essay about my future.
- 숙제는 OO에 대해 조사하는 것이다. The homework is to research OO. research 조사하다
- 나는 최근에 읽은 책에 대해 독후감을 써야 했다. I had to write a book review on what I recently read. book review 독후감
- 숙제를 끝내야만 TV를 볼 수 있다. Only after I finish my homework, I can watch TV.
- 숙제가 너무 싫다. I hate homework.
- 기쁘게도 오늘은 숙제가 없다. To my joy, I have no homework today. to one's + **감정명사** ~가 …하게도

조별 과제 P2-04-0802

- 조별로 숙제를 해야 했다. We had to do our homework in groups.

- 우리는 모두 숙제를 하기 위해 모였다. We all gathered to do our homework.
  gather 모이다
- 숙제를 하려면 인터넷이 필요했다. I needed the Internet to do my homework.
- OO에 관한 보고서를 작성하기 위해 인터넷을 검색했다. I searched the web to write a paper about OO.
- 나는 인터넷에서 정보를 검색했다. I looked up the information on the Internet.
  look up ~을 찾아보다, 조사하다
- 그것에 대해 좀더 조사를 해야 했다. I needed to do more research on it.
- 나는 자료 수집하는 일을 담당했다 I was in charge of collecting the information.
  be in charge of ~을 담당하다, 책임지다
- 우리는 서로 도왔다. We helped one another.
  one another (3명 이상) 서로
- 우리는 서로 협력했다. We cooperated with one another.
  cooperate with ~와 협력(협동)하다
- 형이 숙제를 도와주었다. My brother helped me with the homework.
- 친구들과 협력해서 어려운 숙제를 끝마쳤다. I finished the hard homework with my friends.

과제물 제출 P2-04-0803

- 내일까지 숙제를 제출해야 한다. I have to give in my homework by tomorrow.
  give in ~을 제출하다
- 오늘밤까지 숙제를 끝내야 한다. I have to finish my homework by tonight.
- 제시간 안에 숙제를 끝마칠 수 있도록 엄마가 도와주셨다. My mom helped me so that I could finish my homework in time. so that ~할 수 있도록 | in time 제시간에
- 오늘은 숙제를 끝마칠 수 없었다. It was impossible to finish my homework today.
- 숙제를 늦게까지 했다. I did my homework till late.
- 숙제를 정말 하기 싫었다. I didn't really like to do my homework.
- 잊어버리고 숙제를 가지고 오지 않았다. I forgot to bring my homework.
  forget to ~하는 것을 잊다
- 숙제를 제출할 수가 없었다. I couldn't hand in my homework.
  hand in 제출하다

- 숙제 때문에 게임을 하지 못했다. I couldn't play games because of my homework.

숙제를 끝내다 P2-04-0804

- 하마터면 오늘 숙제를 잊을 뻔했다. I almost forgot today's homework.
- 숙제를 끝내는 데 하루 종일 걸렸다. It took me a whole day to finish the homework.
  it takes + 사람 + 시간 + to + 동사원형 ~가 …하는 데 ―가 걸리다
- 숙제를 하는 데 많은 노력이 필요했다. It took a lot of effort to finish the homework.
- 숙제를 끝마칠 때까지 다른 일은 아무것도 할 수 없었다. I couldn't do anything else until I finished my homework.
- 오늘 숙제를 간신히 끝마쳤다. I finished doing today's homework with difficulty.
  with difficulty 어렵게, 간신히
- 나 혼자서 모두 다 해냈다. I did it all by myself.
  by oneself 혼자서, 혼자 힘으로
- 다 마치고 나니 내 자신이 대견스러웠다. After finishing, I felt great about myself.
- 숙제를 너무 빨리 하는 바람에 실수가 많았다. Since I did my homework so quickly, I made many mistakes.

숙제를 끝내지 못하다 P2-04-0805

- 시간이 충분치 않아서 숙제를 끝내지 못했다. Because I didn't have enough time, I didn't finish the homework.
- 배가 아파서 숙제를 할 수 없었다. I couldn't do my homework because I had a stomachache.
- 숙제를 내일로 미루었다. I put off my homework until tomorrow.
  put off ~을 연기하다, 미루다
- 가끔 숙제를 하고 싶지 않을 때가 있다. Sometimes I don't feel like doing my homework.
- 숙제를 미리 하지 않은 것을 후회한다. I regret not doing my homework in advance.
  regret 후회하다 | in advance 미리
- 숙제를 끝내지 못해서 선생님께 꾸중을 들었다. I was scolded by the teacher because I didn't finish my homework.

09 동아리

동아리 가입 P2-04-0901

- 우리 학교에는 다양한 동아리가 있다. — There are various clubs at my school.
- 나는 어느 동아리에도 속해 있지 않다. — I don't belong to any clubs.
  belong to ~에 속하다
- 나는 컴퓨터 동아리에 관심이 있었다. — I was interested in a computer club.
  be interested in ~에 관심(흥미)이 있다
- 선생님께서 OO 동아리에 가입하라고 추천해 주셨다. — The teacher recommended me to join the OO club.
  recommend 추천하다, 권하다
- 친구들에게 우리 동아리에 가입하라고 권했다. — I asked my friends to join my club.
- 나는 그 동아리에 가입하고 싶었다. — I wanted to get into the club.
  get into ~에 가입하다
- OO 동아리에 가입했다. — I joined the OO club.
- 나는 바다를 좋아해서 해양 소년단에 가입했다. — As I like the sea, I joined the Sea Scouts.
- 나는 영어에 관심이 많아서 영어회화 동아리에 가입했다. — I was interested in English, so I joined an English conversation club.
- 나는 보이스카우트 단원이다. — I am a boy scout.
- 나는 걸스카우트 단원이다. — I am a girl scout.
- 나는 적십자 단원이다. — I am in the Red Cross.
- 나는 축구부에 있다. — I am in a soccer club.
- 나는 합창부에 속해 있다. — I belong to a chorus club.
- 나는 독서 동아리의 회원이다. — I am a member of a reading club.

동아리 활동 P2-04-0902

- 우리 동아리는 한 달에 한 번 모임이 있다. — My club has a meeting once a month.

- 나는 동아리 모임에 참석했다. — I attended a club meeting.
  attend 참석하다
- 나는 연극부 행사에 참가할 것이다. — I'll take part in a drama club event.
- 동아리 회원들은 그 행사를 준비하느라 바빴다. — The club members were busy preparing for the event. prepare for ~을 준비하다
- 해양 소년단의 단원들이 바다를 체험할 수 있는 기회가 있었다. — The Sea Scouts had a chance to experience the sea.
- 오늘 적십자 단원들은 응급 처치에 대해 배웠다. — Today the Red Cross members learned about first-aid. first-aid 응급 처치
- 우리 동아리에서 체험 활동을 갔다. — Our club went on a field trip.
  field trip 체험 활동
- 우리 동아리의 회비는 1년에 OO원이다. — The membership fee for my club is OO won a year.
  membership fee 회비
- 나는 동아리 친구들과 마음이 잘 안 맞았다. — I didn't get along with the club members.
- 동아리에서 탈퇴하고 싶다. — I want to withdraw from the club.
  withdraw 탈퇴하다, 철회하다

10 학원·과외

학원 P2-04-1001

- 나는 방과 후에 영어 학원에 다닌다. — After school, I go to an English academy.
- 나는 학원에 가고 싶지 않지만 부모님께서 억지로 다니게 하신다. — I don't want to go to the academy, but my parents force me to. force ~ to ... ~에게 …하도록 강요하다
- 학원에 오갈 때 학원 셔틀버스를 이용한다. — I use the academy shuttle bus there and back.
- 학원에서 매일 두 시간씩 공부한다. — I study at the academy for two hours every day.
- 때때로 내 공부에 도움이 된다. — Sometimes it helps me study.

- 학원에 다니기 때문에 놀 시간이 충분하지 않다. I don't have enough time to play because I go to the academy.
- 학원에서 개인별 수업을 받았다. I took private lessons in the academy.
  private 개인적인
- 학원에서 공부를 하고 집에 6시에 돌아왔다. After studying at the academy, I came home at 6 o'clock.
- 학원에서 공부하기 때문에 학교 수업시간에 덜 집중한다. I pay less attention to my classes at school, because I study at the academy.
  pay attention to ~에 주의를 기울이다 | less 덜
- 매일 공부를 너무 많이 해서 매우 피곤하다. I am very tired from studying so much every day.

과외 P2-04-1002

- 나는 수학 과외 선생님이 있다. I have a private math tutor.
  private 개인의 | tutor 가정교사
- 과외 선생님은 일주일에 두 번 집에 오셔서 한 시간씩 가르치신다. The tutor visits me at home twice a week and teaches me one hour each time.
- 과외 선생님과 일대일로 공부하는 것이 도움이 된다. It is helpful when I study one on one with a tutor.
  one on one 일대일로
- 다시 복습하지 않으면 그리 도움이 되지 않는다. It is not very helpful unless I review again.
  unless ~하지 않으면
- 과외 선생님이 연습 문제를 내주셨다. The tutor gave me exercises.
- 나에게는 과외가 아무런 도움이 되지 않았다. Studying with my tutor wasn't helpful to me.
- 나는 과외 선생님 없이는 혼자 공부하지 못한다. I can't study alone without my tutor.
- 나는 과외 선생님에게 너무 의존한다. I depend on my tutor too much.
- 과외를 하게 된 이후로 이젠 더 이상 혼자 공부하지 않는다. Since studying with my tutor, I no longer study alone. no longer 더 이상 ~ 않다

학습지 P2-04-1003

- 나는 학습지 선생님에게 영어를 배운다. I learn English from my weekly tutor.

- 학습지 선생님은 일주일에 한 번 오신다.

The weekly tutor comes once a week.

weekly (형) 매주의, 주간의 (명) 주간지

- 오늘 학습지 선생님이 우리 집에 오셨다.

Today the weekly tutor came to my home.

- 학습지 선생님께서 내가 일주일 동안 공부한 것을 확인해 주셨다.

She checked what I studied for a week.

- 학습지 선생님께서 다른 학습지를 주셨다.

She gave me another weekly learning materials.

material 재료, 자료

- 그 학습지의 내용을 간단히 설명해 주셨다.

She explained the contents of the weekly learning materials simply. content 내용

- 때때로 나는 학습지 공부를 미룰 때가 있다.

Sometimes I put off studying the weekly learning materials. put off ~을 연기하다, 미루다

- 학습지를 끊었으면 좋겠다.

I want to stop studying weekly learning materials.

chapter 5 학교행사

Sports Day 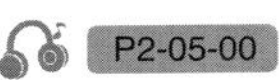

Friday August 23, Fine

Today was Sports Day at my School. There were many games and events. I won a race.

We had a talent Show, and then we performed a folk dance.

My mom brought a delicious lunch.

After lunch, we made a big circle and played together.

I was tired, but it was a very pleasant day.

운동회 8월 23일 금요일, 맑음

오늘은 우리 학교 운동회 날이었다. 많은 경기와 행사가 있었다. 나는 달리기에서 1등을 했다.

장기 자랑이 있었고 그 다음엔 민속 무용을 했다.

엄마가 맛있는 점심을 가지고 오셨다.

점심 식사 후에, 우리는 큰 원을 만들어서 함께 놀았다.

피곤했지만, 매우 즐거운 하루였다.

event 행사 **won** win(이기다)의 과거형 **talent** 재능, 끼 **perform** 공연하다 **folk dance** 민속 무용 **brought** bring(가져오다)의 과거형 **delicious** 맛있는 **circle** 원 **tired** 피곤한 **pleasant** 즐거운

01 입학

입학 P2-05-0100

- 오늘 내 동생이 초등학교에 입학했다.
  My brother entered elementary school today.
  enter ~에 입학하다, 들어가다
- 오늘 학교에서 입학식이 있었다.
  Today I had the entrance ceremony at school.
  entrance ceremony 입학식
- 부모님과 함께 동생 입학식에 갔다.
  I went to my brother's entrance ceremony with my parents.
- 오늘은 동생에게 새로운 학교생활의 시작이다.
  Today is the beginning of the new school year for my brother.
- 동생은 매우 긴장한 것 같았다.
  He looked nervous.
  nervous 긴장한, 초조한
- 신입생들을 위한 오리엔테이션이 있었다.
  There was an orientation for freshmen.
  orientation 오리엔테이션, 신입생 교육
- 교장선생님께서 그들에게 학교생활에 관해 몇 가지 사항들을 알려 주셨다.
  The school principal let them know several things about life at school.
  principle 교장선생님 | several 몇몇의
- 그들은 새 학교를 둘러보았다.
  They looked around the new school.
  look around ~을 둘러보다
- 장난꾸러기들이 많았다.
  There were so many naughty guys.
  naughty 장난꾸러기의, 말을 듣지 않는
- 아이들은 매우 소란스러웠다.
  They were very noisy.
  noisy 시끄러운
- 동생의 담임선생님이 누가 될지 몹시 궁금했다.
  I wondered who would be my brother's homeroom teacher.
- 동생의 담임선생님이 발표되었다.
  His homeroom teacher was announced.
  announce 발표하다
- 동생이 공부하게 될 교실에 가 보았다.
  I went to the class where he would study.
- 선생님께서 새 교과서를 나누어 주셨다.
  The teacher distributed new textbooks.
  distribute 분배하다, 나누어 주다

- 학용품도 새 것을 쓰게 될 것이다. — He will use new school supplies.
  school supplies 학용품
- 우리는 입학 기념사진을 찍었다. — We took pictures to celebrate his entrance.
  celebrate 기념하다
- 내년에 나는 중학교에 입학한다. — I'll enter middle school next year.
- 나는 새 교복을 입고 입학식에 참석할 것이다. — I'll attend the entrance ceremony in my new uniform. attend 참석하다

02 운동회

운동회

P2-05-0201

- 오늘은 우리 학교 운동회 날이다. — Today was sports day at school.
- 우리 학교는 가을에 운동회를 한다. — My school has sports day in autumn.
- 올 운동회는 9월 15일에 열렸다. — This year's sports day was held on September 15th.
- 운동회 하기에 매우 좋은 날씨였다. — The weather was perfect for sports day.
- 나는 백군이었다. — I belonged to the white team.
- 나는 청군이었다 — I belonged to the blue team.
- 나는 매우 흥분되었다. — I was very excited.
- 엄마와 아빠가 그 행사에 오셨다. — My mom and dad came to the event.
- 부모님께서 맛있는 것을 가지고 오셨다. — My parents brought yummy foods.
  yummy 맛있는, 아주 매력적인
- 나는 부모님과 함께 점심을 먹었다. — I had lunch with my parents.
- 우리 반은 민속 무용을 했다. — My class performed a folk dance.
- 커다란 둥근 박 터뜨리기를 했다. — We played a game to split a big round gourd in two. split 쪼개다, 나누다 | gourd 박

- 우리 청군이 백군보다 먼저 박을 터뜨렸다. My blue team split the gourd earlier than the white team.
- 비가 와서 경기가 연기되었다. Because of the rain, the game was postponed.
  be postponed 연기되다

달리기 P2-05-0202

- 나는 달리기 경주를 위해 열심히 연습했다. I practiced hard for the running race.
  running race 달리기 경주
- 나는 달리기할 때 전속력으로 뛰었다. I ran at full speed in the race.
  at full speed 전속력으로
- 엄마가 나를 응원해 주셨다. My mom cheered me.
  cheer 응원하다
- 죽을 힘을 다해 달렸다. I ran for my life.
- 경쟁자를 따라잡았다. I caught up with my rival.
  catch up with ~를 따라잡다 | rival 경쟁자, 라이벌
- 내가 결승점의 테이프를 끊었다. I broke the finish tape.
- 달리기에서 일등을 했다. I was first in the running race.
- 달리기에서 꼴찌로 들어왔다. I was last in the race.
  last 마지막의, 맨 끝의
- 달리기에서는 그를 당할 자가 없었다. He was the best runner.
- 그는 발이 무척 빨랐다. He ran like a deer.
  run like a deer 사슴처럼 빨리 뛰다
- 그는 신호가 울리기 전에 먼저 뛰었다. He jumped the gun.

경기 P2-05-0203

- 우리는 여러 경기에 참가했다. We took part in several games.
  take part in ~에 참여(참가)하다
- 팽팽한 경기가 많았다. There were many close games.
  close (시합 등이) 우열을 가릴 수 없는

- 줄다리기를 했다. — We played tug of war.
  tug of war 줄다리기
- 우리가 줄다리기에서 우승했다. — We won the tug of war.
- 800미터 이어달리기 경기가 가장 흥미로웠다. — The 800-meter relay was the most exciting.
- 우리 반이 이길 거라고 자신했다. — I felt confident that my class would win.
  confident 확신하는, 자신만만한
- 우리는 잘 싸웠지만 결국 지고 말았다. — We played well, but we lost the game in the end.
  in the end 결국, 마침내
- 어느 편이 이기든지 나에게 별로 중요하지 않았다. — Whichever team won, it didn't matter to me.
  whichever 어느 ~가 …하든지 | matter 중요하다
- 우리 팀을 열심히 응원했다. — We rooted for our team.
  root for ~를 응원하다
- 드디어 경기가 끝났다. — Finally, the game was over.
- 우리 청군이 경기에서 이겼다. — My Blue Team won the game.
- 정말 기분이 좋았다. — I was really delighted.

기타 행사들

P2-05-0204

- 우리는 다양한 행사를 준비했다. — We prepared for various events.
- 행사 중에 가장 행렬이 있었다. — Among the events, there was a costume parade.
  costume 복장, 의상
- 나는 여자로 분장했다. — I made up myself as a woman.
  make up 화장하다, 분장하다
- 나는 공주 옷을 입었다. — I was dressed in a princess costume.
- 운동장에서 시화전이 있었다. — There was an exhibition of illustrated poems at the playground.
  exhibition 전시회 | illustrated 삽화를 넣은
- 운동장에서 바자회가 열렸다. — The bazaar was held on the sports field.
  bazaar 바자회, 자선시장 | be held 열리다, 개최되다
- 싼 값에 물건들을 살 수 있었다. — I was able to get things at a cheap price.
- 행사에 참여하기 위해 친구들과 여기저기 돌아다녔다. — I hung around with my friends to take part in the events.
  hang around 배회하다, 돌아다니다

- 학교 행사를 재미있게 즐겼다.
  I enjoyed myself at the school events.
- 학생들의 장기 자랑이 있었다.
  There was a students' talent show.
  talent 재주, 재능
- 나는 장기 자랑을 위해 특이한 것들을 준비했다.
  I prepared unusual things for the talent show.
  unusual 특이한, 유별난
- 나는 무대에서 색소폰을 연주했다.
  I played the saxophone on the stage.
  stage 무대
- 태권도 기술을 선보였다.
  I showed my Taekwondo skills.
  skill 능숙한 솜씨, 기술
- 나는 선생님들의 말투를 흉내 냈다.
  I imitated the teachers' way of speaking.
  imitate 모방하다, 흉내 내다
- 나는 노래를 불렀다.
  I sang a song.
- 댄스 경연대회가 있었다.
  There was a dance contest.
- 나는 음악에 맞춰 열심히 춤을 추었다.
  I danced fervently to the music.
  fervently 열심히, 격렬하게
- 무대 위에서 내 춤 실력을 뽐냈다.
  I displayed my dancing skills on the stage.
  display 보이다, (능력을) 발휘하다
- 내가 경연대회에서 대상을 받았다.
  I won the grand prize in the contest.
- 우리는 무대에서 연극을 했다.
  We performed a play on stage.
  perform 연기하다, 공연하다
- 처음으로 많은 관중 앞에서 하는 연극이었다.
  I performed before a large audience for the first time. audience 청중, 관중 | for the first time 처음으로
- 나는 OO의 역할을 했다.
  I played the part of OO.
- 우리는 그 연극을 위해 한 달 동안 매우 많이 연습했다.
  We have practiced very much for the play for a month.
- 대본도 완벽하게 외웠다고 생각했다.
  I thought I memorized the play script completely.
  script 대본, 각본 | completely 완전히, 완벽히
- 어제는 처음부터 끝까지 연극 리허설을 했다.
  We rehearsed the play from beginning to end yesterday. rehearse 예행연습을 하다, 연습하다
- 나는 무대 공포증이 있었다.
  I had stage fright.
  fright 공포

- 막이 올라가자 당황되었다. When the stage curtain went up, I got embarrassed.
- 정말 긴장되었다. I was really nervous.
- 다리가 후들후들 떨렸다. My legs trembled.
- 갑자기 대사가 생각나지 않았다. I couldn't remember my dialogue suddenly.
- 막 뒤에 있던 친구가 작은 소리로 대사를 읽어 주었다. A friend behind the curtain read my dialogue in a low voice.
- 그럭저럭 내 역할을 할 수 있었다. I manage to play my role.
  manage to + **동사원형** 그럭저럭 ~하다
- 성공적으로 연극을 마쳤다. We finished the play successfully.
- 나에게는 특별한 경험이었다. It was a special experience for me.

03 소풍

소풍 준비

P2-05-0301

- 오늘 우리는 OO로 소풍을 간다. Today we are going on a school trip to OO.
- 슈퍼마켓에 가서 소풍 때 먹을 것을 샀다. I went to the supermarket to buy food for a school trip.
- 내일 아침 엄마가 도시락을 싸 주실 것이다. My mom will pack a lunch tomorrow morning.
  pack 싸다, 꾸리다, 포장하다
- 마음 설레며 소풍을 기대하고 있다. I am looking forward to the school trip.
  look forward to ~을 즐겁게 기대하다
- 즐거운 소풍이 되었으면 좋겠다. I hope we will have a pleasant school trip.
- 소풍에 딱 맞는 캐주얼한 옷을 입었다. I wore a casual outfit, just right for the school trip.
  outfit 의상, 용품 | just right for ~에 꼭 맞는
- 도시락과 마실 것을 배낭에 넣었다. I packed my lunch and drink in my backpack.
  backpack 등에 메는 가방
- 소풍에 늦지 않도록 일찍 출발했다. I started early not to be late for the school trip.

소풍날 날씨 P2-05-0302

- 내일 날씨가 나쁘면, 우리는 소풍을 가지 않을 것이다. — Unless it is fine tomorrow, we won't go on a school trip. unless ~하지 않으면
- 내일 날씨가 화창하면 좋겠다. — I hope it will be fine tomorrow.
- 다행히도 날씨가 좋았다. — Fortunately, the weather was fine. fortunately 다행히, 운 좋게
- 소풍 가기에 너무나 좋은 날씨였다. — It was ideal weather for a trip. ideal 이상적인, 아주 좋은
- 날씨가 궂어서 소풍을 포기해야 했다. — We had to abandon our school trip because of bad weather. abandon 그만두다, 포기하다
- 비가 너무 많이 와서 소풍이 연기되었다. — The school trip was put off because there was a downpour. put off 미루다, 연기하다 | downpour 폭우
- 비가 왔지만 그래도 소풍을 갔다. — It was rainy, but we went on a school trip.

소풍 P2-05-0303

- 계룡산으로 소풍을 갔다. — We went to Gyeryong Mountain for a school trip.
- 나는 그곳에 여러 번 가보았다. — I have been there several times. have been ~에 가 본 적이 있다
- 산을 오를 때 숨이 가빴다. — I was out of breath when I hiked up the mountain. out of breath 숨이 차는 | hike up 등산하다
- 정상에 도착하니 기분이 좋았다. — I felt good when we got to the top.
- 산길이 미끄러웠다. — The path was slippery. path 작은 길 | slippery 미끄러운
- 나는 산에서 천천히 내려왔다. — I descended the mountain slowly. descend 내려오다

- 선생님께서 종이쪽지에 미리 선물 이름을 적어 두셨다. — The teacher wrote names of people receiving preseuts on slips of paper in advance. present 선물 | slip 조각, 종이 조각 | in advance 미리
- 선생님께서 그 쪽지들을 숨겨 놓으셨다. — The teacher hid the slips of paper.

CHAPTER 5 학교행사

- 우리는 보물찾기를 했다.
  We had a hunt to find the slips of paper.
- 나는 여기저기를 찾아보았다.
  I looked for them here and there.
  look for ~을 찾다
- 나는 쪽지 두 개를 찾았다.
  I found two slips.
  found find(발견하다)의 과거형
- 선물을 두 개 받을 수 있었다.
  I could have two presents.
- 나는 보물 쪽지를 하나도 못 찾았다.
  I couldn't find any slip.
- 소풍 가서 친구들과 사진을 찍었다.
  I took pictures with my friends on the trip.
- 정말 즐거운 소풍이었다.
  It was a really happy trip.
- 잊지 못할 추억거리가 될 것이다.
  This will be one of my most unforgettable events.
  unforgettable 잊지 못할
- 이번 소풍은 정말 재미없었다.
  I really didn't enjoy this trip.

04 캠핑

캠핑 준비

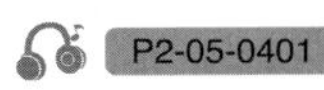

- 내일 보이스카우트에서 캠핑을 간다.
  I am going to a boy scout camp tomorrow.
- 밤에 짐을 꾸렸다.
  I packed up at night.
  pack 싸다, 꾸리다
- 침낭을 포함해서 캠핑에 필요한 물품들이 매우 많았다.
  There were so many camping requisites including an overnight bag.
  requisites 필수품, 필요 조건 | including ~을 포함하여
- 칫솔, 치약, 수건, 여분의 옷 등을 배낭에 챙겼다.
  I put a toothbrush, toothpaste, spare clothes and so on in the backpack. and so on 등등
- 형이 내가 짐 꾸리는 것을 도와주었다.
  My brother helped me pack.
- 빠뜨린 것이 있는지 다시 점검했다.
  I checked again for what I had missed.
  miss 빠뜨리다

- 가슴이 설렌다. My heart flutters.
  flutter 두근거리다, 설레다
- 너무 흥분돼서 잠이 안 온다. I am so excited that I can't fall asleep.

캠핑

P2-05-0402

- 이른 아침에 모임 장소로 갔다. I went to the meeting place in the early morning.
- 모두 들떠 있었다. Everyone was excited.
- 우리 동아리는 부산으로 캠핑을 갔다. My club went to camp in Busan.
- 숲속에서 야영을 했다. We camped out in the woods.
- 해변에서 캠핑을 했다. We set up camp on the beach.
- 이번 캠핑은 3일간 계속되었다. Camping lasted for 3 days.
  last 계속되다, 지속되다
- 이것이 내 첫 야영이었다. This was my first-time camping out.
- 야영지에 도착하자마자 우리는 텐트를 쳤다. As soon as we arrived at the campsite, we pitched tents. pitch (천막 · 텐트를) 치다
- 극기 훈련을 받았다. We received training in self-control.
- 각종 재미있는 이벤트가 있었다. There were various interesting events.
- 캠프에서 많은 친구들을 사귀게 되었다. I got to make many friends while camping.
- 우리 모두 모닥불 둘레에 모였다. We all gathered around the campfire.
  gather 모이다
- 우리는 모닥불 주위로 동그랗게 둘러섰다. We stood in a circle with the campfire in the center.
- 캠프파이어에 불을 붙였다. Someone lit the flame in the campfire.
  lit light(불을 켜다)의 과거형 | flame 불길, 불꽃
- 우리는 환호성을 질렀다. We cheered.
- 불꽃놀이를 했다. We set off fireworks.
  set off ~을 폭발시키다, 발사하다
- 장기 자랑을 했다. We had a talent show.
  talent 재주, 재능

• 나는 장기 자랑에서 인기가 좋았다.

I was very popuar in the talent show contest.
popularity 인기, 대중성

• 늦게까지 자지 않고 친구들과 이야기를 나누었다.

I stayed up late talking with my friends.

• 잠들기 전에 가족들이 보고 싶었다.

I missed my family before falling asleep.
miss 그리워하다, 잃어버리다

• 다음날 아침에 캠프장에서 철수했다.

The next morning, we struck camp.
struck strike(치다, 철수하다)의 과거형

• 내게는 너무 흥미롭고 유익한 캠프였다.

It was a very exciting and helpful camp for me.

05 수학여행

기대되는 수학여행 P2-05-0501

• 제주도로 3박 4일 동안 수학여행을 갈 것이다.

We are going on a school excursion to Jeju Island for 3 nights and 4 days. excursion 단체 여행, 소풍

• 우리는 봄에 제주도로 수학여행을 갈 것이다.

We will take a school excursion to Jeju Island in the spring.

• 이 수학여행을 무척 고대했다.

I looked forward to this school excursion.

• 역사적인 유적지를 탐방하고 한라산에 오를 계획이었다.

We had plans to visit the historical sites and climb Halla Mountain.

• 오늘이 제주도로 가는 3일간의 여행 첫날이었다.

Today was the first day of the three-day school excursion to Jeju Island.

• 아침에 들뜬 마음으로 여행을 떠났다.

I started the excursion in high spirits in the morning.
in high spirits 기분이 좋아서, 들떠서

수학여행 일지 P2-05-0502

• 우리는 아침 8시에 출발하여 12시에 완도에 도착했다.

We departed at 8:00 in the morning and arrived at Wando at 12:00.

- 점심 식사를 하고 배에 올라탔다. After lunch, we boarded the ship.
  board ~에 올라타다
- 배를 타고 제주도로 갔다. We went to Jeju Island by ship.
- 제주도에는 볼거리가 많았다. There were so many sights in Jeju Island.
- 밤새 친구들과 놀았다. I played all night with friends.
- 밤에 선생님들께 장난을 쳤다. We played tricks on the teachers at night.
  play tricks on ~를 놀리다, ~에게 장난치다
- 밤에 잠을 잘 못 자서 버스 안에서 내내 졸았다. I was sleepy all the time in the bus, because I didn't sleep well at night.
- 버스 안에서 대중가요를 불렀다. We sang popular songs in the bus.
- 배를 타고 유람도 했다. We went on a sightseeing tour by boat.
- OO에 잠깐 들렀다. We dropped by OO.
  drop by ~을 들르다
- OO의 경치가 정말 맘에 들었다. I liked the beautiful scenery of OO.
- 가족들에게 줄 기념품도 몇 개 샀다. I bought some souvenirs for my family.
  souvenir 기념품, 선물
- 제주도에서 비행기를 타고 돌아왔다. We returned from Jeju Island by plane.
- 나는 비행기를 처음 타 봤다. I flew for the first time.
  flew fly(날다, 비행기로 가다)의 과거형
- 비행기가 이륙할 때 좀 흥분됐다. I was a little excited when the plane was taking off. take off 이륙하다
- 어두워지고 나서 도착했다. We hadn't arrived until it was dark.
  not ~ until ... …하고 나서야 ~하다
- 수학여행에서 돌아와 학교 앞에서 해산했다. We came back from the excursion and parted ways in front of the school.
  part ways 갈라지다, 각자의 길을 가다
- 수학여행의 추억을 영원히 간직할 것이다. I will keep this memory of the school excursion forever.
- 가족들에게 여행에 대해서 해줄 이야기가 많았다. There was so much to tell my family about the trip.

06 신체검사

신체검사 P2-05-0600

- 오늘은 학교에서 신체검사를 했다.
  Today we had a physical examination.
  physical examination 신체검사

- 체중계에 올라가 체중을 재었다.
  I weighed myself on a scale.
  weigh 무게를 달다 | scale 저울, 체중계

- 체중이 늘었다.
  My weight increased.
  increase 늘다, 증가하다

- 체중이 줄었다.
  My weight decreased.
  decrease 줄다, 감소하다

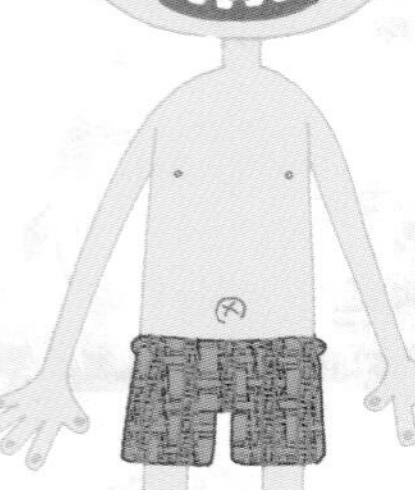

- 체중이 40킬로그램이었다.
  I weighed 40 kilograms.
  weigh 무게가 ~이다

- 키를 재 보았다.
  I measured my height.

- 키를 크게 하려고 발뒤꿈치를 들었다.
  I lifted my heels to help my height.
  lift 들어올리다 | heel 뒤꿈치

- 1년 만에 키가 5센티미터 자랐다.
  I have grown 5 centimeters in a year.

- 키가 150센티미터였다.
  My height was 150 centimeters.

- 나는 키에 비해 살이 너무 쪘다.
  I am overweight for my height.
  overweight 너무 살찐, 과체중의

- 선생님께서 가슴둘레를 재셨다.
  The teacher measured my chest.

- 시력검사를 받았다.
  I had my eyes examined.

- 내 시력은 0.8/1.0이다.
  I have 0.8/1.0 vision.
  vision 시력

- 시력이 좋지 않았다.
  My vision is bad.

- 색맹검사를 했다.
  I was tested for color-blindness.

- 나는 색맹은 아니었다.
  I am not color-blind.

07 봉사 활동

자원봉사 P2-05-0701

- 나는 자원봉사에 참여하고 싶었다. I wanted to take part in volunteering.
  take part in ~에 참여하다 | volunteer 자원봉사하다
- 올해는 자원봉사를 많이 했다. I volunteered a lot this year.
- 나는 정기적으로 고아원에서 봉사 활동을 한다. I volunteer regularly for the orphanage.
  regularly 정기적으로, 규칙적으로 | orphanage 고아원
- 도움이 필요로 한 사람들이 많다. There are many people in need.
  in need 도움이 필요한
- 봉사 활동을 하면 마음이 행복하다. I feel happy after volunteering.
- 많은 사람들이 봉사 활동에 참여하면 좋겠다. I hope many people will join in volunteering.
  voluntary work 봉사활동
- 난 봉사 활동을 통해 많은 교훈을 배웠다. I learned many lessons through volunteering.
  lesson 교훈

양로원에서 P2-05-0702

- 양로원에는 외로운 노인들이 많다. There are a lot of lonely old people in nursing homes.
  lonely 고독한, 외로운
- 노인들을 위해 양로원에 갔다. I went to a nursing home for the aged.
  the aged 노인들
- 그분들이 따뜻하게 우리를 맞이해 주셨다. They received us warmly.
  warmly 따뜻하게
- 거기에서 방 청소나 빨래를 도왔다. I helped clean the rooms or wash clothes there.
- 그분들을 즐겁게 해드리기 위해 재미있는 이야기를 해드렸다. I told them funny stories to please them.
  please 즐겁게 하다
- 다리도 주물러 드렸다. I massaged their legs.
  massage 안마하다, 마사지하다

장애인 시설에서 P2-05-0703

- 장애인 요양 시설에 갔다. — I went to the institution for the disabled.
  the disabled 장애인들
- 혼자서 식사를 못하는 장애인도 있었다. — There were some disabled men who couldn't eat by themselves.
- 나는 그들이 식사하는 것을 돕고 씻겨 주었다 — I fed and bathed them.
  fed feed(음식을 먹여주다)의 과거형
- 그들이 안쓰럽다는 생각이 들었다. — I felt pity for them.
  feel pity for ~를 가엾게 생각하다
- 그들에게 되도록 많은 도움을 주고 싶었다. — I wanted to help them as much as possible.
  as ~ as possible 가능한 ~하게

공원에서 P2-05-0704

- 공원에서 쓰레기를 주웠다. — I gathered trash in the park.
  gather 모으다 | trash 쓰레기
- 공원에 쓰레기가 너무 많았다. — There was so much trash in the park.
- 공원이 깨끗해져서 기분이 매우 좋았다. — I felt so good because the park got clean.
- 쓰레기를 아무 데나 버리면 안 된다. — People should not throw trash everywhere.
- 나는 절대 쓰레기를 아무 데나 버리지 않겠다고 다짐했다. — I decided never to be a litterbug.
  litterbug 쓰레기를 아무 데나 함부로 버리는 사람

08 방학 · 개학

방학 첫날 P2-05-0801

- 기다리고 기다리던 방학이 되었다. — The long-awaited vacation has come.
  long-awaited 오래 기다려 온

- 드디어 긴 방학이 시작되었다. Finally, we get to have a long vacation.
- 오늘 방학을 했다. Today we started our vacation.
- 오늘 학교가 방학을 했다. The school began its vacation today.
- 오늘이 방학 첫날이다. Today is the first day of vacation.

방학 계획 P2-05-0802

- 방학 계획을 잘 세워야겠다. I will make good vacation plans.
- 이번 방학엔 영어 공부를 열심히 할 것이다. I will study English hard during this vacation.
- 이번 방학엔 운동을 해서 몸을 튼튼히 해야겠다. I will exercise to keep healthy during this vacation.
- 이번 방학엔 책을 10권 이상 읽기로 결심했다. I decided to read more than 10 books during this vacation. more than ~ 이상
- 이번 방학엔 실컷 놀고 싶다. I want to play freely during this vacation. freely 마음껏, 자유로이
- 이번 겨울 방학엔 꼭 스키를 배울 것이다. I will learn how to ski for sure during this winter vacation. for sure 틀림없이, 꼭
- 멀리 사시는 친척집을 방문할 것이다. I'll visit my relatives living far away. relative 친척
- 내가 한 번도 가 보지 못한 곳을 여행할 것이다. I will travel to the places where I have never been.
- 알찬 방학이 되도록 노력할 것이다. I will try to have a meaningful vacation. meaningful 보람찬, 뜻있는

방학을 알차게 보내다 P2-05-0803

- 우리 엄마는 내게 방학 동안 학원에 가서 공부를 더하도록 시키셨다. My mom forced me to study more at an academy during the vacation.
- 방학이지만 놀 시간이 없었다. There was no time to play even though it was vacation. even though 비록 ~일지라도
- 다양한 종류의 책들을 읽었다. I read various kinds of books.

- 방학 동안 엄마 일을 도와드렸다. I helped my mom during the vacation.
- 부모님을 위해 심부름을 많이 해드렸다. I ran many errands for my parents.
  run errands 심부름하다
- 부모님이 안 계실 땐 내가 동생을 돌보았다. When my parents went out, I took care of my brother. take care of ~를 돌보다
- 방학 동안에 스키캠프에 참가했다. I took part in a ski-camp during the vacation.
- 친구가 보고 싶을 땐 전화를 했다. I called my friends when I missed them.

방학을 헛되이 보내다 P2-05-0804

- 방학 대부분을 그저 허송세월로 보냈다. I spent most of the vacation doing nothing.
  spend ... -ing ~하느라 …을 보내다
- 엄마한테 매일 늦잠 잔다고 꾸중을 들었다. I was scolded by my mom because I got up late every day.
- 이렇게 게으른 생활은 이제 끝내야 한다. Now I have to stop such a lazy lifestyle.
- 방학 동안 TV를 보느라 너무 많은 시간을 낭비했다. I spent a lot of time watching TV during the vacation.
- 방학 내내 동생과 싸웠다. I fought with my brother during the vacation.
  fought fight(싸우다)의 과거형
- 엄마는 제발 동생과 그만 싸우라고 소리치셨다. Mom shouted at me to stop fighting with my brother.
- 방학 내내 컴퓨터 게임만 했다. I just played computer games during the vacation.
- 방학을 알차게 보내지 못했다. I didn't have a meaningful vacation.
- 방학을 헛되이 보냈다. I spent the vacation in vain.
  in vain 헛되이, 무익하게

방학 숙제 P2-05-0805

- 방학 숙제가 너무 많아서 다 할 수 없을 것 같다. I have so much vacation homework, so I don't think I can do all of it.

- 방학이 끝나기 전에 숙제를 모두 끝낼 것이다. — I will finish all my homework before the vacation is over. be over 끝나다
- 방학 숙제를 다 끝내지 못해 걱정이다. — I am worried about my unfinished homework.
- 방학 과제를 다 못했다. — I have not done all my vacation tasks.
- 미리 방학 숙제를 끝냈어야 했다. — I should have finished the homework in advance.
  in advance 미리
- 개학날 방학 숙제를 내야 한다. — I have to submit the vacation homework on the first day of school after the vacation.
  submit 제출하다

방학 마무리하기 P2-05-0806

- 방학이 하루 남았다. — I've got one vacation day left.
- 방학을 헛되이 보내서 후회된다. — I regret wasting my vacation.
  regret 후회하다
- 좀더 부지런했어야 했다. — I should have been more diligent.
  should have + **과거분사** ~했어야 했다 | diligent 근면한, 부지런한
- 방학 동안 정말 재미있었다. — I had great fun during the vacation.
  have fun 재미있다
- 이번 방학은 정말 알차게 보냈다. — This vacation was really meaningful.
- 방학 동안에 여행을 여러 번 해서 좋은 경험이 되었다. — I had many good experiences through traveling during the vacation.
- 개학이 몹시 기다려진다. — I can't wait for school to start.
  can't wait for ~가 몹시 기다려지다
- 방학이 끝나지 않으면 좋겠다. — I wish the vacation wouldn't end.

개학 P2-05-0807

- 내일이 개학이다. — Tomorrow school begins after the vacation.
- 친구들과 선생님들이 보고 싶다. — I miss my friends and teachers.
  miss 그리워하다, 보고 싶어하다

- 다른 친구들은 어떻게 지낼까 궁금하다. — I wonder how my friends are doing.
- 오늘 개학을 해서 학교에 갔다. — Today was the first day of school after the vacation, so I went to school.
- 친구들을 오랫동안 못 봐서 다시 만나니 반가웠다. — I was so glad to see my friends again, because I hadn't seen them for a long time.
  for a long time 오랫동안
- 몇몇 친구들은 모습이 조금 변했다. — Several of my friends changed a little in appearance.
  appearance 외모, 생김새
- 오랜만에 친구들을 만나 방학 생활에 관해 이야기를 나누었다. — I met my friends after a long time, so we talked about our vacation.
- 나는 방학 중에 있었던 일을 친구들에게 이야기했다. — I told my friends what had happened to me during the vacation. what ~하는 것

09 졸업

졸업식 전날 P2-05-0901

- 나는 올해 학교를 졸업한다. — I will graduate from school this year.
- 졸업식은 일반적으로 2월에 한다. — Graduation ceremonies are usually held in February.
- 졸업식 예행연습을 했다. — We had a graduation ceremony rehearsal.
  rehearsal 연습, 예행연습
- 형은 나보다 1년 먼저 졸업했다. — My brother graduated from school one year ahead of me. ahead of ~에 앞서
- 나는 학교생활에 대한 좋은 추억이 많다. — I have many good memories from my school days.
- 그 추억들을 언제까지나 기억할 것이다. — I will keep the memories fresh forever.
  forever 영원히, 언제나
- 캡슐 안에 우리의 추억을 담았다. — We put our memories into the capsule.
- 땅을 파고 타임캡슐을 묻었다. — We dug a hole and buried our time capsule.
  dug dig(파다)의 과거형 | bury 묻다

졸업식 P2-05-0902

- 오늘 졸업식이 있었다.
  The graduation ceremony was held today.
  be held 열리다, 개최되다
- 부모님과 함께 형의 졸업식에 갔다.
  I went to my brother's graduation with my family.
- 졸업생 중 한 학생이 졸업 연설을 했다.
  One of the graduates made a graduation speech.
- 재학생 중 한 명이 졸업생들에게 고별사를 했다.
  One of the students said good-bye to the graduates. graduate 졸업생
- 졸업식 노래를 부를 때 몇몇 학생들은 울기도 하였다.
  Some students cried when they sang a graduation song.
- 졸업식이 끝나고 그들은 서로에게 밀가루와 달걀을 던졌다.
  After the graduation ceremony, they threw flour and eggs at one another.
- 형은 졸업해서 무척 기뻐하는 것 같았다.
  My brother seemed to be so happy to graduate.
- 나는 졸업하게 되어 무척 기뻤다.
  I was so happy to graduate.
- 가족과 친척들이 졸업을 축하해 주었다.
  My family and relatives celebrated my graduation.
  relative 친척 | celebrate 축하하다
- 삼촌이 내게 멋진 꽃다발을 주셨다.
  My uncle gave me a nice bouquet of flowers.
- 부모님께서 졸업 선물로 가방을 주셨다.
  My parents gave me a bag for my graduation present.
- 친척들이 졸업을 축하해 주었다.
  My relatives congratulated me on my graduation.
  congratulate 축하하다
- 친구들과 헤어지기 싫어서 울었다.
  I cried because I didn't want to part from my friends. part 헤어지다
- 학교를 졸업하니 좋기도 하고 슬프기도 했다.
  I was both happy and sad to graduate from school. both A and B A와 B 둘 다
- 시원섭섭했다.
  I felt bittersweet.
  bittersweet 괴롭고도 즐거운
- 착잡한 마음으로 학교를 졸업했다.
  I graduated from school with mixed emotions.
  mixed 뒤섞인, 착잡한 | emotion 감정

상장 수여 P2-05-0903

- 졸업장을 받았다.
  I received a graduation diploma.
  diploma 졸업장

- 3년 개근상을 받았다.
  I received a prize for 3 years of perfect attendance.
  attendance 참석, 출석

- 3년 동안 하루도 학교에 결석하지 않았다.
  I have never been absent from school for 3 years.

- 3년 정근상을 받았다.
  I got a prize for 3 years of good attendance.

- 우등상을 타서 자랑스러웠다.
  I was proud of winning an honor prize.

- 공로상을 받았다.
  I got a prize for distinguished achievement.
  distinguished 현저한, 공훈을 세운

- 효행상을 받았다.
  I got a prize for respecting my elders.

- 선행상을 받았다.
  I got a prize for my good conduct.
  conduct 행위, 행동, 품행

- 모범상을 받았다.
  I got a prize for my exemplary behavior.
  exemplary 모범적인

Friend

P2-06-00

Monday June 24, Hot

Today, I had a problem with a friend of mine, so I had a fight with him.
It was because of a small thing.
I thought he was good.
He was friendly and kind to everyone.
I wanted to make up with him, so I said to him, "I am sorry!"
We are good friends again.
I'll try never to fight with him.

친구 6월 24일 월요일, 더움

오늘, 나는 내 친구와 문제가 있어서 다투었다. 사소한 일 때문이었다.
나는 그 아이가 좋은 친구라고 생각했다. 그 아이는 아무에게나 다정하고 친절했다.
나는 그 아이와 화해하고 싶어서 "미안해!"하고 했다.
우리는 다시 좋은 친구가 되었다. 그 아이와 다시는 싸우지 않도록 노력할 것이다.

problem 문제 **have a fight with** ~와 싸우다 **because of** ~ 때문에 **friendly** 다정한 **make up with** ~와 화해하다

01 친구 사귀기

친구를 가리키는 말

P2-06-0101

학교 친구 schoolmate	진정한 친구 true friend	오랜 친구 old friend
학급 친구 classmate	친한 친구 close friend	단짝 친구 buddy
한방 친구 roommate	가장 친한 친구 best friend	

친구란

P2-06-0102

- 나는 주위 사람들에게 쉽게 영향을 받는다. — I am easily influenced by those around me.
  influenced ~영향을 받는
- 사귀는 친구에 따라 성격이 바뀔 수도 있다. — Our personality can change according to the friends we keep.
  personality 성격, 인성 | according to ~에 따라
- 친구를 지혜롭게 선택하는 것은 아주 중요하다. — It is very important to choose our friends wisely.
  choose 선택하다 | wisely 지혜롭게, 현명하게
- 공통의 관심사가 있으면 서로 잘 지낼 수 있다. — With mutual interests, we can get along with each other.
  mutual 공통의 | get along with ~와 잘 지내다
- 사람은 사귀는 친구를 보면 알 수 있다. — A man is known by the company he keeps.
  be known by ~를 보면 안다 | company 친구, 동료
- 어려울 때 도와주는 친구야말로 진정한 친구다. — A friend in need is a friend indeed.
  indeed 참으로, 실제로

사귀고 싶은 친구

P2-06-0103

- 나는 그와 친해지고 싶다. — I want to be friends with him.
- 나는 그와 사귀고 싶다. — I want to keep company with him.
  keep company with ~와 교제하다
- 정직하고 공부도 열심히 하는 친구를 사귀고 싶다. — I want to have honest and hardworking friends.
  hardworking 열심히 일(공부)하는
- 그는 사이좋게 지내기 좋은 사람이다. — He is easy to get along with.

- 그는 나이에 비해 매우 어른스럽다. He is very mature for his age.
  mature 성숙한
- 그가 나와 친구가 되고 싶어할지 궁금하다. I wonder whether he wants to be a friend of mine.
  whether ~인지
- 그는 같이 있으면 좋은 사람이다. He is good company.
- 그는 멋진 미소를 짓는다. He has a nice smile.
- 그는 내가 불행할 때 함께 해주는 친구이다. He is a companion in my time of misery.
  companion 친구, 동료 | misery 불행
- 그는 늘 재미있는 이야기를 잘한다. He always says funny things.
  always 항상

친구 사귀기 P2-06-0104

- 새 친구들을 사귀고 싶다. I want to make new friends.
- 좋은 친구를 사귀도록 해야 한다. We have to keep good company.
- 나쁜 친구는 피하려고 한다. I try to avoid bad company.
  avoid 피하다
- 외국에서 온 친구가 있다는 것은 매우 흥미로운 일이다. Having a friend from abroad is very exciting.
  abroad 해외
- 책에 대한 내 관심사를 공유할 수 있는 친구가 있으면 좋겠다. I want a friend who can share my interest in books.
  share 나누다, 공유하다 | interest 관심, 흥미
- 고민을 털어놓을 수 있는 친구가 필요하다. I need someone to tell my troubles to.
  trouble 고민, 어려움
- 무엇이든 이야기할 수 있는 친구가 필요하다. I need someone whom I can talk to about everything.
- 그와 사귀게 되었다. I got acquainted with him.
  get acquainted with ~와 아는 사이가 되다
- 그와 친구가 되었다. I made friends with him.
  make friends with ~와 친구가 되다, 교제하다

02 사이좋은 친구

내 친구 P2-06-0201

- 수진이와 나는 매우 좋은 친구 사이다. Sujin and I are very good friends.
- 우리는 같이 자랐고, 같은 학교를 함께 다녔다. We grew up together, and went to the same school together. grow up 자라다, 성장하다
- 우리는 어릴 때부터 친구였다. We are friends from childhood. childhood 어린 시절
- 그는 우리 동네에 산다. He lives in my neighborhood.
- 그는 우리 집 가까이에 산다. He lives just two doors away.
- 그는 우리 옆집에 산다. He lives near my house.
- 그와 나는 그저 이야기를 나누는 사이이다. I am on speaking terms with him. terms 사이, 관계
- 그는 내 가장 친한 친구이다. He is my best friend.
- 나는 그를 가장 친한 친구라고 생각한다. I regard him as my best friend. regard A as B A를 B로 여기다, 생각하다
- 그는 친구가 없다. He is friendless.
  He has no friends.
- 우리는 서로 더 가까워졌다. We got closer to each other. get + **비교급** 더 ~해지다
- 우리의 우정이 영원히 지속되길 바란다. I hope our friendship will last forever. last 지속되다, 계속되다

친한 친구 P2-06-0202

- 우리는 항상 붙어 다닌다. We always stick together. stick together 붙어 다니다, 사이가 좋다
- 우리는 3년 동안 친구로 지내왔다. We have been friends for three years.

- 비록 멀리 떨어져 살지만 우리는 여전히 좋은 친구이다. Even though we live far apart, we are still very good friends.
- 그 친구는 내게 무엇이든 이야기한다. That friend tells me everything.
- 나는 그와 친하다. I am close with him.
- 나는 그와 친한 사이다. I am on close terms with him.
  terms 교제 관계, 친한 사이
- 나는 그와 사이가 좋다. I am on good terms with him.
- 나는 그와 사이좋게 잘 지낸다. I get along well with him.
- 우리는 마음이 잘 맞는다. We hit it off.
  hit it off 마음이 잘 맞다, 사이좋게 지내다
- 우리는 서로 잘 이해한다. We understand each other well.
- 나는 항상 친구를 이해하려고 노력한다. I always try to understand my friends.
- 나는 그가 다른 사람을 욕하는 것을 들어본 적이 없다. I've never heard him speak ill of others.
  speak ill of ~를 헐뜯다, 비난하다
- 그는 사교적이다. He is sociable.
- 내가 그를 좋아하는 이유는 취미가 같기 때문이다. I like him because we have the same hobbies.
- 나는 친구와 절대 싸우지 않는다. I never fight with my friends.
- 나는 그와 좋은 친구 사이다. I am good friends with him.
- 그는 비밀을 잘 지키고 나를 흉보지 않는다. He keeps secrets well and doesn't criticize me.
  criticize 비평하다, 비난하다
- 그는 나에게 잘 해준다. He is very good to me.
- 그는 참 재미있는 친구이다. He is a very amusing guy.
  amusing 즐거운, 재미있는
- 그의 이야기는 언제나 날 즐겁게 한다. His stories always amuse me.
  amuse ~를 즐겁게 하다
- 그는 참 행실이 바르다. 그래서 모두에게 사랑받는다. He is well-behaved. That's why he is loved by all.
  that's why 그런 이유로
- 나는 좋은 친구들이 있어서 정말 행운이라고 생각한다. I think I am really lucky because I have wonderful friends.

03 사이가 나쁜 친구

비열한 친구 P2-06-0301

- 그는 진정한 친구가 아니다. He is not a true friend.
- 그는 좋을 때만 친한 척한다. He is a fair-weather friend.
  fair-weather 좋을 때의, 유리할 때의
- 그가 나를 선생님께 고자질했다. He told on me to the teacher.
  tell on ~를 고자질하다
- 그는 내게 정말 못되게 군다. He is really mean to me.
  mean 비열한
- 그가 나를 바보라고 부르면서 모욕했다. He insulted me by calling me a fool.
  insult 모욕하다 | by -ing ~함으로써
- 그는 나를 눈엣가시로 여긴다. He thinks I am a pain in the neck.
  a pain in the neck 눈엣가시
- 그는 종종 약한 친구들을 괴롭힌다. He often bothers the weaker students.
  bother 괴롭히다, 성가시게 하다
- 그는 남의 약점을 잘 이용한다. He takes advantage of others' weaknesses.
  take advantage of ~을 이용하다
- 그는 자신의 잘못을 남의 탓으로 돌린다. He blames his own wrongdoing on others.
  blame A on B A를 B의 탓으로 돌리다 | wrongdoing 나쁜 짓, 비행, 범죄

놀리는 친구 P2-06-0302

- 그는 종종 친구들을 놀린다. He often pulls his friends' legs.
  pull somebody's leg ~를 놀리다
- 그가 날 놀렸다. He teased me.
  He made fun of me.
  He made a fool of me.
  He made an ass of me.

- 그가 나에게 농담을 했다. He played a joke on me.
- 그가 내 머리 모양을 놀렸다. He teased me about my hairstyle.
  tease 괴롭히다, 놀리다
- 그는 모든 사람의 신경을 거슬리게 한다. He gets on everyone's nerves.
  get on ~ nerves ~의 신경을 거슬리게 하다, ~를 짜증나게 하다
- 친구를 놀리지 않는 게 좋다. We had better not bully our friends.
  bully (약한 친구를) 못살게 굴다
- 약한 사람들을 괴롭히는 것은 비열하다. It is mean to tease the weak.
  the weak 약한 사람들

나와 맞지 않는 친구

P2-06-0303

- 그는 장난이 심하다. He is so playful.
  playful 놀기 좋아하는, 장난을 잘 치는
- 그는 장난꾸러기다. He is naughty.
  naughty 장난꾸러기의, 버릇없는
- 그는 문제아이다. He is a troublemaker.
  troublemaker 말썽꾸러기, 문제아
- 그녀는 말괄량이다. She is a tomboy.
  tomboy 말괄량이 여자 아이
- 그는 사교적이지 못하다. He is unsociable.
- 우리 반 아이들은 그를 멀리한다. He is shunned by my class.
  shun 피하다, 멀리하다
- 그는 우리 반에서 왕따다. He is an outcast in my class.
  outcast 버림받은 사람, 추방당한 사람
- 그는 친구들 사이에서 평판이 좋지 않다. He is spoken ill of by our friends.
  speak ill of ~를 나쁘게 말하다
- 그는 사람들에게 욕을 잘한다. He insults others well.
  insult 욕하다, 모욕하다
- 그는 다른 사람들의 험담을 잘한다. He is good at speaking ill of others.
- 나는 특별한 이유 없이 그가 싫다. I dislike him for no specific reason.
  dislike 싫어하다 | specific 특별한, 특정한

• 나는 그와 잘 맞지 않는다. I often disagree with him.

• 나는 그와 생각이 잘 맞지 않는다. I don't see eye to eye with him.
see eye to eye with ~와 견해가 일치하다

• 나는 그와 사이가 나쁘다. I am on bad terms with him.

04 친구와의 다툼

사소한 다툼 P2-06-0401

• 친구와 사소한 문제로 다투었다. I quarrelled with my friend over a trivial matter.
quarrel with ~와 싸우다, 다투다 | trivial 사소한, 하찮은

• 친구와 종종 다투었다. I used to quarrel with my friends on and off.
on and off 종종

• 친구 사이의 다툼은 흔히 있는 일이다. Quarrels between friends are common.
common 흔히 있는, 공통의, 일반의,

• 나는 그것이 그의 잘못이라고 생각했다. I thought it was his fault.
fault 과실, 잘못

• 내 생각으로는 그가 잘못한 것이다. In my opinion, he was wrong.
in one's opinion ~의 생각(의견)으로는

오해 P2-06-0402

• 그가 나를 오해했다. He got me wrong.
He misunderstood me.
misunderstand 오해하다

• 나는 오해를 벗기 위해 변명했다. I made excuses to fix the misunderstanding.
excuse 변명하다 | remove ~을 제거하다, 없애다

• 우리 사이에 오해가 있었다. There were some misunderstandings between us.

• 나는 그에게 따졌다. I had a bone to pick with him.
pick a bone with ~에게 따지다, ~와 논쟁하다

- 그가 거짓말을 한 게 분명했다.

  It was obvious that he told a lie.

  obvious 명백한, 분명한 | tell a lie 거짓말하다

- 이번에는 그를 용서할 수 없었다.

  I couldn't forgive him this time.

  forgive 용서하다

- 나는 그의 변명을 이해할 수가 없었다.

  I couldn't understand his excuse.

- 그것은 발뺌하기 위한 변명일 뿐이었다.

  It was just an excuse for explaining it away.

  explain away 변명하여 발뺌하다

- 나는 "두고 보자!"고 하면서 나와 버렸다.

  I went out, saying "Wait and see!"

- 이제 그는 더 이상 내 친구가 아니다.

  He isn't my friend any more.

말다툼 P2-06-0403

- 우연히 그가 내 험담을 하는 것을 들었다.

  By chance I heard him talk about me behind my back.

  by chance 우연히 | talk behind one's back ~의 험담을 하다

- 그의 말을 듣고 매우 화가 났다.

  I was very angry to hear his words.

- 그 아이 때문에 기분이 상했다.

  He hurt my feelings.

  hurt 다치게 하다, 상하게 하다

- 그가 내게 말하는 태도를 참을 수가 없었다.

  I couldn't stand the way he talked to me.

  stand 견디다, 참다

- 그는 나를 완전히 비웃고 있었다.

  He was totally taunting me.

  totally 완전히 | taunt 비웃다

- 그와 말다툼을 했다.

  I argued with him.

  I wrangled with him.

  argue[wrangle] with ~와 말다툼하다, 언쟁하다

싸움의 발단 P2-06-0404

- 그의 행동이 너무 지나쳤다.

  He went too far.

  go too far 정도를 지나치다

- 나는 완전히 무시당했다.

  I was totally blown off.

  be blown off 무시당하다

- 너무 불쾌해서 참을 수가 없었다.

  It was too unpleasant for me to endure.

  endure 참다, 견디다, 인내하다

- 진정할 수가 없었다.

  I couldn't calm myself down.

  calm down 진정시키다, 가라앉히다

- 그런 모욕은 참을 수가 없었다.

  I couldn't stand such an insult.

- 나는 그를 째려보았다.

  I gave him a nasty look.

  nasty 불쾌한, 험악한 | look 시선, 바라봄

- 그의 그런 행동에 이제는 신물이 난다.

  I am sick and tired of his behavior like that.

  sick and tired of ~에 넌더리나는, 신물 나는 | behavior 행동

- 나는 그를 외면해 버렸다.

  I gave him the cold shoulder.

  give ~ the cold shoulder ~에게 냉담한 태도를 보이다

- 지렁이도 밟으면 꿈틀한다.

  A worm will turn.

싸움 P2-06-0405

- 그가 내게 싸움을 걸었다.

  He took me on.

  take ~ on ~에 도전하다, 덤벼들다

- 결국 그와 싸움하게 되었다.

  Finally I got to fight with him.

  fight with ~와 싸우다

- 나는 그와 싸웠다.

  I fought with him.

  I had a fight with him.

- 그가 나를 꼬집었다.

  He pinched me.

  pinch 꼬집다

- 그가 내 머리를 쳤다.

  He beat me on the head.

  beat 때리다

- 그가 내 빰을 때렸다.

  He slapped me on the face.

  slap 찰싹 때리다

- 그가 내 얼굴을 쳐서 눈이 퍼렇게 멍들었다.

  He punched me in the face, so I have a black eye.

  punch 주먹으로 치다

- 나는 그를 때려눕혔다.

  I knocked him down.

  knock ~ down ~를 때려눕히다

- 우리는 결판이 날 때까지 싸웠다. We fought to the finish.
  to the finish 최후까지, 끝까지
- 그에게 아는 체도 안 할 것이다. I won't give him the time of day.

화해 P2-06-0406

- 나는 그가 왜 내게 화가 났는지 궁금했다. I wondered why he got angry with me.
- 그와 그것에 대해 이야기해야 했다. I had to talk about it with him.
- 그의 감정을 상하게 할 생각은 없었다. I didn't mean to offend him.
  mean to ~할 의도이다 | offend 기분(감정)을 상하게 하다
- 사실은 그에게 호의를 품고 있었다. In fact, I meant well to him.
  in fact 사실은, 실제로는
- 내가 먼저 미안하다고 말했다. First I said that I was sorry.
- 그에게 사과했다. I apologized to him.
  apologize 사과하다
- 그가 내 사과를 받아들였다. He accepted my apology.
  accept 받아들이다
- 우리는 싸운 것을 잊기로 했다. We will forget about our fight.
- 그와 화해했다. I made up with him.
  make up with ~와 화해하다
- 물론 나는 친구와 다투는 것이 어리석다는 것을 알고 있다. Of course, I know that it is stupid to quarrel with friends.

05 그리운 친구

그리운 친구 P2-06-0501

- 그 사진을 보면 내 친구들이 생각난다. The picture reminds me of my friends.
  remind ~ of ... ~에게 …를 생각나게 하다

- 때때로 친구들이 그리울 때가 있다. — Sometimes I miss my friends.
- 오랫동안 그를 못 만났다. — I haven't seen him for a long time.
- 우리는 만난 지 오래되었다. — It has been a long time since we last met.
- 그는 옛날 모습 그대로였다. — He looked just the same.
- 그는 하나도 변하지 않았다. — He hasn't changed at all.
- 그는 여전했다. — He remained the same.
  remain ~인 채로 남아 있다
- 그는 너무 많이 변해 버렸다. — He had changed so much.
- 나는 그를 첫눈에 알아볼 수가 없었다. — I couldn't recognize him at a glance.
  at a glance 첫눈에, 얼른 봐서
- 그는 내가 보고 싶어한 바로 그 친구였다. — He was just the friend whom I had wanted to see.
- 그동안 어떻게 지냈는지 물어봤다. — I asked him how he has been getting along.
- 친구들에게 안부를 전해 달라고 그에게 부탁했다. — I asked him to give my regards to some friends.
  give one's regards to ~에게 안부를 전하다
- 다른 친구들이 보고 싶었다. — I missed my other friends.

반가운 친구 P2-06-0502

- 그가 낯이 익어 보였다. — He looked familiar to me.
  familiar 익숙한, 친숙한
- 내가 그에게 인사를 했다. — I said hello to him.
- 그는 전에 어디에선가 본 사람 같았다. — He seemed to be a person I had seen somewhere before.
- 우리는 연락이 끊겼다. — We haven't kept in touch.
  keep in touch 연락을 유지하다
- 나는 어릴 적 친구를 우연히 만났다. — I encountered a childhood friend.
  encounter 우연히 마주치다
- 우리의 만남은 정말로 우연이었다. — Our meeting was quite an accident.
  accident 우연, 사고

- 도서관에 가는 길에 그를 만났다. — I met him on the way to the library.
  on one's way to ~로 가는 중에
- 몇 년 만에 만나는 것이었다. — It's been a few years since we last met.
- 그의 이름이 생각나질 않았다. — I wasn't able to recall his name.
  recall 생각해내다
- 그의 이름이 혀끝에서 맴돌았다. — His name was on the tip of my tongue.
- 정말 세상 좁구나! — What a small world!
- 나는 그를 못 본 척했다. — I pretended not to see him.
- 그와 몇 시간이나 즐겁게 이야기를 나누었다. — I had a happy conversation with him for several hours.
- 우리는 더 자주 만나자고 약속하며 헤어졌다. — We parted, promising to meet more often.

06 이메일 · 메신저 친구

이메일 친구 P2-06-0601

- 나는 미국인 이메일 친구가 있다. — I have an American e-pal.
  e-pal 이메일을 주고받는 친구
- 이메일 편지를 씀으로써 새 친구도 사귀고 영어 실력도 향상시킬 수 있다. — By writing e-mail letters, I can make new friends and improve my English. improve 향상시키다
- 나는 외국인 이메일 친구와 약 6개월 동안 메일을 주고받았다. — I have corresponded with my foreign e-pal for about 6 months. correspond with ~와 서신 왕래하다, 교신하다
- 우리는 매일 인터넷으로 서로 연락을 주고받는다. — We communicate with each other on the Internet every day. communicate with ~와 의사소통하다
- 나는 때때로 인터넷에서 그와 채팅을 한다. — Sometimes I chat with him on the Internet.
  chat with ~와 채팅하다
- 외국 친구가 있다는 것은 매우 흥미로운 일인 것 같다. — Having a friend from abroad sounds very interesting.

이메일 쓰기 P2-06-0602

• 집에 오자마자 이메일을 확인했다.	As soon as I came home, I checked my e-mail.
• 이메일을 확인할 시간도 없었다.	I had no time to check my e-mail.
• 나는 오늘 처음으로 이메일 친구에게 메일을 받았다.	Today I got an e-mail from an e-pal for the first time.
• 나는 일주일에 두 번 정도 이메일을 보낸다.	I send e-mails about twice a week.
• 이메일 친구에게 메일을 받아서 기분이 좋았다.	I felt good when I got an e-mail from my e-pal.
• 언젠가는 OO에 가서 내 이메일 친구를 만나고 싶다.	I want to go to OO and see my someday.
• 그의 이메일을 받자마자 답장을 썼다.	I replied as soon as I received his e-mail. reply 응답하다 | as soon as ~하자마자
• 그에게 답장을 보냈다.	I wrote back to him.
• 그에게 보낸 이메일이 반송되었다	The e-mail that I had sent to him has returned.
• 숙제하느라 너무 바빠서 답장을 못 썼다.	I have been so busy with my homework, so I couldn't reply.
• 가능한 한 빨리 그의 소식을 듣고 싶다.	I hope to hear from him as soon as possible. as ~ as possible 가능한 ~하게
• 며칠 동안 이메일을 확인하지 못했다.	I didn't check my e-mail for a few days.
• 그에게 간단하게나마 몇 줄 써 보내야겠다.	I will drop him a line. drop ~ a line 글을 몇 줄 써서 보내다

메신저 친구 P2-06-0603

• 나는 친구들과 가끔 컴퓨터로 채팅한다.	I often chat with my friends on-line.
• 컴퓨터를 켜자마자 메신저를 열었다.	As soon as I turned on the computer, I opened the on-line messenger.
• 메신저에 로그인했다.	I logged onto the messenger.
• 몇몇 친구가 온라인상에 있었다.	Several friends were on-line.

- 온라인 메신저를 통해 다른 아이들과 사귈 수 있었다.
  I was able to make friends with others through the on-line messenger.
- 친구들에게 대화를 신청했다.
  I asked my friends to chat with me.
- 다른 친구를 우리 대화에 초대했다.
  I invited another friend to join our chat.
- 나는 친구들과 메신저로 채팅하는 것을 좋아한다.
  I like chatting with my friends on-line.
- 오늘은 두 시간 동안 채팅을 했다.
  Today I chatted for two hours.
- 오늘 채팅한 내용을 저장해 두었다.
  I saved the contents of today's chat.
- 친구로부터 쪽지가 여러 개 와 있었다.
  There were several messages from my friend.
- 친구에게 간단한 쪽지를 보냈다.
  I sent my friend a simple message.
- 로그아웃했다.
  I logged out.

Clarinet

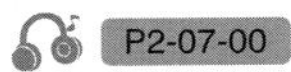

Sunday November 3, Snowy

Today I played the clarinet on stage with the clarinet teachers.
We played at the school music hall.
I was very excited because it was my first time playing on stage.
The name of the children's clarinet band is the 'Junior Clarinet Ensemble.' We were very nervous, but we did well.
Today I had a wonderful day. I won't forget today's performance.

클라리넷 11월 3일 일요일, 눈

오늘 나는 클라리넷 선생님들과 함께 무대에서 클라리넷을 연주했다.
우리는 학교 음악관에서 연주했다.
무대에서 처음 하는 연주라 나는 매우 흥분했다.
어린이 클라리넷 연주단의 이름은 '주니어 클라리넷 앙상블'이다.
우리는 매우 긴장했지만, 잘 해냈다.
오늘은 정말 멋진 날이었다. 나는 오늘의 공연을 잊지 못할 것이다.

stage 무대 **hall** 강당 **excited** 흥분된 **junior** 연소자, 소규모 **ensemble** 앙상블, 연주단 **nervous** 긴장된 **forget** 잊다

01 취미

취미 활동

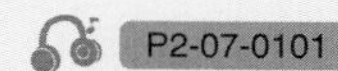

P2-07-0101

음악 감상 listening to music	여행 traveling	자전거 타기 cycling
영화 감상 watching movies	서예 calligraphy	낚시 fishing
독서 reading	원예 gardening	등산 mountain climbing
무용 dancing	피아노 연주 playing the piano	종이접기 paper folding
그림 그리기 painting	컴퓨터 게임 playing computer games	뜨개질 knitting
사진 찍기 taking pictures	썰매 sledding	십자수 cross-stitching
TV 보기 watching TV	줄넘기 skipping[jumping] rope	우표 수집 collecting stamps

내 취미

P2-07-0102

- 나는 다양한 취미에 관심이 있다. — I am interested in various hobbies.
- 나는 취미가 많다. — I have lots of hobbies.
- 내가 제일 좋아하는 취미는 OO이다. — My favorite hobby is OO.
- 내 취미는 음악 감상이다. — My hobby is listening to music.
- 나는 여행을 좋아한다. — I am fond of traveling.
  be fond of ~을 좋아하다
- 내가 가장 좋아하는 취미는 그림 그리기다. — My favorite hobby is drawing pictures.
- 내 취미는 인터넷 게임이다. — My hobby is playing Internet games.
- 나는 낚시를 좋아한다. — I like going fishing.
  go -ing ~하러 가다
- 나는 사진 찍는 것이 재미있다는 것을 알게 되었다. — I found it fun to take pictures.
- 친구가 나와 똑같은 취미가 있다는 것을 알고 매우 기뻤다. — I am very happy to know that my friend has the same hobby as me. the same A as B B와 같은 A
- 우리 두 사람은 취미에 공통점이 많다. — The two of us have a lot of hobbies in common.
  have ~ in common ~을 공통으로 가지고 있다

취미 개발 P2-07-0103

- 나는 이렇다 할 취미가 없다. — I don't have any hobbies worth mentioning.
  worth -ing ~할 만한 | mention 말하다, 언급하다
- 나는 특별한 취미가 없다. — I have no particular hobby.
  particular 특별한, 특정한
- 나는 손재주가 많다. — I am good with my hands.
- 나는 손재주가 없다. — I am all thumbs.
  be all thumbs 손재주가 없다, 무디다
- 기타 치는 법을 배우고 싶다. — I want to learn how to play the guitar.
- 나는 서예를 배우고 싶다. — I want to learn calligraphy.
  calligraphy 서예
- 나는 취미로 애완견을 기르고 싶다. — I want to raise a pet dog for my hobby.
  raise 기르다

02 놀이

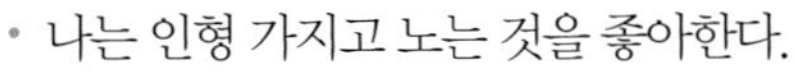

집 안에서 P2-07-0201

- 나는 인형 가지고 노는 것을 좋아한다. — I like to play with my dolls.
- 여동생과 소꿉장난을 했다. — I played house with my sister.
  play house 소꿉장난을 하다
- 공기놀이를 했다. — I played jacks.
  jacks 공기놀이
- 집에서 고양이와 놀았다. — I played in the house with my cat.
- 우리는 주사위 놀이를 했다. — We played dice.
  play dice 주사위 놀이를 하다
- 우리는 수수께끼를 냈다. — We told riddles.
- 내가 수수께끼 몇 개를 맞혔다. — I guessed a few riddles.

- 스무고개 놀이를 했다. We played twenty questions.
- 퍼즐을 맞췄다. I put a puzzle together.
- 나는 조각 그림 맞추기 퍼즐을 완성했다. I completed the jigsaw puzzle.
- 홀짝 놀이를 했다. We played odd or even.
  odd 홀수 | even 짝수
- 체스를 했다. I played chess.
- 바둑을 두었다. I played baduk.
- 장기를 두었다. I played Korean checkers.
- 카드놀이를 했다. I played cards.
- 카드놀이는 내가 좋아하는 게임 중 하나이다. Playing cards is one of my favorite games.
- 내 동생은 카드놀이할 때 가끔 속임수를 쓴다. My brother sometimes cheats when playing cards.
- 가족들과 화투를 쳤다. I played Hwa Tu with my family.
- 친구들과 보드 게임을 했다. I played board games with my friends.

운동장에서 P2-07-0202

- 공놀이를 했다. We played catch.
- 구슬치기를 했다. I played marbles.
  marble 구슬, 대리석 | marbles 구슬치기
- 구슬을 많이 땄다. I gained many marbles.
- 딱지치기를 했다. I played ddakji.
- 친구의 딱지를 세게 쳤다. I slapped my friend's game piece.
  slap 찰싹 치다
- 딱지를 쳐서 뒤집었기 때문에 내 것이 되었다. I turned over the game piece by slapping, so I took it.
  turn over 뒤집어 넘기다
- 하루 종일 운동장에서 뛰어 놀았다. I spent all day playing on the playground.
- 숨바꼭질을 했다. We played hide-and-seek.

- 동전을 던져 누가 술래를 할지 정했다. I tossed a coin to decide who was "it".
  toss 가볍게 던지다 | it 술래(=tagger)
- 내가 술래였다. I was "it".
  I was the tagger.
- 바람개비를 가지고 놀았다. I played with a pinwheel.
  pinwheel 바람개비
- 우리는 해적 놀이를 했다. We pretended we were pirates.
  pretend ~인 체하다, ~하는 시늉을 하다 | pirate 해적
- 우선 두 편으로 편을 짜기로 했다. First of all, we decided to divide the group into two. divide 나누다
- 두 편으로 가르기 위해 가위바위보를 했다. I did rock-paper-scissors to make up two groups.
  rock-paper-scissors 가위바위보 | make up 편성하다, 만들다
- 그 애를 놀이에 끼워 주었다. We counted him in.
  count ~ in ~를 참여시키다, 포함시키다
- 그 애를 놀이에서 뺐다. We counted him out.
  count ~ out ~를 제외하다, 빼다

놀이터에서 P2-07-0203

- 친구들과 놀이터에 갔다. I went to the playground with my friends.
- 시소를 타고 놀았다. I played on a seesaw.
- 그네를 탔다. I swang.
  swang swing(그네 타다)의 과거형
- 그네를 세게 굴렀다. I swang hard.
  rock (앞뒤로) 흔들다
- 미끄럼틀을 탔다. I slid on a playground slide.
  slid slide(미끄러지다)의 과거형 | slide 미끄럼틀
- 정글짐에서 신나게 놀았다. I played excitingly on a jungle gym.
  excitingly 흥분되어, 신나게, 활기차게
- 철봉에서 운동을 했다. I exercised on the horizontal bar.
  horizontal 수평의, 가로의
- 모래 장난을 했다. I played in the sand.

03 독서

읽을거리

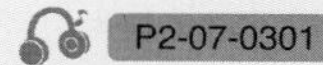

동화 fairy tale	공상 소설 fantasy	정기 간행물 periodical
소설 novel	모험 이야기 adventure story	자서전 autobiography
위인전 biography	시 poem	수필 essay
추리 소설 mystery	신문 newspaper	만화책 comic book
탐정 소설 detective story	잡지 magazine	백과사전 encyclopedia

책 읽기

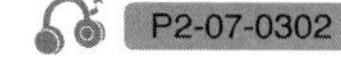

- 나는 책 읽는 것을 좋아한다. — I like reading books.
- 나는 독서광이다. — I am a book lover.
- 독서가 내 유일한 취미다. — Reading books is my only hobby.
- 학교에서 읽으라고 하는 책들을 읽었다. — I read the books required by my school.
  required 요구된
- 일요일에 시간 대부분을 독서로 보낸다. — On Sundays I spend most of my time reading books.
- 나는 한 달에 적어도 소설 한 권은 읽는다. — I read at least one novel a month.
  at least 최소한, 적어도
- 매일 한 시간 이상 책을 읽는다. — I read books for more than an hour every day.
  more than ~ 이상
- 나는 잠자리에서 책 읽는 것을 좋아한다. — I like reading books in bed.
- 책을 읽다가 깜빡 졸았다. — I nodded off while reading a book.
  nod off 깜빡 졸다
- 책을 읽다가 잠이 들었다. — I fell asleep while I was reading.
- 나는 책을 읽지 않는다. — I don't read any books.
- 모두가 내게 책을 읽으라고 조언해 주었다. — Everyone advised me to read books.
- 나는 책 읽는 것이 재미없다. — I am not interested in reading books.

- 우리 가족은 항상 인터넷으로 책을 구입한다. — My family always purchases books on-line.
  purchase 구입하다, 구매하다
- 인터넷에서 역사에 관한 책 몇 권을 주문했다. — I ordered a few books about history on the Internet.
  order 주문하다

독서에 빠지다

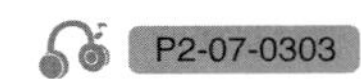

- 나는 책벌레이다. — I am a bookworm.
- 나는 책에 묻혀 산다. — I am buried in books.
- 나는 닥치는 대로 책을 읽는다. — I read books at random.
  at random 되는 대로, 닥치는 대로
- 다 읽을 때까지 책을 내려놓지 않았다. — I didn't put the book down until I finished it.
- 나는 정신없이 그 책을 읽었다. — I lost myself in the book.
  lose oneself in 몰두하다
- 나는 항상 책만 읽는다. — My nose is always in a book.
- 나는 항상 책을 가지고 다닌다. — I always carry a book.
  carry 가지고 다니다, 나르다
- 그 책은 결코 읽기 쉬운 것이 아니었다. — That was never an easy book.
- 사흘 만에 그 책을 다 읽었다. — I finished reading that book in three days.
- 나는 우리 학교에서 책을 가장 많이 읽는다. — I am the greatest reader at my school.

독서 취향

P2-07-0304

- 나는 역사 이야기에 관심이 있다. — I am interested in historical nonfiction.
  nonfiction 실제 이야기
- 지금 아주 재미있는 탐정소설을 읽고 있다. — I am reading a very exciting detective story right now.
- 나는 특히 만화책 읽기를 좋아한다. — I like reading especially comic books.
- 만화책은 재미있을 뿐 아니라 교육적이기도 하다. — Comic books are instructive as well as funny.
  instructive 교육적인, 교훈적인 | as well as ~뿐 아니라

- 만화책을 읽음으로써 어려운 경제학도 공부할 수 있다.
  We can even study difficult economics by reading comic books. economics 경제학
- 나는 보통 과학 서적을 읽는다.
  I usually read science books.
- 나는 세계적으로 유명한 문학 작품 읽는 것을 좋아한다.
  I like reading world-famous literary works.
  literary 문학의
- 내가 좋아하는 작가는 OO이다.
  My favorite writer is OO.
- 그는 가장 인기 있는 작가 중 한 사람이다.
  He is one of the most popular writers.
- 나는 속독에 능하다.
  I am good at speed reading.
  be good at ~을 잘하다
- 나는 책을 광범위하게 읽는다.
  I am an extensive reader.
  extensive 광범위한

도서관에서 P2-07-0305

- 책을 빌리기 위해 도서관에 갔다.
  I went to the library to check out some books.
  check out 대출하다
- 하루 종일 도서관에서 책을 읽었다.
  I spent all day reading at the library.
- 책을 빌리기 위해서는 도서관 카드가 필요했다.
  I needed a library card to check out books.
- 한 번에 3권씩 빌릴 수 있다.
  We can check out three books at a time.
- 2주일 동안 책을 대출할 수 있다.
  We can have books for two weeks.
- 나는 열람실에서 책을 읽었다.
  I read the book in the reading room.
- 내가 찾는 책이 벌써 대출되었다.
  The book that I looked for had already been checked out.
- 그 책의 반환 기한이 지났다.
  The book is overdue.
  overdue 기한이 넘은
- 연체료를 지불해야 했다.
  I had to pay the overdue charges.
  charge 요금, 청구금액
- 그 책을 이틀 더 보고 싶었다.
  I wanted to keep the book two more days.
- 대출 기간을 연장해 달라고 사서에게 부탁했다.
  I asked the librarian to extend the loan time.
  loan 대출, 대여

- 책을 다 읽고 반납했다. I returned the books after reading them.

독후감 P2-07-0306

- 나는 책을 읽고 난 후에 독후감을 쓴다. After reading, I write a book review.
- 나는 OO를 읽고 있는데 아주 재미있다. I am reading OO, and it is very interesting.
- 그 책은 지루했다. The book was boring.
- 그 책은 시시했다. The book was uninteresting.
  The story was wishy-washy.
  wishy-washy 시시한, 묽은
- 그 책은 웃겼다. The book was funny.
- 그 책은 내용이 무시무시했다. The book was dreadful.
  dreadful 무시무시한, 두려운
- 그 책은 환상적이었다. The book was fantastic.
- 그 책은 이해하기 어려웠다. The book was difficult to understand.
- 그 책은 매우 읽기 쉽고 재미있었다. I found the book very easy and pleasant to read.
- 그 책은 내가 읽기에는 너무 어려웠다. The book was too difficult for me to read.
- 그 책이 너무 재미있어서 하루 종일 읽었다. The book was so interesting that I read it all day long.
- 책을 읽자 감상적인 기분이 되었다. I felt sentimental after reading the book.
  sentimental 감정적인, 감성적인
- 그 책에서 놀라운 사실을 알게 되었다. I got to know amazing facts through the book.
- 우리는 책을 통해 간접 경험을 많이 할 수 있다. We can have vicarious experiences through books.
  vicarious 대신하는
- 그 책은 나에게 많은 정보를 알려 주었다. The book taught me a lot of information.
  taught teach(가르치다)의 과거형
- 그 책은 읽을 가치가 있었다. The book was worth reading.
  worth -ing + **동사원형** ~할 가치가 있는
- 그 책은 내게 가장 많은 영향을 끼쳤다. That book had the most influence on me.
  have an influence on ~에 영향을 끼치다

- 그 책은 올해의 베스트셀러다. — The book is a best-seller this year.
- 나는 친구들에게 그 책을 읽어보라고 추천했다. — I recommended my friends read the book.
  recommend 추천하다

04 음악

나와 음악 P2-07-0401

- 나는 음악에 취미가 있다. — I have a taste for music.
  have a taste for ~에 취미가 있다
- 우리 부모님은 내가 어릴 때부터 음악에 재능이 있었다고 하신다. — My parents say that I've had a talent for music since childhood.
- 나는 음악 레슨을 받고 있다. — I take music lessons.
- 나는 CD를 수집하고 있다. — I am collecting CDs.
- CD가 너무 비싸서 살 수 없었다. — The price of CDs was so high that I couldn't afford to buy them. can't afford ~할 여유가 없다
- 인터넷에서 노래를 다운받았다. — I downloaded songs on the Internet.
- 나는 언제 어디서든 음악을 듣기 위하여 항상 MP3 플레이어를 가지고 다닌다. — I always carry my MP3 player to listen to music anytime, anywhere.
- 나는 음악회 가는 것을 좋아한다. — I like going to concerts.

음악 감상 P2-07-0402

- 나는 팝송을 좋아한다. — I like pop music.
- 나는 댄스곡을 좋아한다. — I like dance music.
- 나는 발라드를 좋아한다. — I like ballads.
- 나는 랩 음악을 좋아한다. — I like rap music.
- 나는 힙합 음악을 좋아한다. — I like hip hop music.

- 나는 헤비메탈 음악을 좋아한다. — I like heavy metal music.
- 나는 클래식 음악을 좋아한다. — I like classical music.
- 나는 감미로운 음악을 좋아한다. — I like melodious music.

  melodious 선율이 아름다운
- 나는 조용한 음악을 좋아한다. — I like soft music.
- 나는 특히 모차르트의 작품을 좋아한다. — I especially like the works of Mozart.
- 베토벤은 내가 제일 좋아하는 작곡가다. — Beethoven is my favorite composer.

  composer 작곡가
- 나는 때때로 음악을 즐기는데 특히 댄스 음악을 즐긴다. — Sometimes I enjoy music, especially dance music.
- 나는 클래식 음악 듣기를 좋아하는데 특히 피아노와 바이올린 2중주를 좋아한다. — I like listening to classical music, especially piano and violin duets.
- 나는 몇 시간 동안 음악을 들으며 앉아 있었다. — I was sitting for hours listening to music.
- 그 음악은 내게 깊은 감동을 주었다. — The music moved me deeply.

  move 움직이다, 감동시키다
- 그 음악은 나에게 정말 인상적이었다. — The music was really impressive to me.

  impressive 인상적인, 감동적인
- 나는 좋은 음감을 가지고 있다. — I have a very good ear for music.

  ear 청각, 들어서 분간하는 힘
- 나는 음악에 대해 잘 모른다. — I have no ear for music.

악기

관악기 wind instrument	비올라 viola	백파이프 bagpipe
목관악기 woodwind instrument	콘트라베이스 double bass	피아노 piano
금관악기 brass instrument	클라리넷 clarinet	오르간 organ
현악기 string instrument	플루트 flute	하프 harp

건반악기 keyboard
타악기 percussion
기타 guitar
첼로 cello
바이올린 violin

오보에 oboe
호른 horn
트럼펫 trumpet
색소폰 saxophone
피콜로 piccolo

북 drum
실로폰 xylophone
트라이앵글 triangle
리코더 recorder
탬버린 tambourine

악기 연주 P2-07-0502

- 나는 피아노 연주를 잘한다. I can play the piano well.
- 시간이 나면 피아노를 친다. When I have free time, I play the piano.
- 나는 그저 재미로 피아노를 친다. I play the piano just for pleasure.
  for pleasure 재미로, 즐거움을 위해
- 바이올린은 여러 가지 소리를 낼 수 있어서 좋다. I like the violin because it can make various sounds.
- 나는 전자 기타 치는 법을 배우고 싶다. I want to learn how to play my electric guitar.
- 나는 우리 학교의 음악 부원이다. I belong to the music club at my school.
  belong to ~에 속해 있다, ~의 일원이다
- 나는 학교 밴드에서 클라리넷을 분다. I play the clarinet in the school band.
- 나는 어떤 악기도 연주할 줄 모른다. I can't play any musical instrument.

악기 레슨 P2-07-0503

- 나는 2년 동안 바이올린 레슨을 받아 왔다. I have been taking violin lessons for two years.
- 나는 1주일에 두 번씩 피아노 레슨을 받는다. I take piano lessons twice a week.
- 때로 피아노 레슨 받는 것이 싫다. Sometimes I don't like to take piano lessons.
- 피아노 연습을 게을리 했다. I neglected to play the piano.
  neglect 게을리 하다
- 피아노 연습이 지겨웠다. I was tired of practicing playing the piano.
  be tired of ~가 질리다, 지겹다
- 피아노 선생님께 꾸중을 들었다. I was scolded by the piano tutor.

• 이젠 열심히 연습할 것이다. I will practice hard from now on.

• 학교에서 단소 부는 법을 배웠다. I learned how to play the danso at school.

• 소리 내기가 어려웠다. It was difficult for me to make a sound.

• 클라리넷을 불기 전에 먼저 음을 맞추었다. I tuned up my clarinet before playing.

tune up (악기를) 조율하다

06 노래

나와 노래 P2-07-0601

• 나는 음악을 듣는 것보다 노래하는 것을 더 좋아한다. I like singing more than listening to music.

• 나는 피아노에 맞추어 노래하는 것을 좋아한다. I like singing a song along with the piano.

along with ~와 함께

• 나는 큰 소리로 노래 부르는 것을 좋아한다. I like belting out tunes.

belt out 큰 소리로 노래 부르다

• 나는 노래를 정말 잘해서 친구들에게 인기가 있다. I am popular with my friends because I sing really well.

• 내 멋진 목소리 때문에 그들은 나를 좋아한다. They like me because of my nice voice.

• 나는 그 노래를 좋아하는데 노래 가사가 정말 좋기 때문이다. I like the song because the lyrics are really great.

lyrics 노래 가사

• 나는 서글픈 노래를 좋아한다. I like melancholy songs.

melancholy 우울한, 슬픈

• 나는 노래 부를 때 음을 못 맞춘다. I can't sing in tune.

in tune 음에 맞추어

• 나는 음치다. I am tone-deaf.

I can't carry a tune.

carry a tune 음에 맞추어 노래하다

• 나는 많은 사람 앞에서 노래하는 것을 싫어한다. I don't like singing in front of many people.
in front of ~ 앞에서

노래방에서 P2-07-0602

• 친구들과 노래방에 갔다. I went to a singing room with my friends.

• 우선 노래를 선곡했다. First, I selected a song.
select 선택하다, 고르다

• 내가 첫 번째로 마이크를 잡았다. I took the microphone first.

• 노래를 부르기 전에 목청을 가다듬었다. I cleared my throat before singing.
clear one's throat 목청을 가다듬다

• 내가 멋지게 한 곡 불렀다. I sang a song nicely.

• 친구들은 탬버린을 흔들며 함께 노래했다. My friends sang together shaking the tambourines.

• 노래로 기분 전환을 했다. I refreshed myself with a song.
refresh 새롭게 하다

• 우리는 교대로 노래를 불렀다. We sang in turn.
by turns 교대로, 차례로

• 모두 다 함께 노래를 불렀다. We sang a song all together.

• 즐겁게 춤추며 노래를 불렀다. We sang a song, dancing merrily.

• 음악에 맞추어 박수를 쳤다. I clapped along with the music.
clap 손뼉을 치다

• 노래를 너무 크게 불러서 목이 아팠다. I sang so loudly that I got a sore throat.

07 춤

나와 춤 P2-07-0701

• 나는 친구들과 춤추는 것을 아주 좋아한다. I love dancing with my friends.

- 나는 춤을 잘 추는 법을 배우고 싶다.
  I want to learn how to dance well.
- 나는 춤을 잘 춘다.
  I am a good dancer.
  I am good at dancing.
- 나는 춤추는 것을 좋아하지만 잘 못 춘다.
  I am fond of dancing, but I am poor at it.
  be fond of ~을 좋아하다
- 춤을 추다가 그의 발을 밟았다.
  I stepped on his feet while dancing.
  step on ~의 발을 밟다
- 춤을 출 때 기분이 참 좋았다.
  When I danced, I was very happy.

춤을 추다 P2-07-0702

- 나에게 춤은 스트레스를 날려 버릴 정도로 재미있는 것이다.
  Dancing is so fun it helps me release my stress.
  release 풀어 놓다
- 음악이 시작되자 춤을 추려고 모두 일어났다.
  When the music started, everyone got up to dance.
- 신나는 음악에 맞추어 춤을 추었다.
  We danced to the delightful music.
- 우리는 즐겁게 함께 춤을 추었다.
  We danced together merrily.
- 우리는 각자의 파트너와 춤을 추었다.
  We danced with each partner.
- 브레이크 댄스를 배웠다.
  I learned break dance.
- 그는 재즈 댄스를 잘 추었다.
  He was good at jazz dancing.
- 그가 춤 추는 것을 보니 참 멋졌다.
  It was really wonderful to see him dance.

08 그림

나와 그림 P2-07-0801

- 나는 그림을 그리는 데 취미가 있다.
  I have a taste for drawing pictures.
  taste 취미 | draw 펜 · 목탄 등으로 그리다

- 그림 그리는 것은 내가 가장 좋아하는 취미 중 하나다.
  Painting is one of my favorite hobbies.
  paint 물감으로 그리다
- 나는 그림 그리기에 소질이 있다.
  I have a great talent for painting.
- 나는 그림을 잘 그린다.
  I am good at drawing.
- 나는 그림을 정말 못 그린다.
  I am very poor at drawing.
- 나는 그림은 잘 그리지 못하지만 그림 그리기를 좋아한다.
  I like painting even though I am not a good painter.
  even though 비록 ~일지라도
- 나는 삽화가가 되고 싶다.
  I want to be an illustrator.
  illustrator 삽화가
- 그림을 그리는 동안에는 마음이 편안하다.
  I feel at ease while drawing.
  at ease 마음 편한, 여유 있는

그림을 그리다

P2-07-0802

- 나는 친구들과 스케치를 하러 밖으로 나갔다.
  I went out sketching with my friends.
- 수채 물감으로 정물화를 그렸다.
  I painted a still-life picture with watercolors.
  still-life 정물화의 | watercolors 수채화 그림 물감, 수채화
- 그림을 그리다 물을 엎질렀다.
  I spilt water while painting the picture.
  spilt spill(엎지르다)의 과거형
- 그림을 망치고 말았다.
  I spoiled my picture.
  spoil 망치다, 못쓰게 만들다
- 그의 초상화를 그렸다.
  I drew his portrait.
  portrait 초상화
- 꽃 그림을 그렸다.
  I painted a picture of flowers.
- 나는 만화를 자주 그린다.
  I often draw cartoons.
  cartoon 만화
- 내 친구의 얼굴을 그려 주었다.
  I drew my friend's portrait.
- 그 그림을 친구에게 보여 주었다.
  I showed the picture to my friend.
- 그는 내 그림을 보고 웃었다.
  He laughed at my picture.
- 내가 예술적 소질이 없다는 생각이 들었다.
  I thought I had no artistic talent.

- 그림그리기 대회에 참석했다. — I took part in a drawing contest.
- 운 좋게도 일등상을 받았다. — Luckily, I won first prize.
- 그 대회에서 나는 상을 하나도 못 받았다. — I didn't win any prize in the contest.
- 내 그림은 멀리서 보면 훨씬 더 멋지게 보인다. — My picture looks much nicer when I look at it from a distance. from a distance 멀리서

09 사진

사진 관련 표현 P2-07-0901

사진관 photo studio
사진기 camera
사진사 photographer
렌즈 lens
렌즈 뚜껑 lens cap
셔터 shutter

사진 picture, photograph
컬러 사진 color picture
흑백 사진 black and white photograph
즉석 사진 Polaroid
연속 사진 picture sequence

스냅 사진 snapshot
반신 사진 head shot
전신 사진 full-length photograph
확대 사진 enlarged picture
클로즈업 사진 close-up shot

디지털 카메라

- 나는 최신모델의 디지털 카메라를 가지고 있다. — I have the latest model digital camera.
- 나는 외출할 때마다 카메라를 가지고 간다. — I take my camera with me whenever I go out. whenever ~할 때마다
- 내 카메라는 자동이어서 초점을 맞출 필요가 없다. — My camera is automatic, so I don't have to focus. don't have to ~할 필요가 없다
- 디지털 카메라로 찍은 사진은 수정을 할 수 있어서 좋다. — The digitalized pictures are good because they can be corrected. correct 수정하다, 정정하다

사진 촬영 P2-07-0903

- 나는 풍경 사진 찍는 것을 좋아한다. — I like taking pictures of scenery.

- 나는 인물 사진 찍는 것을 더 좋아한다. I prefer taking pictures of people.
  prefer ~를 더 좋아하다
- 디지털 카메라로 꽃 사진을 찍었다. I took a picture of flowers with my digital camera.
- 친구들의 스냅사진을 찍었다. I took snapshots of my friends.
- 다른 사람이 내 사진을 찍어 주었다. I had my photograph taken.
- 사진을 찍기 위해 포즈를 잡을 때 어색했다. I felt awkward when I posed for the picture.
  awkward 서투른, 어색한
- 찍은 사진을 빨리 보고 싶었다. I couldn't wait to see the picture that I had taken.
  can't wait to 몹시 ~하고 싶다
- 폴라로이드 카메라를 샀다. I bought a Polaroid camera.
- 나는 사진 찍는 것을 좋아하지 않는다. I am camera-shy.
  camera-shy 사진 찍기를 싫어하는
- 사진이 초점이 맞지 않았다. The picture was out of focus.
- 플래시를 사용하지 않아서 그렇다. That's because I didn't use a flash.

사진 P2-07-0904

- 나는 사진이 잘 나온다. I am photogenic.
  photogenic 사진이 잘 받는
- 나는 사진발이 좋다. I photograph well.
  photograph 사진발이 ~하다
- 나는 사진발이 나쁘다. I photograph badly.
- 사진이 잘 나왔다. The pictures came out well.
- 사진이 실물보다 잘 나왔다. The picture flatters me.
  flatter 실물 이상으로 좋게 나타내다, 아첨하다
- 나는 실물이 더 나았다. I looked better in person.
  in person 실물로, 몸소
- 사진에 못생기게 나왔다. The pictures turned out ugly.
- 사진이 실물보다 못 나왔다. The pictures didn't do me justice.
  do ~ justice ~를 실물대로 나타내다

- 사진 몇 장이 흐리고 어둡게 나왔다. Some pictures turned out blurry and dark.
  blurry 흐릿한
- 그 사진을 확대하고 싶었다. I wanted to enlarge the picture.
  enlarge 크게 하다, 확대하다
- 그 사진을 두 배로 확대했다. I had the picture enlarged to double its original size.
- 그 사진을 액자에 넣었다. I framed the picture.
  frame 틀에 끼우다, 액자에 넣다

10 애완동물

애완동물의 종류

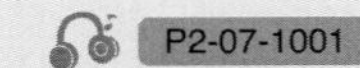
P2-07-1001

강아지 puppy	잉꼬 parakeet	열대어 tropical fish
개 dog	햄스터 hamster	이구아나 iguana
새끼고양이 kitten	토끼 rabbit	뱀 snake
고양이 cat	금붕어 goldfish	딱정벌레 beetle
앵무새 parrot	도마뱀 lizard	사슴벌레 stag beetle

내 애완동물

P2-07-1002

- 애완동물을 기르고 싶었다. I wanted to raise a pet.
- 드디어 애완동물을 갖게 되었다. I finally got to have a pet.
- 내 취미는 애완동물을 돌보는 것이다. My hobby is taking care of my pet.
  take care of ~를 돌보다
- 내 애완동물은 나를 잘 따른다. My pet always obeys me.
  obey 복종하다, ~를 따르다
- 내 애완동물은 무엇이든 물어뜯는다. My pet bites everything.
  bite 물다, 물어뜯다
- 내 애완동물은 나만 보면 꼬리를 흔든다. My pet wags his tail whenever it sees me.
  wag 흔들다

- 나는 그렇게 사랑스런 애완동물을 본 적이 없다. I have never seen such a lovely pet.
- 애완동물은 아기처럼 보살펴야 한다. We have to take care of the pet like a baby.
- 그곳에는 애완동물을 데려가면 안 된다. No pets are allowed there.
- 내 애완동물은 순종이다. My pet is a pure-breed.
  breed 종족, 혈통, 종류
- 내 애완동물은 잡종이다. My pet is a cross-breed.
- 내 애완동물은 대소변 가리는 훈련을 받았다. My pet is house-trained.
- 내 애완동물은 사람들과 함께 있는 것을 좋아한다. My pet likes to be with people.

강아지 P2-07-1003

- 개는 충직한 동물이라고 생각한다. I think that a dog is a faithful animal.
- 개도 사람처럼 사랑과 애정이 필요하다. Dogs, like people, need love and affection.
- 나의 애완견은 매우 부드러운 털을 가지고 있다. My pet dog has very soft fur.
  fur 털, 모피
- 나는 개를 산책시켰다. I took my dog for a walk.
- 나는 개를 데리고 산책을 나갔다. I went out for a walk with my pet.
- 개는 날마다 운동시킬 필요가 있다. Dogs need to have exercise every day.
- 나는 매일 애완견의 털을 빗겨 준다. I brush my dog's fur every day.
- 털을 자주 빗겨 주면 광택이 난다. When I brush its fur often, it glistens.
  glisten 반짝이다, 빛나다
- 아침마다 개가 내 침대 위로 올라와 나를 깨운다. Every morning the dog gets up on my bed and wakes me up.
- 내가 물건을 던지면 우리 개가 달려가 그것을 물어온다. When I throw something, my dog runs and brings it back to me. throw 던지다 | bring back 되가져오다
- 내가 개의 이름을 부르면 곧장 나에게 달려와 내 무릎 위에 눕는다. When I call his name, he runs to me immediately and lies on my knees. immediately 곧장, 즉시

- 내 개는 낯선 사람을 보면 항상 큰 소리로 짖는다.
  My dog always barks loudly when it sees a stranger.
  bark 짖다
- 집에 들어가자마자 개가 내게 달려왔다.
  As soon as I got home, my dog ran to me.
- 개가 으르렁거렸다.
  The dog growled.
  growl 으르렁거리다
- 개가 내 팔을 할퀴었다.
  The dog scratched my arm.
  scratch 할퀴다, 긁다
- 개밥 줄 시간이다.
  It is time to feed the dog.
- 개를 목욕시켰다.
  I bathed the dog.
- 나는 어디로 가든 개를 데리고 다닌다.
  Wherever I go, I always take my dog.
  wherever 어디로 ~하든
- 내 개는 턱 밑을 긁어 주는 것을 좋아한다.
  My dog likes being scratched under his chin.

고양이 P2-07-1004

- 고양이가 있었으면 좋겠다.
  I wish I had a cat.
- 나는 애완동물로 고양이를 기른다.
  I have a cat as a pet.
- 나는 고양이를 굉장히 좋아한다.
  I am a cat lover.
- 고양이는 강아지보다 더 깨끗하고 더 조용하다.
  Cats are cleaner and quieter than dogs.
- 고양이는 식사한 후 자신을 핥아서 깨끗이 한다.
  The cat licks herself clean after a meal.
  lick 핥다
- 고양이는 보살핌을 별로 필요하지 않다.
  Cats don't need much care.
- 나는 강아지보다 고양이가 더 좋다.
  I prefer cats to dogs.
  prefer A to B B보다 A가 더 좋다
- 고양이가 아픈 것 같았다.
  My cat seemed to be sick.
- 고양이를 데리고 동물 병원에 가야 했다.
  I had to go to the veterinary hospital with the cat.
  veterinary 동물을 치료하는
- 수의사가 아무 문제없다고 했다.
  The veterinarian said that it had no problem.
  veterinarian 수의사(=vet)

11 연예

인기 가수 P2-07-1101

- 내가 좋아하는 가수는 OO이다.
  My favorite singer is OO.
- 그는 타고난 연예인이다.
  He is a born entertainer.
  born 선천적인, 타고난
- 그는 히트곡 OO로 유명하다.
  He is well known for his popular song, OO.
  be well known for ~로 잘 알려져 있다
- 그는 노래도 잘하고 춤도 잘 춘다.
  He sings well and dances well, too.
- 그의 음악은 항상 흥겹고 신난다.
  His music is always entertaining and exciting.
  entertaining 대접하는, 즐겁게 하는
- 그는 특이한 음악 스타일을 가지고 있다.
  He has unusual musical styles.
  unusual 특이한, 색다른
- 그 가수의 노래가 방송되었다.
  The singer's song was on the air.
- 내가 좋아하는 가수가 텔레비전에 나왔다.
  My favorite singer appeared on TV.
  appear 나타나다, 출현하다
- 그 가수는 녹음된 노래에 맞추어 입만 움직였다.
  The singer lip-synced.
  lip-sync 립싱크로 노래하다, 녹음에 맞추어 입만 움직여 노래하다
- 그 가수가 라디오에 나와 이야기를 했다.
  The singer talked on the radio.
- 그는 요즘 가장 인기 좋은 가수 중 한 명이다.
  He is one of the most popular singers these days.
- 그는 매우 유명한 가수이다.
  He is a very famous singer.
- 그 가수는 갑작스럽게 인기를 얻었다.
  He grew popular quickly.
- 그는 노래할 때 감정을 잘 표현한다.
  He expresses his feelings well when singing.
- 그의 신곡들이 유행이다.
  His new songs are in vogue.
  in vogue 유행하고 있는
- 그의 신곡들은 팬들에게 큰 호응을 얻었다.
  His new songs went over big with his fans.
  go over (노래 · 연극 등이) 성공하다
- 그의 신곡이 몇 주 동안 인기 순위에 들어 있었다.
  His new song has been on the charts for weeks.
  chart 월간 · 주간 순위표

- 그가 입은 옷 스타일이 유행했다. The style of his clothes became popular.

그밖의 연예인 P2-07-1102

- 내가 가장 좋아하는 배우는 OO이다. My favorite actor is OOO.
- 나는 연예인 OO의 팬클럽 회원이다. I am a member of the entertainer OO's fan club.
- 나도 그처럼 되고 싶은 워너비족인 것 같다. I seem to be his wannabe.
  wannabe 특정한 사람의 모습을 따라하는 사람
- 그의 스타일이 무척 멋있다. His style is very nice.
- 나는 그의 스타일을 따라하고 싶다. I want to follow his style.
- 그가 여자 친구가 있다고 해서 나는 우울했다. I was depressed because he said he had a girlfriend.
- 그는 안티 팬들이 별로 없다. He has few detractors.
  detractor 비방하는 사람
- 그는 안티 팬들이 많다. He has many detractors.
- 그의 안티 팬들이 악성 루머를 퍼트렸다. His detractors spread a bad rumor.
  spread 퍼뜨리다 | rumor 루머, 소문
- 그 연예인의 옛 사진을 인터넷에서 보았다. I saw the entertainer's old picture on the Internet.
- 사진 속의 그는 참 촌스러워 보였다. He looked unfashionable in the picture.
  unfashionable 유행에 뒤진, 낡은
- 누군가가 그녀의 졸업 사진을 인터넷에 올렸다. Someone posted her graduation picture on the Internet.
  post 게시하다, 공표하다
- 그녀는 성형 수술을 한 것이 틀림없었다. She must have gotten plastic surgery.
  plastic surgery 성형수술
- 그녀의 얼굴은 옛 사진 속의 얼굴과 매우 달랐다. Her face was very different from that of the old picture.
- 그 연예인의 합성사진을 보았다. I saw the entertainer's composite photo.
  composite 합성의
- 매우 웃기는 사진이었다. It was a very funny photo.

12 수집 · 십자수

수집 P2-07-1201

- 나는 희귀한 것을 수집한다. I collect rare things.
  collect 수집하다 | rare 희귀한, 드문
- 내 취미는 전 세계의 우표를 모으는 것이다. My hobby is collecting stamps from all over the world.
- 나는 새로운 우표가 나올 때마다 우체국에 간다. Whenever new stamps come out, I go to the post office.
- 내가 제일 좋아하는 취미는 외국 동전을 모으는 것이다. My favorite hobby is collecting foreign coins.
- 나는 외국을 여행할 때 각 나라의 동전을 수집한다. When I travel abroad, I collect coins of each country.
- 나는 내가 방문하는 여러 곳에서 기념품을 수집한다. I collect souvenirs from various places I have visited. souvenir 기념품
- 나는 취미로 모형 자동차를 수집한다. I collect miniature cars as a hobby.
  miniature 모형, 축소형

십자수 P2-07-1202

- 나는 십자수하는 것을 좋아한다. I like cross-stitching.
- 십자수로 열쇠고리를 만들었다. I cross-stitched to make a key chain.
- 도안에 따라 십자수를 했다. I cross-stitched according to the pattern.
  according to ~에 따라
- 십자수 할 바늘과 실, 도안 그리고 천을 샀다. I bought needles, thread, patterns, and fabric.
  thread 실 | fabric 천
- 십자수 가게에는 멋진 샘플들이 있었다. At the cross-stitching shop, there were nice samples.
- 하나를 완성하는 데 시간이 오래 걸렸다. It took a long time to complete one.
  complete 완성하다

- 한 작품을 끝내는 데 많은 인내심이 필요했다.
It took a lot of patience to finish a piece.
patience 인내심

- 친구들에게 선물로 줄 열쇠고리를 만들었다.
I made key chains as a gift for my friends.
gift 선물하다

- 완성된 십자수 작품을 액자에 넣었다.
I had the completed cross-stitch piece framed.

- 아빠가 그 액자를 벽에 걸어 주셨다.
My dad hung the frame on the wall.
hung hang(걸다)의 과거형

13 휴대전화

내 휴대전화 P2-07-1301

- 나는 휴대전화이 없다.
I don't have a cell phone.

- 내 생일에 부모님께서 휴대전화을 사 주셨다.
My parents bought me a cell phone on my birthday.

- 최신 휴대전화을 갖게 되었다.
I got a brand new cell phone.

- 나는 폴더 휴대전화을 가지고 있다.
I have a flip phone.

- 내 휴대전화은 64화음이다.
The ringer on my cell phone has 64 options.
ringer 벨이 울리는 장치 | option 옵션, 추가선택

- 다기능 휴대전화을 갖고 싶다.
I want to have a multifunctional cell phone.
multifunctional 다기능의

- 나는 항상 휴대전화을 가지고 다닌다.
I carry my cell phone at all times.
at all times 늘, 항상

- 그냥 시간을 보내야 할 때 휴대전화으로 무언가를 한다.
When I have time to kill, I do something with my cell phone.

- 나의 월 기본 요금은 OO원이다.
My monthly basic service rate is OO won.
monthly 매달의, 월정의

- 전화 요금이 많이 나왔다.
I got a big phone bill.

- 수업 시간에 벨이 울려 꾸지람을 들었다.
I was scolded because my phone rang during class.

- 수업 중에는 진동 모드로 바꾸어 놓았다.
  I turned my cell phone to vibration mode during class. vibration 진동

휴대전화 기능 P2-07-1302

- 휴대전화로 게임을 했다.
  I played games on my cell phone.
- 내 핸드폰은 어디에서나 잘 터진다.
  My cell phone works anywhere.
- 내 핸드폰은 무선 인터넷을 사용할 수 있다.
  My cell phone has wireless Web access.
  wireless 무선의 | access 접근
- 벨 소리와 게임을 다운받았다.
  I downloaded ringtones and games.
  ringtone 벨 소리
- 벨 소리를 바꾸었다.
  I changed my ringtones.
- 나는 발신자 확인 서비스를 받는다.
  I have caller ID service.
  ID identification(신원확인)의 약자
- 내 휴대전화로 사진을 찍을 수 있다.
  I can take pictures with my cell phone.
- 휴대전화으로 나를 찍었다.
  I took a picture of myself with my cell phone.
- 내 휴대전화으로 동영상을 찍을 수 있다.
  I can record a scene with my cell phone.
  record 녹화하다
- 내 휴대전화은 받을 수만 있다.
  I can only receive calls.
- 내 친구가 수신자 부담 전화를 했다.
  My friend called me collect.
  collect 수신자 부담으로
- 친구들에게 문자를 보냈다.
  I sent my friends text messages.
  text message 문자 메시지
- 휴대전화 메시지가 왔다.
  I got a message on my phone.

휴대전화 문제 P2-07-1303

- 잡음이 많이 났다.
  My phone made a lot of noise.
- 배터리가 다 되었다.
  The battery was dead.
- 배터리 충전이 필요했다.
  The battery needed charging.
  charge 충전하다

- 배터리를 미리 체크했어야 했다. — I should have checked the battery in advance.
  in advance 미리, 앞당겨
- 배터리 충전하는 것을 잊었다. — I forgot to charge the battery.
- 전화가 갑자기 끊어졌다. — Suddenly the phone was disconnected.
  disconnect 연락을 끊다
- 전화가 갑자기 먹통이 되었다. — The phone stopped working all of a sudden.
  all of a sudden 갑자기
- 전화가 혼선되었다. — The phone lines were crossed.
- 전화 연결이 잘 되지 않았다. — There was a bad connection.
- 전화를 떨어트려서 액정이 망가졌다. — I dropped my phone, so the LCD was ruined.
  LCD 액정 표시기(=liquid crystal display)
- 장난 전화를 받았다. — I got prank calls.
  prank 못된 장난
- 장난 전화가 많아서 나는 전화를 골라 받는다. — I screen my calls, because there are many prank calls. screen 골라 받다

통화 P2-07-1304

- 전화를 걸었다. — I dialed the number.
- 전화가 왔다. — My phone rang.
- "여보세요." 하고 전화를 받았다. — I answered the phone by saying "Hello!"
- 통화 중이었다. — The line was busy.
- 그와 전화 통화가 되지 않았다. — I couldn't get through to him by phone.
  get through (전화가) 연결되다
- 엄마 휴대전화에 음성 메시지를 남겼다. — I left a voice message on my mom's cell phone.
  left leave(남기다)의 과거형
- 수업 시간 중이어서 휴대전화을 받을 수가 없었다. — I couldn't answer the phone because it was during class. answer the phone 전화를 받다
- 나는 휴대전화으로 통화를 하고 있었다. — I was talking on my cell phone.
- 그가 나에게 전화번호를 알려 주었다. — He told me his number.

• 친구의 휴대전화를 빌려 썼다. I borrowed my friend's cell phone.

• 전화를 잘못 걸었다. I dialed the wrong number.

• 그는 내가 전화를 잘못 걸었다고 말했다. He said that I had the wrong number.

• 사과를 하고 전화를 끊었다. I apologized and hung up.
hang up 전화를 끊다

• 다시 한 번 걸어 보았다. I tried dialing again.
try -ing ~을 시도하다

• 그가 받을 때까지 계속 전화했다. I kept calling until he answered his phone.
keep -ing 계속 ~하다

• 나는 전화를 오래 했다. I talked so long on the phone.

14 컴퓨터

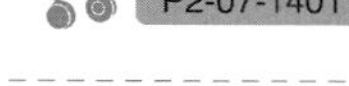

컴퓨터 P2-07-1401

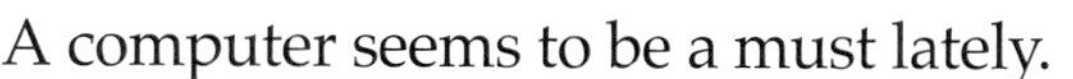

• 요즘은 컴퓨터가 필수품인 것 같다 A computer seems to be a must lately.
must 절대로 필요한 것

• 컴퓨터는 매우 유용하다. Computers are very helpful.

• 컴퓨터는 공부에 도움을 준다. Computers help me study.

• 부모님께서 새 컴퓨터를 사 주셨다. My parents bought me a new computer.

• 나는 컴퓨터 사용법을 배웠다. I learned how to use computers.

• 인터넷으로 정보를 검색하고 쇼핑을 하고 메시지도 보낼 수 있다. I can search for information, go shopping and send messages on the Internet. search for ~을 찾다

• 나는 장래에 웹 사이트 디자이너가 되고 싶다. I want to be a web site designer in the future.

• 나는 컴퓨터에 관련된 것을 개발하고 싶다. I want to develop things related to computers.

• 부모님께서 컴퓨터를 못하게 하셨다. My parents didn't allow me to use the computer.
allow ~ to ... ~에게 …하는 것을 허용하다

- PC방에 갔다. — I went to an Internet cafe.
- 우리 엄마는 컴맹이시다. — My mom is computer-illiterate.
  illiterate 읽고 쓰지 못하는, 문맹의
- 우리 엄마는 컴퓨터에 관해 아무것도 모르신다. — My mom doesn't know anything about computers.
- 우리 엄마는 컴퓨터를 어떻게 작동시키는지 모르신다. — My mom doesn't know how to operate a computer.
- 엄마에게 이메일 보내는 방법을 알려 드렸다. — I showed my mom how to send e-mails.
- 컴퓨터는 유용하지만 때때로 문제를 일으키기도 한다. — Computers are useful, but sometimes they cause some problems. cause 일으키다, 야기하다

컴퓨터 사용

P2-07-1402

- 액체는 컴퓨터에서 멀리 놓아야 한다. — We should keep liquids away from our computer.
  liquid 액체
- 항상 일정한 간격으로 작업한 것을 저장하는 것이 좋다. — We had better always save work at regular interval. interval 간격, 틈
- 작업한 것을 플로피 디스크나 다른 저장 매체에 백업해 두는 것이 좋다. — It's better to back up the work, either on floppy disks or other storage media. storage media 저장 매체
- 전원을 끄기 전에 시스템을 종료하는 것이 좋다. — It's better to use the shut-down command before turning off the power.
  shut-down 중단, 폐쇄 | command 명령
- 프린터를 컴퓨터에 연결시켰다. — I hooked my computer up to the printer.
  hook ~ up to ... ~을 …에 연결하다
- 컴퓨터에 새로운 프로그램을 설치했다. — I installed a new program on the computer.
  install 설치하다
- 약 10메가바이트의 공간이 남아 있다. — I have about 10 megabytes of space left.
- 내가 필요한 정보를 프린트했다. — I printed out the information that I needed.

컴퓨터광

P2-07-1403

- 나는 컴퓨터하는 것을 무척이나 좋아한다. — I love to work on my computer.

• 나는 컴퓨터광이다. | I am a computer enthusiast.
enthusiast 열광자

• 컴퓨터에 중독된 것 같다. | I seem to be addicted to the computer.
be addicted to ~에 중독되다

• 나는 다른 어떤 것보다 컴퓨터에 관심이 많다. | I am more interested in computers than anything else.

• 집에 있을 땐 항상 컴퓨터 앞에 앉아 있는다. | When I stay at home, I always sit in front of the computer.

• 나는 컴퓨터에 대해 많은 것을 알고 있다. | I know a lot about computers.

• 나는 컴퓨터에 능숙하다. | I am accustomed to computers.
be accustomed to ~에 익숙하다, 능숙하다

• 나는 컴퓨터를 잘한다. | I am good at computers.

• 나는 진짜 컴퓨터 도사다. | I am a real computer whiz.
whiz 명수, 전문가

• 나는 컴퓨터 암호도 풀 수 있다. | I can even break codes.

컴퓨터 게임

P2-07-1404

• 컴퓨터 게임은 무척 재미있고 흥미롭다. | Computer games are very interesting and exciting.

• 나는 활동적인 취미나 놀이보다 컴퓨터하는 것을 더 좋아한다. | I prefer playing on a computer to active hobbies and other pastimes. pastime 놀이, 심심풀이

• 내가 제일 좋아하는 컴퓨터 게임은 스타 크래프트이다. | My favorite computer game is Star Craft.

• 컴퓨터를 하면 시간이 무척 빨리 지나가는 것 같다. | I feel that time goes by so fast when I work on the computer. go by (시간이) 지나다, (옆을) 지나가다

• 컴퓨터 게임을 하느라 너무 많은 시간을 낭비했다. | I wasted too much time playing computer games.

• 컴퓨터를 하는 시간이 많아졌다. | The time I spend on the computer increased.

• 나는 하루 종일 컴퓨터에 붙어 있었다. | I was glued to the computer all day.
be glued to ~에 붙어 있다

• 컴퓨터 앞에 너무 오래 앉아 있어서 허리가 아팠다.	Since I sat at my computer for so long, I got a backache.
• 게임을 하느라 밤늦게까지 잠을 못 자기도 한다.	Sometimes I stay up late playing games.

인터넷 P2-07-1405 INTERNET

• 나는 인터넷 검색을 즐겨한다.	I enjoy surfing the Internet.
• 적어도 하루에 한 번은 인터넷에 접속한다.	I log on to the Internet at least once a day.
• 가끔은 하루 종일 인터넷 서핑을 한다.	Sometimes I surf the Internet all day long.
• 인터넷에서 무료로 영화를 다운받았다.	I downloaded a free movie from the Internet.
• 인터넷 정보 중 반 이상이 영어로 되어 있다.	Over half the information on the Internet is written in English.
• 나는 인터넷 전용선을 사용하는데 속도가 매우 빠르다.	I use broadband which is so fast. broadband 인터넷 전용선
• 내 컴퓨터는 인터넷 서핑을 하기에 너무 느리다.	My computer is too slow for Internet surfing.
• 인터넷 전용선에 문제가 있는 것이 틀림없다.	There must be a problem with my broadband connection.
• 인터넷 접속이 자주 끊긴다.	I often get disconnected from the Internet.
• 로그인을 했다.	I logged in.
• 로그아웃을 했다.	I logged out.
• 아이디와 비밀번호를 잊어버렸다.	I forgot my ID and password.
• 때때로 친구들과 인터넷에서 채팅을 한다.	Sometimes I chat with my friends on the Internet.
• 인터넷 동호회에 가입했다.	I signed up with an Internet community.

홈페이지 P2-07-1406

• 새 홈페이지를 만들었다.	I created my new homepage.
• 나는 내 홈페이지가 있다.	I have my own homepage.

- 나는 인터넷에 글 올리는 것을 좋아한다. I like to post messages on-line.
- 게시판에 글을 올렸다. I posted a message on the board.
  post 게시하다, 붙이다
- 내 홈페이지에 멋진 사진과 좋은 글들을 올렸다. I posted nice pictures and text on my homepage.
- 홈페이지를 업데이트했다. I upgraded my homepage.
- 내 홈페이지에 방문자가 많다. There are many visitors to my homepage.

컴퓨터 고장

P2-07-1407

- 컴퓨터가 갑자기 느려졌다. My computer was suddenly slowing down.
- 마우스가 제대로 작동이 안 됐다. The mouse was not working.
- 컴퓨터 화면이 정지되었다. The screen was frozen.
- 컴퓨터가 다운되었다. My computer was down[frozen].
- 컴퓨터가 고장 났다. My computer crashed.
  My computer broke down.
- 시스템에 문제가 있는 것 같았다. The system seemed to have a failure.
  failure 고장, 파손, 실패
- 컴퓨터가 부팅되지 않았다. I couldn't boot up the computer.
- 시스템을 다시 부팅해 보았다. I tried rebooting the system.
- 바이러스를 체크해 보았다. I checked for a virus.
- 컴퓨터가 바이러스에 걸렸다. My computer got a virus.
- 백신 프로그램을 작동시켜 바이러스를 없앴다. I ran antivirus software and got rid of the virus.
  get rid of ~을 제거하다
- 바이러스가 파일을 모두 지워버렸다. The virus erased all my files.
  erase 지우다
- 컴퓨터가 고장 나서 파일을 모두 잃어버렸다. The computer crashed, so I lost all my files.
  crash 망가지다, 고장 나다
- 무엇이 문제인지 수리 센터에 전화로 문의했다. I made a call to a service center to ask what the problem was.

- 하드 드라이브를 다시 포맷해야 했다. I had to reformat my hard drive.
- 컴퓨터를 수리했다. I had my computer repaired.
- 프로그램을 모두 다시 깔았다. I reloaded all the programs.
- 컴퓨터를 가끔 점검해야 할 필요가 있다. I need to check the computer often.
- 프린터에 종이가 걸렸다. The printer was jammed.
- 프린터에 토너가 떨어졌다. The printer was out of toner.
- 글씨가 흐리게 나왔다. The letters came out fuzzy.
  fuzzy 분명치 않은, 희미한
- 토너를 갈아야 했다. I had to replace the toner.
  replace 갈다, 바꾸다, 되돌리다

Soccer 

Thursday June 13, Fine

My favorite sport is soccer. I like Park Ji-Seong, the soccer player.
My dream is to be a soccer player.
Playing soccer is always fun and exciting.
Today I played soccer with my friends after school.
I practiced kicking the ball. Heading was fun.
We played soccer until it was dark.
After soccer, I came home late.

축구 6월 13일 목요일, 맑음

내가 제일 좋아하는 스포츠는 축구이다. 축구 선수는 박지성을 좋아한다.
내 꿈은 축구 선수가 되는 것이다.
축구하는 것은 항상 재밌고 흥미롭다. 오늘 나는 방과 후에 친구들과 축구를 했다.
나는 공차는 것을 연습했다. 헤딩도 재미있었다. 우리는 날이 어두워질 때까지 축구를 했다.
축구를 한 후에, 집에 늦게 돌아왔다.

dream 꿈 always 항상 exciting 흥미로운 practice 연습하다 kick 차다 until ~까지 dark 어두운

01 운동

운동 및 운동기구

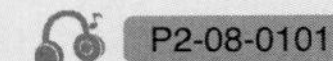

달리기 running
조깅 jogging
걷기 walking
에어로빅 aerobics
역기 들기 bench press
걷기 운동기구 step machine
노젓기 운동기구 rowing machine
스키타기 운동기구 ski machine
운동용 자전거 stationary bike
아령 dumbbell
아령 운동기구 dumbbell curl
달리기 운동기구 running machine, treadmill
역기 운동기구 lifting machine

운동 경기

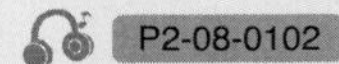

농구 basketball
야구 baseball
축구 soccer, football
배구 volleyball
핸드볼 handball
탁구 table tennis, ping-pong
테니스 tennis
하키 hockey
스쿼시 squash tennis
볼링 bowling
권투 boxing
파도타기 surfing
수영 swimming
수구 water polo
스키 skiing
스노보드 snow boarding
마라톤 marathon
펜싱 fencing
행글라이딩 hang gliding
윈드서핑 wind surfing
승마 riding
크리켓 cricket
스케이트 skating
골프 golf

운동

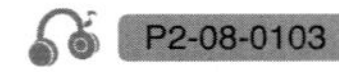

- 나는 운동이 좀 필요하다. — I need some exercise.
- 운동 부족은 건강을 해친다. — A lack of exercise leads to poor health.
  lead to ~로 이끌다
- 규칙적으로 운동하는 사람들은 더 건강하게 산다. — People who exercise regularly live more healthy.
  regularly 규칙적으로
- 걷기는 효율적인 운동 방법 중 하나다. — Walking is one of the effective methods of exercise.
  effective 효과적인, 효율적인
- 적당한 운동이 건강에 좋다. — Moderate exercise is good for our health.
- 지나친 운동은 해가 될 수 있다. — Excessive exercise can be harmful.
  excessive 과도한, 지나친

- 스트레칭만으로도 도움이 될 수 있다. — It can be helpful just to stretch out.
- 스트레칭은 유연성을 향상시켜 준다. — Stretching improves flexibility.
  flexibility 유연성, 융통성, 신축성
- 운동 전에는 준비 운동을 해야 한다. — We have to warm up before a workout.
  warm up 준비 운동하다

나와 운동 P2-08-0104

- 나는 어떤 스포츠든 다 좋아한다. — I like any kind of sport.
- 나는 운동을 좋아한다. — I like exercising.
- 나는 운동에 빠져 있다. — I am into sports.
  be into ~에 빠져 있다, 몰두하다
- 나는 스포츠를 꽤 잘한다. — I play sports quite well.
- 나는 스포츠를 잘하지는 못하지만 경기 보는 것은 좋아한다. — I am not good at sports, but I like to watch games.
- 내 특기는 달리기다. — My strong point is running.
- 나는 스키를 잘 탄다. — I am good at skiing.
- 운동 삼아 조깅을 한다. — I jog for exercise.
- 운동을 하면 식욕이 좋아진다. — Exercise gives me a good appetite.
  appetite 식욕
- 매일 운동하러 체육관에 다닌다. — I go to the gym for my daily workout.
- 실내 운동보다 실외 스포츠가 더 좋다. — I prefer outdoor sports to indoor exercises.
- 규칙적으로 운동을 할 것이다. — I will exercise regularly.

운동 효과 P2-08-0105

- 매일 운동을 하기 때문에 나는 매우 건강하다. — I am very healthy because I work out every day.
- 나는 스트레스를 받으면 운동을 한다. — When I am under stress, I exercise.
- 나는 운동으로 스트레스를 해소한다. — I work off stress.

- 운동은 휴식에 도움이 된다. — Exercise helps me relax.
  relax 긴장을 풀다, 피로를 풀다
- 운동으로 기분을 바꿨다. — I distracted myself with exercise.
  distract 마음을 딴 데로 돌리다, 기분 전환하다

02 태권도

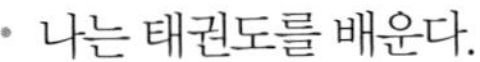

태권도 연습 P2-08-0201

- 나는 태권도를 배운다. — I learn Taekwondo.
- 태권도를 할 때는 균형을 유지하는 것이 무엇보다 중요하다. — It is really important to keep your balance when doing Taekwondo.
  keep one's balance 균형을 유지하다
- 태권도는 집중력이 많이 필요하다. — Taekwondo requires a lot of concentration.
  require 요구하다 | concentration 집중
- 나는 매우 열심히 연습했다. — I practiced very hard.
- 태권도는 육체적으로나 정신적으로 나에게 많은 도움이 된다. — Taekwondo helps me physically and mentally.
- 태권도를 통해 인내심을 배웠다. — I learned patience through Taekwondo.
  patience 인내심
- 자기 방어하는 방법을 배웠다. — I learned how to defend myself.
  defend 지키다, 방어하다
- 나는 차기와 막기를 잘한다. — I am good at kicking and blocking.
  block 막다
- 나는 주먹으로 치기는 잘 못한다. — I am poor at punching.
- 태권도를 배운 이후로 자신감이 더 많이 생겼다. — I have more confidence since I learned Taekwondo.
  confidence 자신감

태권도 시합 P2-08-0202

- 내 태권도 실력을 알아보고 싶었다. — I wanted to check out my Taekwondo skills.

• 친구와 태권도를 겨루었다. I competed with my friend.
compete 경쟁하다, 겨루다

• 나는 친구의 엉덩이를 매우 세게 걷어찼다. I kicked my friend in the butt very hard.
butt 엉덩이

• 다리 여리저기에 멍이 들었다. I have bruises here and there on my leg.
bruise 멍

• 태권도 대회에 나갔다. I took part in a Taekwondo competition.
competition 경기, 시합, 경쟁

• 태권도 승급시험을 봤다 I took an advancement testing in Taekwondo.
advancement 승급, 진보

• 태권도 1단을 땄다. I won the first level in Taekwondo.

• 검은 띠를 받았다. I got a black belt.

• 내 검은 띠가 자랑스러웠다. I was proud of my black belt.

03 축구

축구에 빠지다

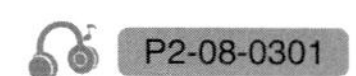

• 나는 축구에 미쳐 있다. I am into soccer.

• 나는 축구광이다. I am enthusiastic about soccer.
enthusiastic 열광적인, 열성적인

• 선생님께서 축구부에 가입해 보라고 권하셨다. My teacher encouraged me to join the soccer club.
encourage 격려하다, 권장하다

• 나는 축구부이다. I am in the soccer club.

• 나는 축구부 부원이다. I am a member of the soccer club.

• 축구 선수로 선발되었다. I was singled out as a soccer player.
single out ~를 선발하다

• 내 백넘버는 11번이다. My uniform number is 11.

- 지금은 후보 선수이다. I am a benchwarmer now.
  benchwarmer 후보 선수
- 방과 후 해가 질 때까지 축구 연습을 했다. I practiced soccer after school till sunset.
  sunset 일몰, 해넘이
- 너무 어두워서 공이 보이지 않을 때까지 축구를 했다. We played soccer until it was too dark to see the ball.
- 하루에 공차기를 2시간씩 연습했다. I practiced kicking balls for two hours a day.
- 나는 최대한 세게 공을 찼다. I kicked the ball as hard as I could.

축구 경기 P2-08-0302

- 비 때문에 경기가 취소되었다. The game was called off because of rain.
  call off 취소하다
- 매년 열리는 학교 대항 경기가 있었다. There was an annual interscholastic match.
  interscholastic 학교 대항의
- 다른 학교 축구팀과 축구 경기를 했다. My team played soccer with another school's team.
- 우리 팀이 준결승전에 올랐다. My team went on to the semifinals.
  semifinal 준결승
- 오늘은 준결승전이 있었다. Today we had a semifinal match.
  match 시합
- 우리 팀이 결승전에 올라갔다. My team has advanced to the finals.
  advance 전진하다, 나아가다 | final 결승전
- 나는 오늘 결승전에서 최고 득점을 올렸다. Today I scored the most goals in the final round.
- 내가 실수로 자살골을 넣었다. I kicked the ball in the wrong goal by mistake.
  by mistake 실수로
- 나는 부상을 입어 퇴장했다. I was out with an injury.
  injury 부상
- 그가 헤딩으로 골을 넣었다. He headed the ball into the goal.
- 한 선수가 반칙을 했다. A player violated the rule.
  violate 반칙하다
- 우리 팀이 페널티 킥을 얻었다. My team got a penalty kick.
  penalty 반칙으로 인해 얻은 것, 벌금

- 심판이 호루라기를 불었다. The referee blew the whistle.
  referee 심판, 중재인
- 경기가 끝났다. The game was over.
- 우리 팀이 져서 우울했다. I was depressed because my team lost.
  depressed 우울한, 침울한
- 우리는 정정당당하게 경기했다. We played fairly.
- 그는 우리의 열렬한 응원에 힘을 얻은 것 같았다. He seemed to be encouraged by our loud cheers.
- 나는 그 팀의 열렬한 팬이다. I am an enthusiastic fan of the team.

축구 중계

P2-08-0303

- TV 경기 중계를 보았다. I watched the game on TV.
- 그 경기는 생방송되었다. The game was broadcast live.
  live 생방송으로, 실황으로
- 나는 축구를 하는 것보다 보는 것을 더 좋아한다. I like watching soccer more than playing.
- 내가 가장 좋아하는 축구 선수는 박주영이다. My favorite soccer player is Park Ju-young.
- 그는 한국에서 가장 인기 있는 운동 선수 중 한 명이다. He is one of the most popular athletes in Korea.
  athlete 운동 선수, 경기하는 사람
- 그는 공격에 뛰어난 감각을 가지고 있다. He has a superior sense in attacking.
  superior 우수한, 뛰어난, 보다 나은
- 그가 득점할 좋은 기회가 왔다. He had a good chance at scoring a goal.
- 그가 멋지게 두 골을 넣었다. I saw him score two nice goals.
- 골키퍼가 슛을 잘 막았다. The goalkeeper blocked the shot well.
  block 막다, 방해하다
- 우리 팀이 막판에 한 골을 넣어 동점이 되었다. Our team evened the score with a last-minute goal.
  even 동등하게 하다 | last-minute 막바지의
- 경기 내내 마음을 졸였다. I felt on edgy during the game.
  edgy 초조한
- 그 선수는 올해의 가장 훌륭한 선수였다. He was the Most Valuable Player this year.

04 야구

야구 용어 

P2-08-0401

투수 pitcher	외야수 outfielder	사구 dead ball
포수 catcher	심판 umpire	안타 hit
타자 batter	주심 base umpire	2루타 two base hit
주자 runner	코치 coach	직구 liner
유격수 shortstop	감독 manager	땅볼 grounder
좌익수 left fielder	스트라이크 strike	도루 steal
우익수 right fielder	볼 ball	홈런 home run
내야수 infielder	파울 볼 foul ball	회 inning

나와 야구

P2-08-0402

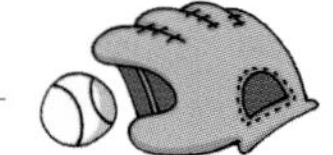

- 나는 모든 스포츠 중에서 야구를 가장 좋아한다. — Of all the sports, I like baseball the best.
- 매주 금요일마다 친구들과 야구를 한다. — I play baseball with my friends every Friday.
- 어떤 팀이 먼저 할지 결정하기 위해 동전을 던졌다. — I flipped a coin to see which team would start.
  flip 손으로 튕겨 던지다
- 나는 우리 학교 팀에서 1루수를 보았다. — I played first base for my school team.
- 나는 강타자라서 우리 팀의 4번 타자였다. — I was a slugger and the fourth batter of my team.
  slugger 강타자
- 나는 팀에서 중견수였다. — I was a center fielder on the team.
- 나는 왼손잡이 투수이다. — I am a left-handed pitcher.
- 나는 오늘 최고 득점을 올렸다. — Today I scored the most points.

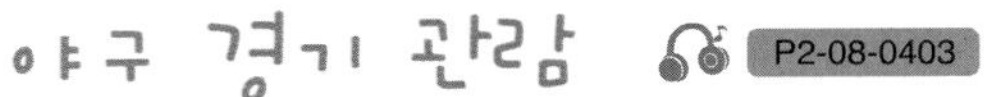

야구 경기 관람

P2-08-0403

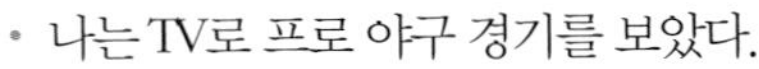

- 나는 TV로 프로 야구 경기를 보았다. — I watched the professional baseball game on TV.
- 나는 LG 트윈스의 열렬한 팬이다. — I am a great fan of the LG Twins.
- 나는 친구들과 야구장에 갔다. — I went to the baseball park with my friends.

- 정말 흥미진진한 게임이었다. The game was really exciting.
- 그 투수의 공은 변화구였다. The pitcher threw a curve ball.
- 그가 파울 볼을 쳤다. He hit the foul balls.
- 그가 삼진아웃되었다. He was struck out.
- 1루에서 터치아웃당했다. He was tagged at first base.
  tag 터치아웃시키다
- 그는 2루측 땅볼로 아웃되었다. He grounded out to second base.
- 그는 5타수 3안타를 쳤다. He made three hits in five at bats.
- 그는 타자에게 사구로 만루를 내주었다. He walked the batter to load the bases.
- 그 선수가 데드볼을 맞았다. The player was hit by a wild pitch.
  wild pitch 난폭한 투구
- 투수가 타자에게 데드볼을 던져 1루로 나가게 했다. The pitcher walked the batter after hitting him with a wild pitch.
- 그의 타율은 3할 4푼 5리였다. His batting average was 0.345.
- 공이 타자의 팔에 맞았다. The ball hit the batter on the arm.
- 그는 외야에서 공을 잘 잡았다. He caught the ball well in the outfield.
- 그는 내야와 외야에서 모두 잘한다. He can play outfield as well as infield.
- 그가 1루를 맡았다 He played first base.
- 그 팀은 내야 수비가 강하다. The team has a sure-handed infield.
  sure-handed 노련한, 손재주가 있는
- 그가 2루로 도루했다. He stole second base.
- 그는 2루 도루에 완벽하게 성공했다. He made a clean steal to second base.
- 그는 이번 게임에서 세 번째 도루를 했다. He stole his third base of this game.
- 그는 홈으로 슬라이딩했으나 터치아웃되었다. He slid into home plate, but he was tagged.
- 그는 도루에 실패했다. He was caught stealing.
- 그는 도루왕이다. He leads in the number of stolen bases.
- 그가 홈런을 쳤다. He hit a homer.

- 그가 만루 홈런을 쳤다. He hit a grand slam homer.
- 그는 장외 홈런을 쳤다. He hit an out-of-the-park homer.
- 그가 홈으로 들어왔다. He scored a run.
- 우리 팀이 9회 말에 역전을 했다. My team reversed the score at the bottom of the last inning. reverse 뒤집다, 반대로 하다
- 그 경기는 연장전까지 갔다. The game went into extra innings.

05 수영

수영 P2-08-0501

- 수영은 모두에게 좋은 운동이다. Swimming is a good sport for everyone.
- 수영은 긴장을 풀어 주고 기분을 좋게 해준다. Swimming relaxes me and makes me feel good.
- 수영은 가장 좋은 운동 형태 중 하나라고 한다. Swimming is said to be one of the best forms of exercise.
- 수영은 근육을 강화시키는 데 도움이 된다. Swimming helps develop strong muscles.
- 수영을 할 때는 안전 규칙을 잘 지켜야 한다. We have to keep safety rules in swimming.

수영을 하다 P2-08-0502

- 친구와 함께 집 근처 수영장으로 수영하러 갔다. I went swimming in a pool near my house with my friends.
- 우리 동네에 좋은 수영장이 있다. There is a good swimming pool in my neighborhood.
- 실내 수영장에 수영하러 갔다. I went swimming at an indoor swimming pool.
- 수영복과 수영 모자, 물안경을 가지고 갔다. I brought a bathing suit, a swimming cap, and goggles with me.

• 수영장 안으로 서둘러 뛰어 들어갔다.	I quickly jumped into the swimming pool.
• 나는 수영을 잘한다.	I am a good swimmer.
• 나는 수영을 전혀 하지 못한다.	I sink like a rock. I swim like a stone.
• 나는 개헤엄밖에 못 친다.	I can only do the dog paddle.
• 수영을 배우고 싶었다.	I wanted to learn how to swim.
• 일주일에 두 번, 1시간씩 수영을 배운다.	I take swimming lessons for an hour twice a week.
• 나는 평영으로 약 100미터를 수영할 수 있다	I can swim about 100 meters of breaststroke. breaststroke 평영
• 배영은 어렵지만 재미있다.	Backstroke is hard but interesting. backstroke 배영
• 나는 주로 접영을 한다.	I usually swim the butterfly stroke. butterfly stroke 접영
• 나는 자유형을 좋아한다.	I like the freestyle stroke. freestyle stroke 자유형
• 올 여름에는 바다로 수영하러 갈 것이다.	I am going to swim in the sea this summer.

06 탁구 · 배드민턴

탁구 P2-08-0601

• 탁구를 치러 체육관에 갔다.	I went to a gym to play table tennis.
• 우리는 서로 시합을 하기로 했다.	We decided to compete with each other. compete 경쟁하다, 겨루다 | each other 서로
• 두 팀으로 나누었다.	We made two teams.
• 내가 먼저 서브를 넣었다.	I was the first to serve the ball.

- 공을 너무 세게 쳤다.
  I hit the ball too hard.
- 공이 밖으로 나갔다.
  The ball hit outside.
- 나는 공을 되받아 치지 못했다.
  I missed returning the ball.
  miss -ing ~할 것을 하지 못하다
- 나는 공을 앞으로 잘 돌려 친다.
  I have a strong forehand spin.
  spin 돌려치기
- 뒤로는 공을 잘 돌려 치지 못한다.
  I have a weak backhand spin.
- 점수가 듀스가 되었다.
  The score became deuce.
  deuce 마지막 한 점을 남겨 놓고 동점을 이루는 일
- 다른 팀을 이기기가 매우 어려웠다.
  It was hard to defeat the other team.
  defeat 패배시키다, 이기다
- 상대팀이 우리를 이겼다.
  The other team won against my team.
- 탁구를 치고 나면 기분이 좋아진다.
  I feel great after playing table tennis.
- 게임에 져서 기분이 좋지 않았다.
  I felt bad for losing the game.

배드민턴

P2-08-0602

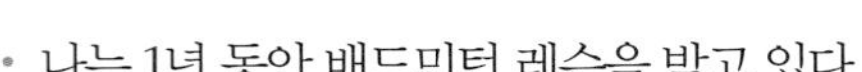

- 나는 1년 동안 배드민턴 레슨을 받고 있다.
  I have taken badminton lessons for a year.
- 친구와 1대 1로 쳤다.
  I played singles with my friend.
- 친구들과 2대 2로 쳤다.
  I played double with my friends.
- 혼합 복식으로 쳤다.
  I played mixed doubles.
- 오늘 우리는 배드민턴을 두 게임 쳤다.
  We played two games of badminton.
- 내가 서브할 차례였다.
  It was my turn to serve.
  turn 순번, 차례
- 나는 서브 에이스를 성공시켰다.
  I served an ace.
  serve an ace 서브 에이스를 성공시키다.
- 내 포핸드 스트로크가 아주 좋았다.
  My forehand stroke was excellent.
- 나는 백핸드 치는 것에 익숙하지 않았다.
  I was not used to hitting backhands.

- 그의 서브가 너무 빨라서 받지 못했다. His serve was too fast for me to receive the ball.

07 기타 운동

농구 P2-08-0701

• 나는 다른 어떤 운동보다 농구를 더 좋아한다.	I like basketball better than other sports.
• 내가 가장 좋아하는 농구선수는 마이클 조던이다.	My favorite basketball player is Michael Jordan.
• 나는 종종 방과 후에 친구들과 농구를 한다.	I often play basketball with my friends after school.
• 슛 연습을 많이 했다.	I practiced shooting a lot.
• 아빠가 나무에 농구 링을 달아 주셨다.	My dad fastened a basketball hoop over a tree. fasten 동여매다, 묶다, 죄다 | hoop (농구의) 링, 원형의 물건, 테
• 오후에 친구들과 농구 시합을 했다.	In the afternoon, we had a basketball game with my friends.
• 내가 슛을 여러 번 성공시켰다.	I shot several baskets.
• 나는 키가 커서 농구에서 유리하다.	I have an advantage in basketball, because I am tall.
• 우리는 길거리 농구를 했다.	We played street basketball.
• 우리 가족은 농구경기를 보러 갔다.	My family went to the basketball game.
• 흥미진진한 농구경기였다.	It was an exciting basketball game.
• 한 선수가 3점 슛을 시도했다.	A player tried shooting a 3-pointer.
• 그 팀은 시간을 끌어야 했다.	The team had to run out the clock.
• 그는 높이 점프하며 골을 넣었다.	He shot a basket by jumping high.
• 아슬아슬한 경기였다.	It was a close game.

인라인스케이트 P2-08-0702

- 나는 롤러스케이트보다 인라인스케이트를 더 좋아한다. I prefer inline-skating to roller-skating.
- 나는 공원에서 인라인스케이트 타는 것을 좋아한다. I like inline-skating in the park.
- 인라인스케이트를 탈 때는 언제나 안전 장비를 착용한다. When I inline-skate, I always wear safety equipment. safety equipment 안전 장비
- 헬멧을 쓰고 인라인 스케이트 타는 것은 참 불편하다. It is really uncomfortable to inline-skate in a helmet.
- 동생과 인라인스케이트 시합을 했다. I had an inline-skating race with my brother.
- 인라인스케이트를 타고 쌩쌩 달렸다. I inline-skated faster and faster.
- 인라인스케이트를 타다가 친구와 부딪쳐 넘어졌다. I bumped into my friend while inline-skating and fell down. bump 부딪치다 | all down 넘어지다
- 신나게 인라인스케이트를 타고 나니 기분이 상쾌해졌다. After fun day of inline-skating, I felt refreshed.

08 겨울 스포츠

겨울 스포츠 P2-08-0801

- 나는 겨울 스포츠를 즐긴다. I enjoy winter sports.
- 겨울에는 다양한 겨울 스포츠를 즐길 수 있다. We can enjoy various winter sports in winter.
- 이번 겨울에는 스노보드 타는 것을 배우고 싶었다. I wanted to learn how to snowboard this winter.
- 놀이공원에서 눈썰매를 탔다. I sledded over the snow in the amusement park. amusement park 놀이공원

- 썰매를 꼭대기까지 끌고 올라가는 것이 힘들었다.
  It was hard for me to drag my sled to the top.
  drag 끌다, 끌어당기다
- 썰매를 타고 눈 위를 미끄러져 내려올 때는 정말 신났다.
  I was really excited when sliding down over the snow in my sled.
- 다른 썰매와 부딪치기도 했다.
  My sled happened to bump into another.
  bump into ~와 부딪치다
- 실내 스케이트장으로 스케이트를 타러 갔다.
  I went skating in an indoor skating rink.
- 빠르게 스케이트를 탈 때 정말 재미있었다.
  It was really pleasant when I was skating fast.
- 친구와 손을 잡고 스케이트를 탔다.
  I skated hand in hand with a friend of mine.
  a friend of mine 내 친구들 중 한 명
- 얼음 위로 여러 번 넘어졌다.
  I fell down on the ice several times.
  fall down 넘어지다

스키

P2-08-0802

- 나는 스키가 정말 재미있다.
  I really enjoy skiing.
- 눈이 오면 스키를 타러 가고 싶다.
  When it snows, I feel like skiing.
- 스키가 몹시 타고 싶었다.
  I couldn't wait to hit the slopes.
  can't wait to + **동사원형** ~을 몹시 하고 싶다 | hit the slopes 스키 타다
- 나는 스키를 잘 탄다.
  I am a good skier.
- 매년 겨울마다 우리 가족은 스키를 타러 간다.
  My family goes skiing every winter.
- 우리 가족은 스키를 타러 스키 리조트에 갔다.
  My family went skiing at the ski resort.
- 나는 야간에 스키 타는 것을 좋아한다.
  I like skiing at night.
- 우리는 스키 장비를 빌렸다.
  We rented the ski equipment.
- 초보 스키 코스부터 시작했다.
  I started out on an easy slope.
- 초보자치고는 아주 잘 타는 것 같았다.
  For a beginner, I thought I was excellent.
- 속도 조절하는 것이 약간 어려웠다.
  It was a little difficult to control my speed.
- 초보 코스 다음에 중간 수준의 코스를 타고 내려왔다.
  After the easy slope, I went down the intermediate slopes.
  intermediate 중간의 | slope 경사면, 비탈, 스키장

- 리프트를 타고 더 높이 올라갔다. — I went up higher by ski lift.
- 전문가 코스를 타 보았다. — I tried skiing down the expert slopes.
  try -ing ~을 시도해 보다
- 좀 더 어려운 코스에 도전하는 것은 흥미로운 일이었다. — The more difficult slopes were an exciting challenge.
- 진로에서 벗어나지 않으려고 조심했다. — I was careful not to veer off course.
  veer off 진로에서 벗어나다
- 슬로프를 몇 번 탄 후 간식을 먹었다. — After several runs down the slopes, we had some snacks.
- 내가 넘어지자 스키 안전요원이 일으켜 주었다. — When I fell down, a member of the ski patrol helped me get up.
- 다치지 않으려면 안전 규칙을 명심해야 한다. — We have to keep the safety tips in mind in order not to get hurt. keep ~ in mind ~을 명심하다
- 시간 가는 줄도 모르고 재미있게 스키를 탔다. — I enjoyed my skiing so much that I lost track of time. lose track of time 시간 가는 줄 모르다, 시간의 흐름을 놓치다

스노보드

P2-08-0803

- 올해는 스노보드를 배울 것이다. — I will learn how to snowboard this year.
- 스노보드 타는 것이 매우 재미있어 보였다. — Snowboarding looked very exciting.
- 처음에는 스노보드 타는 것이 어려웠다. — At first, it was very difficult to snowboard.
- 이제는 스노보드 타는 것에 익숙해졌다. — Now, I've gotten used to snowboarding.
  get used to ~에 익숙해지다
- 스키보다 스노보드 타는 것이 훨씬 더 재미있었다. — It was much more interesting to snowboard than ski.
- 스노보드를 타고 내려올 때 정말 신났다. — I felt really excited when I went down on the snowboard.
- 스노보드를 타고 내려오면서 점프를 시도했다. — I tried jumping while going down on the snowboard.
- 높이 점프했다. — I got some air.
  get some air 높이 점프하다

• 다른 사람들과 부딪치지 않으려고 조심했다. I was careful not to bump into others.

09 승패

승리하다 P2-08-0901

• 우리 팀이 경기에서 이겼다. We won the game.

• 우리 팀이 상대팀을 이겼다. My team defeated the other team.
defeat 쳐부수다, 패배시키다

• 우리 팀이 다른 팀을 모두 이기면 좋겠다. I hope my team beats all the other teams.
beat 이기다

• 우리가 5연승을 거두었다. We won 5 straight games.

• 3대 2로 우리가 이겼다. We won with a score of 3 to 2.

• 우리 팀이 2점 차로 이겼다. My team won by two points.

• 우리가 압도적인 차이로 이겼다. We won overwhelmingly.
overwhelmingly 압도적으로

• 우리는 경쟁팀을 쉽게 이겼다. We won an easy victory over our rival.

• 모든 역경을 극복하고 경기에서 이겼다. Against all odds, we won the game.
odds 핸디캡, 차이

• 역전승을 했다. We came from behind to win.

• 정정당당하게 싸워 이겼다. We won fairly.

• 정당하지 못하게 이겼다. We won by foul play.
foul 부정한, 더러운

• 나는 아직 경기에서 져 본 적이 없다. I have never lost a game yet.

• 나는 어느 누구에게도 승리를 양보하고 싶지 않다. I don't want to concede the defeat to anyone.
yield the palm to ~에게 지다

• 아슬아슬하게 그 경기에서 이겼다. We won the game by a narrow margin.
by a narrow margin 간신히

- 마지막 순간에 이겼다. We won the game at the last moment.
- 우리는 챔피언이 되었다. We became champions.
- 우리의 승리를 축하하기 위해 파티를 열었다. We had a party to celebrate our victory.

비기다 P2-08-0902

- 막상막하의 경기였다. It was a close game.
  The game was neck and neck.
- 우리는 비겼다. We were even.
  even 대등한, 비긴, 평평한
- 경기가 동점으로 끝났다. The game ended in a tie.
  The game ended in a draw.
  draw 비김
- 그 경기는 동점이었다. The game was a tie.
- 2대 2로 비겼다. The score was tied, two to two.

지다 P2-08-0903

- 우리는 시합에서 졌다. We lost the game.
- 우리 팀이 졌다. My team was defeated.
- 우리 팀이 2대 3으로 졌다. We lost the game 2 to 3.
- 우리는 5대 0으로 완패했다. We were totally blown away, 5 to 0.
- 우리 팀은 경쟁팀에게 졌다. My team lost to the rival team.
- 우리는 패배를 인정했다. We admitted our defeat.
  admit 시인하다, 인정하다
- 그 경기의 결과는 우리의 예상과는 반대였다. The result of the game was opposite of what we had expected. opposite 정반대의

My Brother 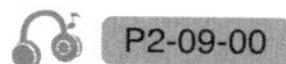 P2-09-00

Sunday January 15, Too cold

My brother's name is 'Chan'.
He is a very naughty boy. He always plays tricks on me.
Sometimes it's so tiring for me to play with him.
Sometimes he annoys me.
He never stops moving. He is so tall for his age.
He is three years younger than I, but when we meet, we always quarrel.
Nevertheless, I love my brother.

내 동생 1월 15일 일요일, 무척 추움

내 동생 이름은 '찬'이다.
동생은 무척 장난꾸러기이다. 동생은 항상 나에게 장난을 친다.
가끔 나는 동생과 노는 것이 피곤할 때도 있다. 때로는 나를 짜증나게 하기도 한다.
동생은 항상 부산하게 움직인다. 키도 나이에 비해 큰 편이다.
동생은 나보다 세 살 어리지만 우리는 만나기만 하면 싸운다. 그래도 나는 동생을 사랑한다.

naughty 장난꾸러기의 **play tricks on** ~에게 장난치다 **tiring** 피곤한 **annoy** 짜증나게 하다 **for one's age** 나이에 비해 **quarrel** 싸우다 **nevertheless** 그럼에도 불구하고

01 우리 가족과 나

가족 관계

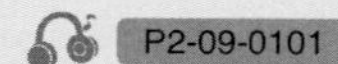

엄마 mom, mother
아빠 dad, father
딸 daughter
아들 son
할머니 grandmother
할아버지 grandfather
조부모 grandparents
숙모 aunt
삼촌 uncle

여조카 niece
남조카 nephew
사촌 cousin
손녀 granddaughter
손자 grandson
증조부모 great grandparents
증손녀 great granddaughter
증손자 great grandson
이복(이부)자매 half-sister

이복(이부)형제 half-brother
시어머니, 장모 mother-in-law
시아버지, 장인 father-in-law
며느리 daughter-in-law
사위 son-in-law
처제, 시누이 sister-in-law
처남, 매형 brother-in-law
새어머니 stepmother
새아버지 stepfather

출생과 성장

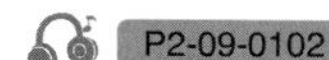

- 나는 1994년에 서울에서 태어났다.
  I was born in Seoul in 1994.
  be born 태어나다
- 나는 서울 토박이다.
  I am a native of Seoul.
  native 출신자, 토박이
- 나는 서울에서 나고 자랐다.
  I was born in and grew up in Seoul.
  grew up 자라다
- 나는 대전에서 태어났지만 서울에서 자랐다.
  I was born in Daejeon, but raised in Seoul.
  be raised 자라다
- 나는 서울에서 어린 시절을 보냈다.
  I spent my childhood in Seoul.
  childhood 어린 시절
- 나는 대가족에서 자랐다.
  I grew up in a large family.

가족 구성원

- 우리 가족은 대가족이다.
  My family is large.
- 우리 가족은 식구가 많다.
  We have a large family.

- 우리 가족은 소가족이다.
  My family is small.
  We have a small family.
- 우리 가족은 네 명이다.
  We are a family of four.
  I have four in my family.
  There are four people in my family.
- 우리 가족은 엄마, 아빠, 언니 그리고 나이다.
  My family members are my mom, dad, elder sister and myself.
- 우리 가족은 어머니, 아버지, 여동생 그리고 를 포함하여 넷이다.
  I have four members in my family, including my mother, father, younger sister and myself.
  including ~을 포함하여

행복한 가족

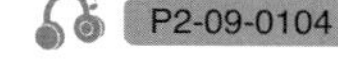

- 우리 가족은 함께 행복하게 산다.
  My family lives together happily.
- 우리는 부유하지는 않지만 행복하다.
  We are not rich, but we are happy.
- 우리는 비록 가난하지만 언제나 함께 있어 행복하다.
  Although we are poor, we are always happy together.
- 화목한 가정에서 살고 싶다.
  I want to live in a happy home.
- 우리 가족은 서로를 사랑한다.
  My family loves one another.
- 부자라고 해서 항상 행복한 것은 아니다.
  The rich are not always happy.
- 집만큼 좋은 곳은 없다.
  There's no place like home.

02 조부모

할아버지

- 그분은 나의 친할아버지이시다.
  He is my paternal grandfather.
  paternal 아버지의, 아버지 쪽의

- 그분은 나의 외할아버지이시다. — He is my maternal grandfather.
  maternal 어머니의, 어머니 쪽의
- 우리 가족은 조부모님과 함께 산다. — My family lives with my grandparents.
- 할아버지는 70세이지만 아주 건강하시다. — My grandfather is seventy years old, and he is very healthy.
- 할아버지는 언제나 너그러우시다. — My grandfather is always generous.
  generous 관대한, 너그러운
- 할아버지는 65세에 퇴직하셨다. — My grandfather retired at the age of 65.
  retire 은퇴하다, 퇴직하다
- 할아버지는 정원 가꾸는 것을 좋아하신다. — My grandfather likes to care for the garden.
  care for ~을 돌보다, 좋아하다
- 할아버지는 치매를 앓고 계신다. — My grandfather has Alzheimer's.
  Alzheimer 치매, 알츠하이머병
- 할아버지 얼굴에 있는 주름을 보니 서글펐다. — I felt sad to see the wrinkles on my grandfather's face.
  wrinkle 주름

할머니

P2-09-0202

- 할머니는 우리 집에 사시면서 나를 길러 주신다. — My grandmother stays at our home and nurtures me.
  nurture 양육하다, 교육하다
- 나는 할머니 밑에서 자랐다. — I was brought up by my grandmother.
  be brought up 자라다, 양육되다
- 할머니는 우리를 편하게 해주신다. — My grandmother makes us feel comfortable.
  comfortable 편안한
- 할머니는 마음이 아주 넓으시다. — My grandmother is very tolerant.
  tolerant 관대한, 아량 있는
- 할머니는 건강이 좋지 못하셨다. — My grandmother was not healthy.
- 할머니가 편찮으실 때 내가 시중을 들었다. — When my grandmother was sick, I waited on her.
  wait on ~의 시중을 들다
- 우리 할머니는 작년에 돌아가셨다. — My grandmother passed away last year.
  pass away 돌아가시다

03 부모

부모님

P2-09-0301

- 우리 부모님은 맞벌이 부부이시다. — My parents both work.
- 엄마 아빠는 사이가 좋으시다. — My mom and dad get along well together.
  get along 사이좋게 지내다
- 우리 부모님은 항상 신혼부부 같으시다. — My parents are always like newlyweds.
  like ~와 같은 | newlyweds 갓 결혼한 신혼부부
- 우리 부모님은 잉꼬부부이다. — My parents are like a pair of lovebirds.
  lovebirds 다정한 부부(lovebird 잉꼬)
- 부모님은 결혼하신 지 15년이 되었다. — My parents have been married for 15 years.
- 부모님이 자랑스럽다. — I am proud of my parents.
- 나는 항상 부모님 말씀을 잘 듣는다. — I always obey my parents.
  obey 따르다, 순종하다
- 부모님은 우리에게 뭐든 다 해주시려고 하신다. — My parents try to make us want for nothing.
- 나는 훌륭한 아들이 되려고 노력한다. — I try to be a good son.
- 부모님은 내게 너무 많은 것을 기대하신다. — My parents expect too much of me.
- 부모님은 가끔 내 마음을 몰라주신다. — My parents sometimes don't understand me.
- 부모님은 내가 하는 일마다 꾸중을 하신다. — My parents scold me for everything I do.
- 우리 부모님은 별거 중이시다. — My parents are separated.
  separated 분리된
- 우리 부모님은 이혼하셨다. — My parents got divorced.
  get divorced 이혼하다

아빠

P2-09-0302

- 우리 아빠는 매우 엄격하시다. — My dad is very strict.
  strict 엄격한

- 아빠는 일을 무척 열심히 하신다. My dad is a hard-worker.
- 아빠는 너무 바쁘셔서 나와 시간을 보내지 못하신다. My father is too busy to spend time with me.
- 나는 아빠와 세대 차이를 별로 느끼지 못한다. I don't feel the generation gap between my dad and me. generation gap 세대 차이
- 나는 어릴 때 아빠 등에 업히는 것을 좋아했다. When I was younger, I liked to have a piggy-back ride on my dad's back. piggy-back ride 등에 업히기
- 아빠는 가끔 나에게 목말을 태워 주셨다. Sometimes I rode on my dad's shoulders.
- 아빠는 가끔 집안일을 도와주신다. My dad often helps with the housework.
- 아빠는 일이 끝나면 곧장 집으로 오신다. My dad goes straight home after work.
- 아빠는 직장에서 집에 오실 때 먹을 것을 사 오신다. My dad buys something to eat on his way home from work. on one's way home 집으로 오는 길에

엄마 P2-09-0303

- 우리 엄마는 가정주부이시다. My mom is a housewife.
- 엄마는 대개 집에 계시면서 살림을 하신다. My mom is usually at home and keeps house.
- 엄마는 학교 선생님이시다. My mom works at school.
- 엄마는 늘 세 아이를 돌보느라 여념이 없으시다. My mom is always busy with three kids.
- 엄마와 함께 있으면 마음이 편하다. Being with my mom makes me feel at home. feel at home 편하게 느끼다
- 엄마는 우리를 돌보느라 아침부터 밤까지 바쁘시다. My mom is busy taking care of us from morning till night. take care of ~를 돌보다
- 엄마는 바느질을 잘하신다. My mom is good at sewing. be good at ~을 잘하다 | sewing 바느질
- 엄마는 가끔 나에게 사랑이 담긴 편지를 주신다. Sometimes my mom gives me a letter filled with her love.
- 나는 뭔가 필요한 게 있으면 엄마를 찾는다. I call my mom when I need something.
- 엄마의 잔소리는 끝이 없으시다. My mom never stops nagging. nag 잔소리하다

- 엄마는 간섭을 잘 하신다. — My mom is so nosy.
  nosy 참견이나 간섭을 좋아하는

04 형제자매

형제 관계 P2-09-0401

- 나는 외동딸이고 남자 형제가 없다. — I am the only daughter and have no brothers.
- 나는 우리 가족의 외동이다. — I am the only child in my family.
- 나는 2남 1녀의 장남이다. — I am the oldest son of two brothers and one sister.
- 나는 둘째 아들이다. — I am the second son.
- 나는 삼대독자다. — I am the third generation of only sons.
- 우리는 삼형제이다. — There are three boys in my family.
- 나는 남동생이 한 명 있다. — I have a younger brother.
- 나는 형이 두 명 있다. — I have two elder brothers.
- 내가 막내다. — I am the youngest.
- 내 동생과 나는 쌍둥이다. — My younger brother and I are twins.
- 우리는 쌍둥이지만 전혀 다르게 생겼다. — We look entirely different even though we are twins.
  even though ~일지라도

동생 P2-09-0402

- 나는 동생과 매우 닮았다. — I look a lot like my younger brother.
- 우리는 매우 닮았다. — We are like two peas in a pod.
  like two peas in a pod 똑같이 생긴
- 사람들은 나와 동생을 많이 혼동한다. — People often confuse me with my younger brother.
  confuse A with B A를 B와 혼동하다
- 내 동생은 나보다 세 살 어리다. — My younger brother is three years younger than I.

- 나는 동생보다 세 살 많다. — I am three years older than my younger brother.
- 동생과 나는 공통점이 많다. — My younger brother and I have a lot in common.
  have ~ in common ~을 공통으로 가지다
- 동생과 나는 공통점이 하나도 없다. — My younger brother and I have nothing in common.
- 나는 책 읽기를 싫어하는 반면 동생은 책 읽기를 좋아한다. — I don't like to read books. On the other hand, my younger brother does. on the other hand 반면에
- 동생은 악몽을 꾸면 종종 침대에 오줌을 싼다. — My younger brother often pees in his bed when he has nightmares. pee 오줌을 누다
- 동생은 뭐든지 내가 하는 대로 한다. — My younger brother does whatever I do.
  whatever 무엇이든지
- 동생은 날 따라하려고 한다. — My younger brother tries to copy me.
  copy 복사하다, 모방하다
- 동생은 항상 찡얼거린다. — My brother is a crybaby.
  crybaby 울보, 겁쟁이
- 동생은 항상 엄마를 졸졸 따라 다닌다. — My younger brother always follows my mom around.

형 P2-09-0403

- 나는 형의 것이 다 좋아 보인다. — Everything my elder brother has looks good to me.
- 나는 형이 하는 것을 다 따라한다. — I imitate all that my elder brother does.
  imitate 흉내내다
- 우리 형은 정말 재밌다. — My elder brother is really funny.
- 우리 형은 가끔 내 물건을 마음대로 쓴다. — My elder brother makes free use of my things.
- 형이 나를 때릴 때는 기분이 나쁘다. — I feel bad when my elder brother hit me.
- 우리 형은 약간 괴짜이다. — My elder brother is a bit of an odd-ball.
  odd-ball 별난 사람
- 나는 다른 누구보다도 큰 형이 제일 좋다. — I like my eldest brother more than the others.

05 친척

친척 관계 P2-09-0501

- 서울에 친척 몇 분이 계신다. — I have several relatives in Seoul.
  relative 친척
- 나는 그와 친척이다. — I am related to him.
- 그는 나와 가까운 친척이다. — He is my close relative.
- 그는 나와 먼 친척이다. — He is my distant relative.
  distant 먼
- 그는 친가 쪽 친척이다. — He is related to me on my paternal side.
- 그는 외가 쪽 친척이다. — He is related to me on my maternal side.
- 우리는 친척들과 사이가 좋다. — We get along with our relatives.
  get along with ~와 사이좋게 지내다
- 나는 남자 조카가 한 명밖에 없다. — I have just one nephew.

친척 간의 왕래 P2-09-0502

- 최근에 사촌의 소식을 듣지 못했다. — I haven't heard from my cousin recently.
  recently 최근에
- 오랫동안 사촌을 못 봤다. — I haven't seen my cousin for a long time.
- 그는 내 또래다. — He is my age.
- 큰 명절에는 친척들을 만난다. — I see my relatives on big holidays.
  holiday 명절, 휴가
- 친척집에 자주 가야겠다. — I will visit my relatives often.
- 가까운 이웃이 먼 친척보다 낫다. — A good neighbor is better than a brother far off.
- 친척들이 멀리 있어 자주 가 보지 못한다. — I can't visit my relatives often since they live far away.

06 종교

기독교

P2-09-0601

- 나는 기독교 신자다. I am a Christian.
- 나는 믿음이 강하다. My belief is strong.
  belief 믿음
- 나는 믿음이 약하다. I am weak in my faith.
  faith 믿음, 신념
- 나는 매일 아침 한 시간씩 성경책을 읽는다. I read the Bible for an hour every morning.
- 교회에 가면 편안함을 느낀다. I feel comforted when I go to church.
  comforted 위안을 받은
- 나는 일요일마다 교회에 간다. I go to church on Sundays.
- 가끔은 예배에 참석하지 않을 때도 있다. Sometimes I don't attend worship.
  attend ~에 참석하다 | worship 예배
- 목사님께서 예배 기도를 하셨다. The pastor gave the benediction.
  pastor 목사 | benediction 예배 기도
- 나는 교회 성가대원이다. I am a member of the church choir.
- 예배 시간에 헌금을 했다. I gave offerings to God in the worship service.
  offering 헌금, 헌납
- 무릎을 꿇고 기도를 드렸다. I knelt in prayer.
  knelt kneel(무릎 꿇다)의 과거형
- 하느님께 우리 가족에게 은총을 내려 달라고 기도했다. I prayed to God to bless my family.
- 예수 그리스도의 이름으로 기도를 마쳤다. I ended my prayer in the name of Jesus Christ.

천주교

P2-09-0602

- 우리 가족은 일요일마다 미사에 간다. My family goes to mass every Sunday.
  mass 미사, 덩어리, 모임, 대중

- 나는 미사에 참석했다.
  I attended mass.
- 머리 위에 미사 베일을 썼다.
  I wore my veil on my head.
  veil 베일, 면사포
- 어제 신부님께 세례를 받았다.
  I was baptized by the priest yesterday.
  be baptized 세례 받다 | priest 신부
- 세례명을 마리아로 받았다.
  I was baptized Maria.
- 나의 세례명은 베드로이다.
  My baptismal name is Peter.
  baptismal 세례의
- 가슴에 성호를 그리며 기도했다.
  I prayed, making the sign of cross on my chest.
- 성모 마리아와 예수의 이름으로 기도를 드렸다.
  I prayed in Saint Maria's and Jesus' names.
- 고해성사를 했다.
  I made a sacramental confession.
  sacramental 신성한 | confession 신앙고백, 자백, 고백
- 나는 신부가 되고 싶다.
  I want to be a priest.
- 나는 수녀가 되고 싶다.
  I want to be a nun.
  nun 수녀

불교

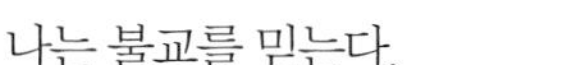

- 나는 불교를 믿는다.
  I believe in Buddhism.
- 우리 가족은 불교 신자다.
  My family professes Buddhism.
  profess ~을 믿는다고 고백하다
- 나는 절에 불공을 드리러 갔다.
  I went to a temple to worship.
  temple 절, 사원 | worship 참배, 숭배
- 염불을 했다.
  I said a prayer to the Buddha.
- 나는 염주를 세며 명상을 하였다.
  I meditated with my beads.
  meditate 명상하다, 묵상하다
- 나는 절의 고요한 분위기를 좋아한다.
  I like the tranquil atmosphere of temples.
  tranquil 조용한, 평온한 | atmosphere 분위기, 대기
- 부처님께 공양을 올렸다.
  I offered food to Buddha.
  offer 바치다, 제공하다

Cleaning

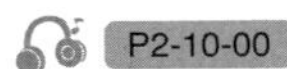

Saturday October 9, Chilly

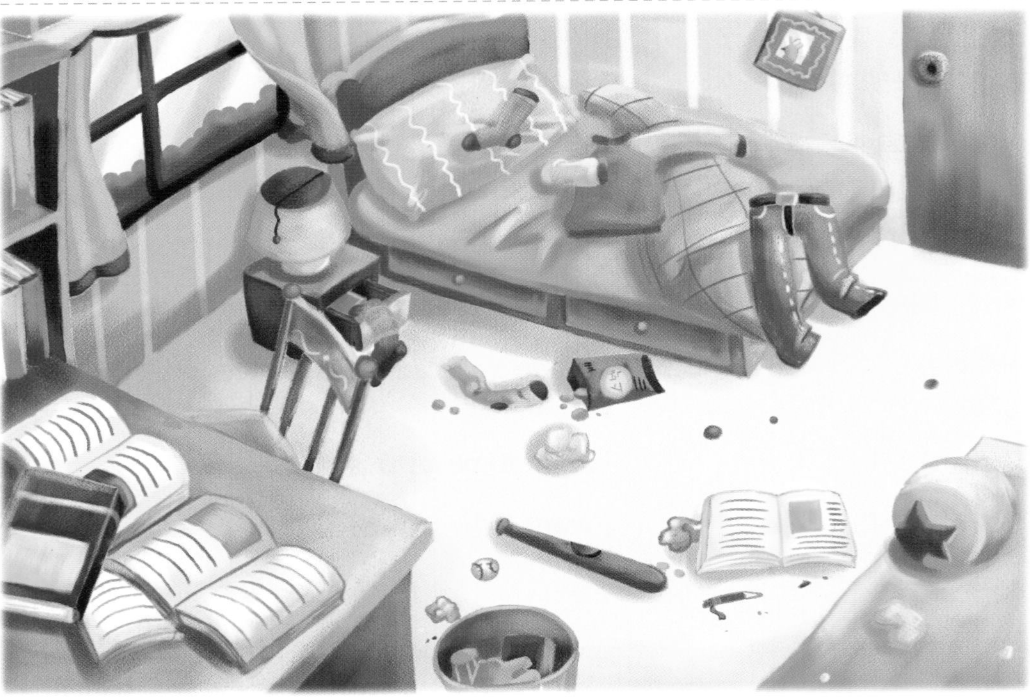

Today my mom scolded me because my room was too messy.
The room was messed up. Here and there, the dust has piled up.
I had to clean my room.
First of all, I arranged the scattered books.
I put the clothes on the bed into the closet.
I was so happy after cleaning up the room.

청소 10월 9일 토요일, 으슬으슬 추움

오늘 엄마가 내 방이 너무 지저분하다고 꾸중을 하셨다.
방이 정말 엉망진창이었다. 여기저기 먼지도 많이 쌓여 있었다.
내 방을 청소해야 했다.
먼저 책상 위에 흩어져 있는 책들을 정리했다.
침대 위에 있는 옷들도 옷장에 넣었다.
방을 깨끗이 청소하고 나니 기분이 정말 좋았다.

scold 꾸중하다 **messy** 어질러진 **be messed up** 뒤죽박죽 어질러져 있다 **dust** 먼지 **pile up** 쌓이다 **first of all** 우선 **arrange** 정리하다 **scattered** 흩어진 **closet** 옷장, 작은 장

01 청소

지저분한 방 P2-10-0101

- 방이 지저분했다.
  The room was messy.
  messy 어질러진, 더러운
- 방이 엉망이었다.
  The room was a mess.
  mess 혼란함, 어수선함
  The room was messed up.
- 곳곳에 먼지가 쌓여 있었다.
  The dust has piled up here and there.
  pile up 쌓여 있다
- 곳곳에 종이와 옷들이 널브러져 있었다.
  There were papers and clothes everywhere.
- 엄마가 방을 치우라고 소리치셨다.
  My mom shouted at me to clean the room.
- 엄마가 시키면 청소하기가 싫어진다.
  I don't feel like cleaning when my mom makes me clean.
- 내 방을 직접 청소해야 했다.
  I had to clean my room myself.
- 방을 구석구석 청소해야 했다.
  I needed to clean the room from top to bottom.

방 청소 P2-10-0102

- 오늘 내 방을 청소했다.
  I cleaned my room today.
- 환기를 하기 위해 창문을 열었다.
  I opened the window to air out the room.
  air 환기하다
- 비로 방을 쓸었다.
  I swept the room with the broom.
  swept sweep(쓸다)의 과거형 | broom 비
- 진공청소기로 방을 청소했다.
  I vacuumed the room.
  vacuum 진공청소기로 청소하다
- 걸레로 바닥을 닦았다.
  I cleaned the floor with a rag.
  rag 헝겊, 넝마, 누더기

- 방을 말끔하게 정돈했다. I tidied up the room.
  tidy up 말끔하게 치우다
- 방을 정리 정돈했다. I set the room in order.
  in order 정돈되어, 순서대로

집안 청소 P2-10-0103

- 지저분한 것을 깨끗이 치웠다. I cleaned up mess.
- 필요 없는 것들을 버렸다. I got rid of unnecessary things.
  get rid of ~을 제거하다, 없애다 | unnecessary 필요없는
- 창문을 닦았다. I wiped off the window.
- 쓰레기를 휴지통에 넣었다. I put the garbage in the trash can.
  garbage 쓰레기
- 쓰레기통을 비웠다. I emptied the trash can.
  empty 비우다
- 쓰레기를 내다 놓았다. I took out the garbage.
- 현관을 대걸레로 닦았다. I mopped the porch.
  mop 대걸레로 청소하다 | porch 현관
- 흩어져 있는 책들을 정리했다. I arranged the scattered books .
  scatter 흩뜨리다
- 책들을 제자리에 놓았다. I put the books back.
- 장난감을 정리했다. I put the toys away.
  put ~ away ~을 정리하다, 치우다
- 옷들은 옷장에 걸었다. I hung the clothes up in the closet.
- 더러운 옷들은 빨래 바구니에 넣었다. I put the dirty clothes in the laundry basket.
- 집 안의 먼지를 털었다. I removed the dust from the house.
  remove 제거하다
- 가구의 먼지를 털었다. I dusted the furniture.
  dust 먼지를 털다
- 욕조를 문질러 닦았다. I scrubbed the bathtub.
  scrub 문질러 닦다 | bathtub 욕조

욕실용품

P2-10-0104

욕실 bathroom	비누 soap	화장지 toilet paper
세면대 washstand, washbowl	물비누 liquid soap	두루마리 화장지 toilet roll
욕조 bathtub	눌러 쓰는 비누 soap-dispenser	화장지 걸이 toilet paper holder
샤워 커튼 shower curtain	종이비누 paper soap, soap leaf	빨래판 washboard
수도꼭지 faucet	샴푸 shampoo	빨랫솔 scrub brush
수도관 water pipe	린스 rinse	면도기 razor
칫솔 toothbrush	수건 towel	전기면도기 electric razor
치약 toothpaste	수건걸이 towel-hanger	빗 comb
비누 받침 soap case	변기 stool, toilet	거울 mirror

02 부엌일 돕기

식사 준비

P2-10-0201

- 나는 부엌에서 엄마를 거드는 것을 좋아한다. I like to help my mom out in the kitchen.
  help ~ out ~를 거들다
- 엄마가 저녁 준비하는 것을 도와드렸다. I helped my mom prepare dinner.
- 식탁을 닦았다. I wiped the table.
- 식탁에 숟가락과 젓가락을 놓았다. I placed the spoons and chopsticks on the table.
- 엄마는 음식을 준비하셨다. My mom prepared the food.
- 내가 식탁 위에 반찬을 놓았다. I put the side dishes on the table.
- 밥그릇에 밥을 펐다. I put the rice into the rice bowls.
- 냄비에서 국을 펐다. I scooped soup out of the pot.
  scoop 국자로 푸다
- 컵에 물을 따랐다. I poured water into the glasses.

설거지 및 정리 P2-10-0202

- 식사 후에 식탁 위를 치웠다. — I cleared the table after the meal.
- 식탁 위를 깨끗이 닦았다. — I cleaned up the table.
  I wiped up the table.
- 설거지할 것이 많았다. — I had a lot of dishes to wash.
- 식사 후 설거지를 했다. — I washed the dishes after the meal.
- 더러워진 접시들을 수세미로 닦았다. — I scrubbed some dirty dishes with a scrubbing pad. scrubbing pad 수세미
- 설거지를 하다가 컵을 떨어뜨렸다. — I dropped a glass while washing the dishes.
  drop 떨어뜨리다
- 컵이 산산조각 났다. — The glass broke into pieces.
  break into pieces 산산조각이 나다
- 조심스럽게 바닥을 치웠다. — I cleaned the floor carefully.
  floor 바닥, 마루 | carefully 조심스럽게, 주의깊게
- 접시 걸이에 물 묻은 접시를 올려놓았다. — I put the wet dishes in the dish rack.
  rack 걸이
- 접시의 물기를 행주로 닦았다. — I dried the dishes with a dish towel.
- 개수대를 깨끗이 닦았다. — I cleaned off the sink.
- 행주를 빨았다. — I washed kitchen towels.

03 정원 가꾸기

꽃 가꾸기 P2-10-0301

- 나는 꽃 기르는 것을 좋아한다. — I like to raise flowers.
  raise 기르다

- 정원에 꽃씨 몇 가지를 뿌렸다. — I sowed several kinds of flower seeds in the garden.
  sow 씨를 뿌리다 | sead 씨
- 씨를 뿌리기 전에 삽으로 흙을 뒤섞었다. — I turned the soil with a spade before sowing.
  soil 흙 | spade 삽
- 묘목도 몇 그루 심었다. — I planted some seedlings.
  seedling 묘종, 묘목
- 나는 정원에 몇 종류의 꽃을 옮겨 심었다. — I transplanted a few kinds of flowers to the garden. translate 옮겨 심다, 통역하다
- 허브 몇 개를 화분에 심었다. — I potted a few herbs.
  pot 화분에 심다 | herb 허브

정원 가꾸기 P2-10-0302

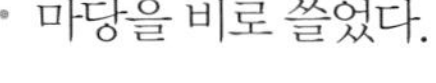

- 마당을 비로 쓸었다. — I swept the yard with a broom.
  swept sweep(쓸다)의 과거형
- 정원에 잡초가 많았다. — My garden has a lot of weeds.
  weed 잡초
- 정원이 잡초로 뒤덮여 있었다. — The garden was covered with the weeds.
- 정원의 잡초를 뽑았다. — I removed the weeds from the garden.
- 잔디를 깎아야 했다. — The grass needed cutting.
- 잔디에 물을 주어야 했다. — The grass was in need of water.
  be in need of ~을 필요로 하다
- 잔디에 물을 주었다. — I watered the lawn.
  water 물을 주다 | lawn 잔디
- 시든 꽃들을 잘라 버렸다. — I removed the withered flowers.
  withered 시든, 싱싱하지 않은
- 낙엽을 갈퀴로 긁어모았다. — I raked fallen leaves.
  rake 갈퀴로 긁어모으다
- 흙에 비료를 주었다. — I fertilized the soil.
  fertilize ~에 비료를 주다, 기름지게 하다

04 집 꾸미기

P2-10-0401

소파 sofa
휴식용 소파 couch
탁자 tea table
등받이 없는 의자 stool
흔들의자
rocker, rocking chair
팔걸이의자 armchair

장롱 wardrobe
옷장 closet
서랍장 chest
서랍 drawer
화장대 dresser
선반 shelf
신발장 shoe shelf

책장 bookshelf, bookcase
콘솔 console
스탠드 lamp
침대 bed
침대 탁자 nightstand
식탁 dining table
장식장 cabinet

P2-10-0402

베개 pillow
누비이불 quilt
침대보 coverlet
담요 blanket
쿠션 cushion
액자 frame
벽걸이 융단 tapestry
벽시계 clock
카펫 carpet
마루 깔개 rug
거울 mirror
샹들리에 pendulum
인터폰 intercom

콘센트 outlet
플러그 plug
문 손잡이 handle
서랍 손잡이 knob
걸이 rack
옷걸이 hanger
모자걸이 hat rack
다리미판 ironing-board
리모콘 remote control
가습기 humidifier
식탁보 table cloth
쌀통 rice chest
진공청소기 vacuum cleaner

솔 brush
빗자루 broom
쓰레받기 dust-pan
대걸레 mop
마루 걸레 floor cloth
쓰레기통 wastebasket
쓰레기통용 봉지 trash liner
실내화 slippers
반짇고리 workbox
백열등 incandescent light
형광등 fluorescent light
창문 블라인드 window shade
커튼 curtain

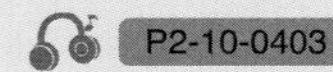

P2-10-0403

현관 porch
베란다 balcony, veranda
테라스 terrace
거실 living room
침실 bedroom
부엌 kitchen
식당 dining room
세탁실 laundry room
욕실 bathroom
화장실 toilet

다용도실 utility room
서재 library, study
육아실 nursery
아이방 kid's room
광 shed, barn
지하 창고 cellar
지하실 basement
차고 garage
다락방 attic
옥내 층계 stairs

옥외 층계 steps
마루 floor
지붕 roof
굴뚝 chimney
안마당 courtyard, front yard
뒤뜰 backyard
울타리 fence
정원 garden
잔디 lawn
대문 gate

방 꾸미기 P2-10-0404

- 방을 좀 바꾸고 싶었다.
  I wanted to change my room.
- 우리 가족은 집의 가구를 재배치했다.
  My family rearranged the furniture in the house.
- 나는 집 안을 꽃으로 장식했다.
  I decorated the house with flowers.
- 꽃을 화병에 꽂았다.
  I put some flowers in the vase.
- 벽에 자그마한 그림을 걸었다.
  I hung the small picture.
  hung hang(걸다)의 과거형

- 그림을 거실 벽에 걸었다.
  I hung a picture on the wall of the living room.
- 멋진 스탠드를 내 방에 놓았다.
  I placed a nice stand in my room.

05 기타 집안일

기타 집안일 P2-10-0501

- 엄마를 위해 심부름을 했다.
  I ran an errand for my mom.
  run an errand 심부름하다
- 아빠가 세차하시는 것을 도와드렸다.
  I helped my dad wash the car.
- 내 손수건을 빨았다.
  I washed my handkerchief.
- 빨래를 빨랫줄에 널었다.
  I hung the clothes on the clothesline.
  clothesline 빨랫줄
- 빨랫줄에서 빨래를 걷었다.
  I took the laundry off the clothesline.
  laundry 세탁물
- 빨래를 갰다.
  I folded the clothes.
  fold 접다, 접어 포개다
- 집안일은 가족 모두가 같이 해야 한다고 생각한다.
  I think all the family should do the housework together.

수리 P2-10-0502

- 수도꼭지에서 물이 새고 있었다. The faucet was leaking.
  faucet 수도꼭지 | leak 새다, 새어나오다
- 아빠가 물이 새는 수도꼭지를 고치셨다. My dad repaired the leaky faucet.
  repair 수리하다 | leaky 새는
- 변기가 막혀서 물이 안 내려갔다. The toilet was plugged up, so it didn't flush.
  be plugged up 막히다
- 개수대가 막혔다. The sink is blocked up.
  be blocked up 막히다
- 따뜻한 물이 안 나온다. Hot water doesn't come out.
- 비디오가 고장 났다. The VCR was broken.
  VCR 비디오(=video cassette recorder)
- TV가 잘 안 나왔다. The TV reception was poor.
  reception (TV의) 수신 상태, 수령
- TV 안테나가 휘었다. The TV antenna is bent.
  bent 휜, 구부러진
- 엄마가 수리 센터에 전화했다. My mom called the repair center.
  repair center 수리 센터
- 전등이 깜빡거렸다. The light was flickering.
  flicker 깜빡이다, 흔들리다
- 전구가 나갔다. The light bulb has burned out.
- 정전이 되었다. We had a blackout.
  blackout 정전
- 전기가 나갔다. The electricity was out.
  The electricity has gone off.
- 자물쇠가 고장 났다. The lock is broken.
- 문이 꼼짝하지 못한다. The door is stuck.
  stuck 고정된, 들러붙은
- 문 손잡이가 빠졌다. The door handle has come off.
- 강력 접착제를 사용하여 그것을 붙였다. I bonded it with a strong adhesive.
  adhesive 접착제

My Birthday 

Saturday February 16, Clear

Today was my birthday. I wanted to invite my friends to my birthday party. So I made invitations a few days ago and sent them to my friends. When my friends came to my house, I was very happy.

My mom prepared special food for us. The food was really delicious, the pizza especially was fantastic. They gave me some presents and sang "Happy Birthday." We ate a lot and had a good time.

생일 2월 16일 토요일, 맑음

오늘은 내 생일이었다. 나는 생일 파티에 친구들을 초대하고 싶었다. 그래서 나는 며칠 전에 초대장을 만들어 친구들에게 보냈다. 친구들이 우리 집에 왔을 때 나는 매우 기분이 좋았다.

엄마께서 우리를 위해 특별식을 준비해 주셨다. 음식이 정말 맛있었는데, 특히 피자가 환상적이었다. 친구들은 나에게 선물을 주고 생일 축하 노래도 불러 주었다. 우리는 많이 먹고 재밌는 시간을 보냈다.

invite 초대하다 **invitation** 초대장 **prepare** 준비하다 **special** 특별한 **especially** 특히 **fantastic** 환상적인 **present** 선물 **have a good time** 즐거운 시간을 보내다

01 설

설날 아침 P2-11-0101

- 나는 설날에 아침 일찍 일어나 새 옷을 입었다.
  On New Year's Day, I got up early in the morning and put on new clothes. put on 입다
- 나는 한국의 전통 의상인 한복 입는 것을 좋아한다.
  I like to wear hanbok, the Korean traditional costume. traditional 전통의 | costume 의상, 복장
- 색상이 화려하고 우아해서 나는 한복을 좋아한다.
  I like hanbok because it is very colorful and graceful. graceful 우아한, 얌전한
- 아침 식사로 떡국 한 그릇을 먹고 나이도 한 살 더 먹었다.
  I ate a bowl of rice cake soup and turned a year older. rice cake 떡
- 나이를 두 살 먹고 싶어서 떡국을 두 그릇 먹었다.
  I wanted to gain two years an age, so I ate two bowls of rice cake soup.
- 문안 인사를 하러 친척집을 방문했다.
  I visited my relatives to pay my respects. pay one's respects 문안을 드리다

차례・성묘 P2-11-0102

- 우리는 차례상을 차렸다.
  We set the table for the ancestral memorial ceremony. ancestral 조상의 | memorial 기념의, 추도의
- 음식을 상 위에 가지런히 차려 놓았다.
  We carefully arranged the food on the table. arrange 정리하다, 가지런히 놓다
- 친척들과 함께 차례를 지냈다.
  I performed the ancestral memorial ceremony with my relatives. perform 실행하다, 수행하다
- 조상님께 두 번 절했다.
  We bowed twice to our ancestors. bow 절하다 | ancestor 조상
- 차례를 지낸 후 성묘를 갔다.
  After the ancestral memorial ceremony, we visited the graves of our ancestors.
- 며칠 전에 아빠께서 조부모님 산소에 벌초를 해놓으셨다.
  My dad cut the weeds around my grandparents' graves a few days ago. weed 잡초

- 우리는 산소 근처에서 뛰어다니며 놀았다.
  We skipped about around the graves.
  skip about 이리저리 뛰놀다

세배 P2-11-0103

- 설날 아침 집안 어른들께 세배를 했다.
  On the morning of New Year's Day, we bowed to the elder members of the family.
- 나는 할아버지의 건강과 장수를 빌었다.
  I wished my grandfather good health and longevity. longevity 장수
- 어른들은 우리에게 덕담을 한 마디씩 해주셨다.
  They gave each of us some good advice.
- 절을 한 후에 어른들께서 세뱃돈을 주었다.
  After the bows, they gave us some New Year's money. handsel 새해 선물
- 올해는 모두 OO원의 세뱃돈을 받았다.
  I got a total of OO won this year.
- 돈을 많이 받아서 기분이 매우 좋았다.
  I was very happy to receive so much money.
- 기대한 것보다 덜 받았다.
  I got less money than I expected.
- 그 돈은 내 마음대로 쓰고 싶다.
  I want to spend the money as I wish.

새해 다짐 P2-11-0104

- 나는 새해 결심을 했다.
  I made my New Year's resolutions.
  resolution (새해에 하는) 결심, 결의, 다짐
- 내 새해 결심 중 하나는 시간을 잘 지키는 것이다.
  One of my New Year's resolutions is to be punctual. punctual 시간을 엄수하는, 늦지 않는
- 새해에는 영어 공부를 열심히 하기로 결심했다.
  I made my resolution to study English hard this new year.
- 올해는 살이 찌지 않도록 노력할 것이다.
  I'll try not to gain weight this year.
- 올해에는 컴퓨터 게임을 덜 할 계획이다.
  I am planning to play a fewer computer games.
- 올해에는 내 계획들이 모두 이루어지면 좋겠다.
  I hope all my resolutions will come true this year.
  come true 실현되다, 이루어지다

명절 놀이 P2-11-0105

- 우리는 닭싸움을 했다. — We did cockfighting.
- 제기를 찼다. — I played Korean shuttlecock with my feet.
- 내가 사촌들보다 더 많이 찼다. — I tossed up the shuttlecock more than my cousines did.
  toss up (동전 등을) 공중에 던져 올리다 | cousin 사촌
- 가족들과 친척들이 모두 모여 윷놀이를 했다. — My family and relatives got together and played yut.
- 팽이치기를 했다. — I whipped the top to make it spin.
  whip 채찍질하다, 때리다 | top 팽이
- 팽이가 잘 돌아갔다. — The top spun well.
  spun spin(돌아가다)의 과거형
- 자치기를 했다. — I played stick tossing and hitting games.
- 우리는 하늘 높이 연을 날렸다. — We flew kites high in the sky.
- 내 연이 나무에 걸렸다. — My kite was caught in a tree.
- 널뛰기를 했다. — We played on the seesaw.

02 추석

추석 P2-11-0201

- 내일은 한국의 추수감사절인 추석이다. — Tomorrow is Chuseok, Korean thanksgiving day.
- 추석이 기다려진다. — I am looking forward to Chuseok.
- 추석은 음력으로 8월 15일이다. — Chuseok is on the 15th of August according to the lunar calendar.
  lunar calendar 음력
- 올해는 9월 말에 추석이 있다. — We will have Chuseok in late September this year.
- 친척들이 오시기 전에 대청소를 했다. — We cleaned up the house before my relatives arrived.

- 추석에 친척들이 몇 분 오셨다. — Some relatives came to visit on Chuseok.
- 우리는 그들을 반갑게 맞이했다. — We gave them a hearty welcome.
  hearty 따뜻한, 마음에서 우러나는
- 올해는 추석에 보름달을 볼 수 있으면 좋겠다. — I hope I can see the full moon on Chuseok this year. full 가득찬
- 달을 보면서 내 소원이 이루어지기를 빌 것이다. — While watching the moon, I'll pray to have my wishes fulfilled. fulfill 성취하다

추석 음식 P2-11-0202

- 추석이라 특별한 음식을 만들었다. — We made special food for Chuseok.
- 추석의 대표 음식은 송편이다. — The typical food of Chuseok is songpyun.
  typical 전형적인, 대표적인
- 부침개를 여러 가지 만들었다. — We made various fried foods.
- 올해는 엄마가 쌀을 발효시켜 만드는 식혜를 만드셨다. — My mom prepared a sweet drink made from fermented rice this year. fermented 발효된
- 엄마가 곶감과 계피로 수정과를 만드셨다. — She made a traditional punch with dried persimmons and cinnamon. persimmon 감 | cinnamon 계피
- 엄마는 수정과에 잣을 띄우셨다. — She floated pine nuts in the Korean punch.
  float 띄우다 | pine nut 잣

03 크리스마스

메리 크리스마스 P2-11-0301

- 크리스마스가 얼마 남지 않았다. — Christmas is around the corner.
- 올해 크리스마스는 일요일이다. — Christmas falls on Sunday this year.
- 친구들에게 줄 크리스마스 카드를 만들었다. — I made Christmas cards for my friends.
- 친구들에게 크리스마스 카드를 보냈다. — I sent Christmas cards to my friends.

- 이 카드를 받고 친구들이 좋아하면 좋겠다.
  I hope these cards will please my friends.
  please 기쁘게 하다
- 올해는 크리스마스에 눈이 내렸으면 좋겠다!
  My wish is a white Christmas this year!
- 크리스마스 이브에 교회에서 큰 행사가 있었다.
  There was a big event at church on Christmas Eve.
- 크리스마스에 동생과 함께 교회에 갔다.
  I went to church with my younger brother on Christmas day.
- 크리스마스 캐럴을 즐겁게 불렀다.
  We enjoyed singing Christmas carols.
- 우리는 모두 크리스마스 캐럴을 합창했다.
  We all joined in singing Christmas carols.
- 선물을 여러 개 받아서 기분이 좋았다.
  I was glad to receive several presents.

산타클로스 P2-11-0302

- 크리스마스에 어떤 선물을 받게 될지 궁금하다.
  I wonder which presents I will receive for Christmas.
- 잠자리에 들기 전에 머리맡에 양말을 걸어 두었다.
  I placed a Christmas stocking by my head before going to bed. place 놓다, 두다
- 오늘 밤 산타클로스한테 좋은 선물을 받으면 좋겠다.
  I hope I get good presents from Santa Claus tonight.
- 나는 산타클로스가 존재하지 않는다는 것을 알게 되었다.
  I learned that Santa Claus didn't exist.
- 우리 아빠가 산타클로스로 변장하셨다.
  My dad dressed up as Santa Claus.
  dress up 분장하다, 꾸미다

크리스마스 장식 P2-11-0303

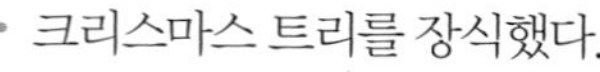

- 크리스마스 트리를 장식했다.
  We decorated our Christmas tree.
  decorate 장식하다, 꾸미다
- 온 가족이 함께 크리스마스 트리에 장식물들을 걸었다.
  My whole family put up the decorations on the tree. put up 걸어 올리다 | decoration 장식물
- 크리스마스 트리에 여러 가지 장식을 달았다.
  I hung various decorations on our Christmas tree.

• 크리스마스 트리를 색 전구로 장식했다.	I decorated our Christmas tree with colored light bulbs. light bulb 전구
• 문에는 크리스마스 화환을 걸었다.	I hung up the Christmas wreath on the door. wreath 화환, 리스

크리스마스 파티 P2-11-0304

• 크리스마스를 기념하기 위해 파티를 할 것이다.	We'll have a party to observe Christmas. observe (축제 · 기념일을) 기념하다
• 크리스마스 파티를 고대하고 있다.	I am looking forward to the Christmas party. look forward to ~을 몹시 기대하다
• 부모님께 드릴 선물을 예쁘게 포장해서 숨겨 놓았다.	We wrapped and hid the presents for our parents. hid hide(숨기다)의 과거형
• 선물을 드려서 부모님을 놀라게 하고 싶었다.	I wanted to surprise my parents by giving them presents. surprise 놀라게 하다
• 우리는 선물로 크리스마스를 축하했다.	We celebrated Christmas with presents. celebrate (기념일을) 축하하다

04 생일

생일

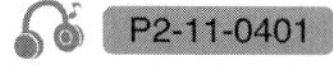

P2-11-0401

• 며칠 후면 내 생일이다.	My birthday will be in a few days.
• 내 생일은 지금부터 2주 후다.	My birthday is two weeks from now.
• 나는 4월에 태어났다.	I was born in April.
• 내 생일은 5월 2일이다.	My birthday is on May 2nd.
• 다음 생일에는 만 열 살이 된다.	I will be ten years old on my next birthday.
• 아무도 모른 채 내 생일이 지나가 버렸다.	My birthday passed without notice. without notice 모른 채, 무단으로

- 아무도 내 생일을 기억하지 못했다.
  No one remembered my birthday.
- 사람들이 나에게 관심이 없는 것 같아서 서운했다.
  I thought people had no interest in me, so I felt sorry for myself.
- 가족들이 내가 좋아하는 음식을 만들어 주었다.
  My family made my favorite food for me.
- 아침에 미역국을 먹었다.
  I ate seaweed soup in the morning.
  brown-seaweed 미역

생일 파티

P2-11-0402

- 가족들이 내 열한 번째 생일 파티를 열기로 계획했다.
  My family planned to throw a party for my 11th birthday. throw a party 파티를 열다
- 나는 친구들을 내 생일 파티에 초대했다.
  I invited my friends to my birthday party.
- 풍선과 꽃으로 집을 장식했다.
  They decorated the house with balloons and flowers.
- 생일 케이크에 11개의 초를 꽂았다.
  They put 11 candles on the birthday cake.
- 오빠가 생일 케이크의 초에 불을 붙였다.
  My brother lit the candles on the birthday cake.
  lit light(불을 붙이다)의 과거형
- 가족들이 생일 축하 노래를 부르며 내 생일을 축하해 주었다.
  My family celebrated my birthday by singing "Happy Birthday" to me.
- 내가 케이크의 초를 불어서 껐다.
  I blew out the candles on the cake.
  blew out 불어서 끄다
- 촛불을 끄면서 소원을 빌었다.
  I made a wish blowing out the candles.
- 오늘은 나의 날이었다.
  Today was my day.
- 가족들 덕분에 정말 좋은 하루를 보냈다.
  My family made my day.
- 이번 생일을 영원히 잊지 못할 것이다.
  I'll never forget this year's birthday.

생일 선물

P2-11-0403

- 생일 선물을 받았다.
  I got some birthday presents.
- 생일 선물을 열어 보았다.
  I opened my birthday presents.

- 친구들이 생일 선물로 책을 사 주었다. — My friends bought me a book for my birthday present.
- 이모가 생일 선물로 지갑을 보내 주셨다. — My aunt sent me a wallet as my birthday present.
- 그 선물은 내가 제일 갖고 싶었던 것이었다. — The present was what I wanted the most.
- 친구들이 꽃다발을 선물해 주었다. — My friends presented me with a bunch of flowers.
  a bunch of 한 다발의
- 그 선물을 받아서 기분이 좋았다. — I was so happy to get the present.

05 기념일

결혼기념일

P2-11-0501

- 어제는 우리 부모님의 결혼기념일이었다. — Yesterday was my parents' wedding anniversary.
  anniversary 기념일
- 아빠가 결혼기념일을 기억하지 못해서 엄마는 화가 나셨다. — My mom was angry because my dad didn't remember their wedding anniversary.
- 우리는 아빠에게 그날 엄마에게 어떻게 해야 할지 조언해 드렸다. — We advised my dad on what he should do for her on that day.
- 아빠는 결혼기념일을 축하하기 위해 엄마와 저녁 식사를 하러 나가셨다. — My dad took my mom out to dinner to celebrate their wedding anniversary. celebrate 기념하다, 축하하다
- 우리는 부모님을 위한 깜짝 파티를 하기로 계획을 세웠다. — We planned to throw a surprise party for my parents. throw a party 파티를 열다
- 부모님 결혼기념일 선물로 꽃다발과 케이크를 샀다. — We bought a bunch of flowers and cake as my parents' anniversary gift.

개교기념일

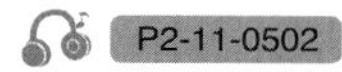

P2-11-0502

- 우리 학교는 어제 개교 10주년을 맞았다. — My school celebrated the 10th anniversary of its foundation yesterday. foundation 설립

- 오늘은 개교기념일이라 학교에 가지 않았다. I didn't go to school because today was the school foundation anniversary.
- 불행히도 올해는 개교기념일이 일요일이다. Unfortunately, this year's school foundation anniversary falls on Sunday.

각종 기념일

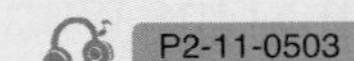

- 밸런타인데이 Valentine's Day
- 삼일절 The anniversary of the Independence Movement of March 1st, 1919
- 화이트데이 White Day
- 만우절 April Fool's Day
- 식목일 Arbor Day
- 근로자의 날 Labor Day
- 어린이날 Children's Day
- 어버이 날 Parents' Day
- 스승의 날 Teachers' Day
- 석가탄신일 Buddha's Birthday
- 현충일 Memorial Day
- 제헌절 Constitution Day
- 광복절 Independence Day
- 국군의 날 Armed Forces Day
- 개천절 The Foundation Day of Korea
- 한글날 Hangeul Proclamation Day
- 크리스마스 Christmas

밸런타인데이

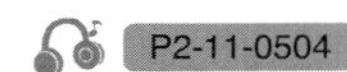

- 밸런타인데이에는 여자들이 사랑하는 사람에게 초콜릿을 주면서 사랑을 표현한다. On Valentine's Day, women express their love by giving chocolate to those who they love.
- 나는 초콜릿 줄 남자친구가 없다. I have no boyfriend to give chocolates to.
- 남자친구에게 줄 초콜릿을 샀다. I bought some chocolate for my boyfriend.
- 그것을 바구니에 담아 정성껏 포장했다. I put it in the basket and wrapped it with great care.
- 바구니에 예쁜 카드도 넣었다. I enclosed a pretty card in it.
  enclose 동봉하다
- 남자친구는 초콜릿 바구니를 받고 굉장히 좋아하는 것 같았다. He looked very happy to get the basket of chocolate.

화이트데이

참고로, 영어를 사용하는 나라에는 화이트데이가 없습니다.

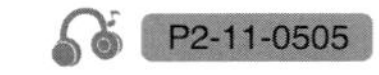

- 화이트데이에 남자친구한테 사탕을 받고 싶었다. I wanted to receive candy from my boyfriend on White Day.

- 적어도 한 친구는 나에게 사탕을 줄 거라고 생각했다.

I thought at least one friend would give me candy.
at least 적어도, 최소한

- 짝꿍이 싸구려 사탕 하나를 던져 주었다.

My classmate threw one piece of cheap candy to me.

- 기대하지 않았던 사탕을 받아서 매우 기뻤다.

I was very happy to get the unexpected candy.
unexpected 예기치 않은, 뜻밖의

- 내 친구는 남자친구에게 멋진 사탕을 받았다.

My friend got some nice candy from her boyfriend.

- 그 친구가 부러웠다.

I envied her.
envy 부러워하다, 시기하다

- 그 아이는 사탕을 못 받았다고 투덜거렸다.

She complained about not getting candy.

- 저녁에 아빠가 사탕을 사 주셨다.

In the evening, my dad bought me some candy.

- 우울한 화이트데이였다.

It was a depressing White Day.
depressing 침울한, 우울한

만우절 P2-11-0506

- 오늘은 4월 1일 만우절이다.

Today is the first of April, April Fool's Day.

- 만우절에는 악의 없는 거짓말을 해도 된다.

On April Fool's day, you are allowed to tell white lies.
be allowed to + 동사원형 ~해도 되다 | white 악의 없는, 선의의

- 난 거짓말에 서투르다.

I am poor at lying.
be poor at ~을 잘 못하다, ~에 서투르다

- 나는 거짓말을 할 때 말을 더듬는다.

When I lie, I stammer.
stammer 말을 더듬다

- 거짓말을 했지만 들통이 났다.

I told a lie, but it came to light.
come to light 진실이 밝혀지다

어린이날 P2-11-0507

- 오늘은 어린이날이다.

Today is Children's Day.

- 5월 5일은 어린이들의 행복을 기원하는 날이다.

May 5th is the day to pray for children's happiness.

• 나는 부모님께 멋진 선물을 기대했다.	I expected to get nice presents from my parents.
• 부모님께서 어린이날을 기념하여 외식을 하자고 하셨다.	My parents asked me to eat out to celebrate Children's Day.
• 나는 놀이 공원에 가고 싶었다.	I wanted to go to the amusement park.
• 그곳에서 모든 어린이들에게 사탕과 풍선을 나누어 주었다.	They gave all children candy and balloons there.

어버이날 P2-11-0508

• 5월 8일은 어버이날이다.	We have Parents' Day on May 8th.
• 어버이날에 부모님께 카네이션을 드렸다.	I gave my parents carnations on Parents' Day.
• 어버이날에 선물로 손수건을 드렸다.	I gave them handkerchiefs as gifts for Parents' Day.
• 부모님에 대한 사랑을 표현하기가 쑥스러웠다.	I felt shy to express my love for my parents.
• 부모님의 사랑에 감사드린다.	I am thankful to my parents for their love.
• 당연히 우리에 대한 부모님의 사랑이 끝이 없다는 것을 알고 있다.	Of course, I know the parental love for us is endless.
• 부모님이 우리를 잘 키워 주셔서 나는 항상 부모님을 존경한다.	I always respect my parents because they brought us up well.
• 부모님께서 지금의 나를 만드셨다.	My parents made me what I am. what I am 지금의 나, 현재의 나
• 나는 부모님을 영원히 사랑할 것이다.	I will love my parents forever.

스승의 날 P2-11-0509

• 스승의 날에 선생님께 드릴 편지를 썼다.	I wrote a letter to my teacher on Teachers' Day.
• 그 편지는 정말 진심어린 것이었다.	The letter was really heartfelt. heartfelt 마음으로부터의, 진심의
• 감사의 표시로 선생님께 선물을 드렸다.	I gave a gift to my teacher as a token of my gratitude. as a token of ~의 표시로, ~의 증표로 | gratitude 감사

- 선생님의 은혜를 잊지 않을 것이다. — I won't forget the goodness of my teacher.
  goodness 자애, 친절, 미덕

06 파티

파티의 종류 P2-11-0601

신년 파티 New Year's party
생일 파티 birthday party
파자마 파티(10대 소녀들의 밤샘 파티) pajama party
집들이 파티 housewarming party
음식 지참 파티 potluck party
깜짝 파티 surprise party
환영 파티 welcome party
송별 파티 farewell party
졸업 파티 graduation party
다과 파티 tea party
댄스 파티 dance party
가면 무도회 mask party
아기 출산 예비 파티 baby shower
디너 파티 dinner party
축하 파티 celebration party
축하연, 환영회 reception
추수 감사절 파티 Thanksgiving party
크리스마스 파티 Christmas party

파티 계획 P2-11-0602

- 그를 위해 환영 파티를 할 것이다. — We are going to throw a welcome party for him.
  throw (파티를) 열다, 개최하다
- 그를 위한 송별 파티를 비밀리에 준비했다. — I secretly prepared a farewell party for him.
  secretly 비밀리에
- 나는 파티 준비로 바빴다. — I was busy preparing for the party.
  prepare for ~을 준비하다
- 나는 파티로 들떠 있었다. — I was excited about the party.
- 파티에 내가 제일 좋아하는 친구들을 초대했다. — I invited my favorite friends to the party.
  favorite 제일 좋아하는
- 내가 초대한 친구들이 모두 파티에 올 수 있을지 궁금했다. — I wondered if all the friends I had invited could come to the party.

파티 P2-11-0603

- 나는 그들이 파티에 와 주어서 고마웠다. I felt thankful to them for coming to the party.
- 그가 파티에 나타나서 깜짝 놀랐다. I was so surprised because he turned up at the party. turn up (모습을) 나타내다
- 그는 초대받지도 않았는데 왔다. He wasn't invited, but he came.
- 그가 파티를 망쳐 놓았다. He spoiled the party. spoil 망치다
- 그는 그의 친구들을 데리고 왔다. He brought his friends.
- 그가 올 것이라고 나는 확신했다. He was sure to come.
- 그는 오지 않았다. He was a no show. no show 오기로 되어 있었으나 오지 않은 사람
- 그가 왜 오지 않았는지 궁금했다. I wondered why he didn't turn up.
- 그가 오지 않아 뭔가 빠진 기분이었다. I felt something was missing because of his absence. absence 결석, 자리에 오지 않음
- 그가 분위기를 잘 이끌어 갔다. He broke the ice with people. break the ice 긴장을 풀게 하다

파티 선물 P2-11-0604

- 그들이 나에게 선물을 주었다. They gave me presents.
- 선물 꾸러미를 풀었다. I opened[unwrapped] the present. unwrap 풀다
- 친구들에게 선물을 받아 기뻤다. I was happy to receive presents from my friends.
- 정말로 마음에 들었다. I really liked them.
- 내가 꼭 갖고 싶었던 것이었다. That was just what I wanted.
- 이런 선물을 받게 되리라고는 생각지도 못했다. I never expected anything like this.
- 그를 위해 작은 선물을 하나 샀다. I bought a small gift for him.
- 큰 선물은 아니었지만 내 마음이 담긴 것이었다. The gift was not much, but it was from my heart.

- 내 선물이 그의 마음에 들기를 바랐다. — I hoped he would like my present.

파티 즐기기 P2-11-0605

- 많은 친구들이 파티에 참석했다. — A lot of friends came to the party.
- 맛있는 음식과 마실 것이 많았다. — There was a lot of delicious food and drinks.
- 나는 맛있는 음식으로 대접을 받았다. — I was served delicious food.
  be served 대접을 받다
- 우리는 춤과 노래를 하며 즐겼다. — We enjoyed singing and dancing.
- 그와 춤을 추었다. — I danced with him.
- 재미있는 게임을 했다. — We played interesting games.
- 나는 파티의 분위기가 정말 좋았다. — I really liked the atmosphere of the party.
  atmosphere 주위의 상황, 분위기
- 나는 분위기를 깨지 않으려고 노력했다. — I tried not to be a wet blanket.
  wet blanket 분위기를 깨는 사람

파티 마무리하기

- 집에 갈 시간이었다. — It was time to go home.
- 파티를 끝낼 시간이었다. — It was time to finish the party.
- 나에게는 지루한 파티였다. — The party was so boring for me.
- 정말 재미있었다. — I enjoyed the party a lot.
- 멋진 파티였다. — It was a fantastic party.
- 굉장히 멋진 파티였다. — It was quite a wonderful party.
- 파티에서 즐거운 시간을 보냈다. — I had a good time at the party.

Being on Time

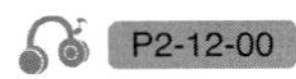

Friday November 24, Chilly

I have a habit of dragging my feet.
I often put off today's work till later as well.
When I have an appointment with my friends, I am hardly on time.
I am late for school very often. Perhaps it's because I am so lazy.
I am scolded by my parents and teachers because of it.
What should I do?
From now on, I will be punctual and keep my promise.

시간 지키기 11월 24일 금요일, 쌀쌀함

나는 무엇을 할 때 꾸물거리는 버릇이 있다. 또한 오늘 할 일을 나중으로 잘 미룬다.
친구들과 약속이 있을 때는 제시간에 가는 적이 별로 없다.
학교에도 지각을 잘한다. 아마 내가 매우 게을러서 그런 것 같다.
그것 때문에 부모님이나 선생님께 꾸중을 듣는다. 어떻게 해야 할까?
이제부터는 시간을 잘 지키고, 약속도 꼭 지키도록 해야겠다.

have a habit of -ing ~하는 버릇이 있다 **drag one's feet** 꾸물거리다 **put off** ~을 미루다 **appointment** 시간 약속
hardly 거의 ~ 않다 **on time** 제시간에 **lazy** 게으른 **punctual** 시간을 지키는 **keep one's promise** 약속을 지키다

성격

긍정적인 성격을 나타내는 형용사

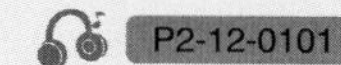

P2-12-0101

검소한 thrifty
겸손한 humble
공손한 hospitable
관대한 generous, tolerant
긍정적인 positive
기운 찬 spicy
낙천적인 optimistic
낭만적인 romantic
느긋한, 원만한 easy-going
다정한 friendly
단호한 determined
덕망 있는 virtuous
도량이 넓은 liberal
독립적인 independent
마음씨가 고운 sweet-tempered
마음이 넓은 big-hearted
마음이 따뜻한 heartwarming
명랑한 cheerful
바른 righteous
발랄한 vivacious, lively
부지런한 diligent, industrious
분별 있는 sensible
붙임성 있는 amiable
사교적인 sociable
사려 깊은 thoughtful
사심 없는 selfless
상냥한 soft-hearted
생기 있는 picturesque
성실한 sincere
순종적인 obedient, docile
신뢰할 수 있는 trustworthy, reliable
신중한 considerate
싹싹한 genial
애교 있는 lovable
예의 바른 polite, courteous
온순한 meek, gentle, quiet
온화한 genial
완벽한 perfect
용감한 brave, fearless
용기 있는 courageous
용맹스러운 heroic
융통성이 있는 flexible
이타적인 unselfish
이해심이 있는 kindly
인내심이 강한 patient
인자한 benevolent
인정이 많은 humane
자비로운 merciful
자신에 차 있는 self-assured
자애로운 affectionate
자제심 있는 self-contained
절약하는 economical
정숙한 modest
정직한 honest
진지한 earnest
진취적인 progressive, enterprising
착한 good, good-natured, nice, kind-hearted
친절한 kind
침착한 calm, even-tempered
쾌활한 jovial
편견이 없는 open-minded
헌신적인 devoted
호감이 가는 likable
활기찬 animated
활동적인, 적극적인 active
협력을 잘하는 cooperative

부정적인 성격을 나타내는 형용사

P2-12-0102

거들먹거리는 pretentious
거만한 arrogant
겁 많은 cowardly
경멸적인 contemptuous
경솔한 indiscreet, incautious
공격적인 aggressive
교활한 cunning
긴장을 잘하는 high-strung
까다로운 picky, particular, fussy, fastidious
나쁜 bad
난폭한 violent, ferocious, wild, outrageous
날카로운 sharp
냉담한 coldblooded
따지기 좋아하는 argumentative
마음씨가 나쁜 ill-tempered
마음이 좁은 narrow-minded
마음이 차가운 frigid, icy, cold-hearted
무관심한 indifferent

무례한 rude
무자비한 ruthless
무정한 merciless
변덕스런 moody, uncertain
보수적인 conservative
부주의한 careless
부정적인 negative
분개한 indignant, provoked
불성실한 insincere
비관적인 pessimistic
비열한 mean
비판적인 critical
뻔뻔스러운 audacious, cheeky
사나운 fierce
사교성이 없는 unsociable
사악한 wicked, evil
서투른, 요령 없는 awkward
성난 angry
성미가 급한 hot-tempered

소심한 timid, faint-hearted
신뢰할 수 없는 unreliable
심술궂은 malevolent, ill-natured, bad-tempered
싸우기 좋아하는 quarrelsome
아첨하는 flattering
악의 있는 vicious, malicious
야심이 없는 unambitious
약아빠진 cunning
염치없는 impudent
예의 없는 impolite
오만한 haughty
옹고집의 pig-headed, headstrong
완고한 obstinate
요구가 많은 demanding
욕심이 많은 greedy
우유부단한 indecisive, wishywashy

유치한 childish
융통성이 없는 inflexible
음흉한 sly
의심 많은 suspicious
의존적인 dependent
이기적인 selfish, egoistic
인내심이 없는 impatient
인색한 stingy, miserly
잔인한 cruel
잔혹한 brutal
적개심을 품은 hostile
정직하지 않은 dishonest
질투하는 jealous, envious
짓궂은 mischievous
탐욕스러운 avaricious
태만한 negligent
화를 잘 내는 short-tempered
회의적인 skeptical

지적 능력을 나타내는 형용사

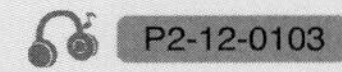

둔한 dim
똑똑한 bright
머리가 나쁜 brainless
무딘, 둔한 blunt
바보 같은 foolish
바보스러운 idiotic

어리석은 stupid, silly
얼간이 같은 daft
영리한 clever, smart, wise
우둔한 dumb
재능이 있는 talented
재치 있는 witty

재치가 없는 dull-witted
지적인 intelligent
창의력이 있는 creative, originative
총명한 brainy
타고난 재능이 있는 gifted

비슷하지만 다른 성격 비교

검소한 thrifty : 인색한 miserly
관대한 generous : 무른 pushover
단정적인 assertive : 공격적인 aggressive
단호한 determined : 완고한 obstinate
야망에 찬 ambitious : 나서기 잘하는 pushy

영리한 clever : 교활한 cunning
절약하는 economical : 궁색한 stingy
지도력이 있는 leading : 으스대는 bossy
침착한 calm : 냉정한 cold-hearted
호기심이 강한 curious : 참견을 잘하는 nosy

내 성격 P2-12-0105

- 나는 말괄량이 기질이 약간 있다. — I am a little bit of a tomboy.
  tomboy 말괄량이 여자아이
- 내 성격은 우리 부모님과 다르다. — My character is different from my parents'.
- 나는 좀 예민한 편이다. — I am a little sensitive.
- 나는 다른 사람들 속에서 튀는 것을 좋아한다. — I like to stand out from others.
  stand out 튀다, 두드러지다, 우뚝 서다
- 나는 개성이 강하다. — I have a strong personality.
  personality 개성, 성격
- 나는 정말 숫기가 없다. — I am so bashful.
  bashful 수줍어하는, 부끄러워하는
- 나는 내성적이다. — I am an introvert.
  introvert 내향적인 사람
- 친구들 말로는 내가 조용하고 수줍음을 잘 탄다고 한다. — According to my friends, I am quiet and shy.

02 긍정적인 성격

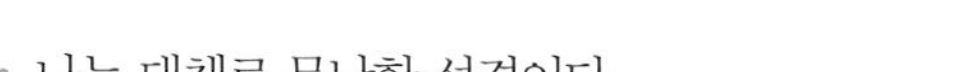

원만하다 P2-12-0201

- 나는 대체로 무난한 성격이다. — I generally have a neutral character.
  neutral 중간의, 중립의
- 나는 모든 사람들과 잘 지낸다. — I get along with everybody.
- 그는 좋은 성격을 지녔다. — He has a great personality.
  personality 개성, 성격
- 그는 항상 긍정적이어서 나는 그를 좋아한다. — I like him because he is always positive.
  positive 긍정적인

사교적이다 P2-12-0202

나는 다른 사람들과 함께 있는 것을 좋아한다.
I like to be together with other people.

- 난 매우 사교적이고 솔직해서 친구가 많다.
  I am very sociable and honest, so I have many friends. sociable 사교적인

- 나는 매우 활달하다.
  I am very jolly.
  jolly 명랑한, 유쾌한

- 그녀는 매우 상냥하다.
  She is very sweet.

- 그녀는 붙임성이 있다.
  She is amiable.
  amiable 붙임성 있는, 상냥한

착하다 P2-12-0203

- 그는 마음씨가 참 아름답다.
  He has a heart of gold.
  a heart of gold 아름다운 마음씨

- 그는 친절하고 이해심이 많다.
  He is kind and understanding.

- 그는 남의 말을 잘 들어준다.
  He is a good listener.

- 그는 남을 잘 배려한다.
  He is caring.
  caring 남을 잘 돌보는, 동정심이 있는

- 그는 참 너그럽다.
  He is as good as gold.
  as good as gold 관대한, 친절한

모범적이다 P2-12-0204

- 그는 성실하다.
  He is sincere.
  sincere 성실한

- 그는 마음이 따뜻해서 기꺼이 남을 도와준다.
  He is warm-hearted, so he helps others willingly.
  willingly 기꺼이, 자진해서

- 그는 책임감이 강하다.
  He has a strong sense of responsibility.
  responsibility 책임

- 그는 의지력이 강하다.
  He has strong willpower.
  willpower 의지력

- 그는 믿음직스럽다. He is dependable.
  dependable 믿음직한, 신뢰할 수 있는
- 나는 언제나 그를 믿는다. I can always count on him.
  count on ~를 믿다, 의지하다
- 그는 준비성이 좋다. He is always prepared.
  prepared 준비가 되어 있는
- 그는 항상 다른 사람에게 모범을 보인다. He always sets a good example.
  set an example 모범을 보이다

적극적이다 P2-12-0205

- 나는 전보다 더 적극적인 성격이 되었다. I have become more active than before.
- 그는 적극적이고 긍정적이어서 인기가 좋다. He is popular because he is active and positive.
- 그는 자신감이 넘친다. He is so confident.
- 그는 모험을 좋아한다. He is adventurous.
  adventurous 모험을 즐기는
- 나는 무슨 일이든 대충하는 법이 없다. I never do anything halfway.
  do ~ halfway ~을 대충하다

03 부정적인 성격

이기적이다 P2-12-0301

- 그는 매우 이기적이다. He is very selfish.
  selfish 이기적인
- 그는 다른 사람과 물건을 나누어 쓰는 것을 좋아하지 않는다. He doesn't like to share things with others.
- 그는 자기만 안다. He is concerned only with himself.
  concerned 관심을 갖는, 걱정하는
  He is only out for himself.

- 그는 너무 인색해서 구두쇠라고 불린다. He is called a penny pincher because he is so stingy. penny pincher 지독한 구두쇠 | stingy 인색한
- 그는 언제나 자기 마음대로 한다. He always gets his own way. one's own way 자기 방식대로
- 그는 남을 배려할 줄 모른다. He is uncaring.
- 그는 인정머리가 없다. He is heartless. heartless 무정한

까다롭다 P2-12-0302

- 그는 성미가 까다롭다. He is picky[particular]. picky 까다로운 | particular 까다로운, 꼼꼼한
- 그는 비위 맞추기가 어렵다. He is hard to please.
- 그는 너무 요구가 많다. He is so demanding. demanding 요구를 많이 하는
- 나는 때로 한 가지만 계속 고집할 때가 있다. Sometimes I keep on insisting on one thing. keep on -ing 계속 ~하다 | insist 주장하다, 고집하다
- 그는 너무 자주 불평을 한다. He complains about things so often.

신경질적이다 P2-12-0303

- 그는 신경질적이다. He easily gets nervous.
- 그는 신경질을 잘 부린다. He shows nervousness very often. nervousness 신경질
- 그는 성질이 불같다. He is hot-tempered. He is short-tempered.
- 그는 아주 민감하다. He is highly sensitive.
- 그는 쉽게 화를 낸다. He loses his temper easily. He gets angry easily.
- 그는 기회만 되면 싸우려고 한다. He carries a chip on his shoulder. a chip on one's shoulder 시비조

잘난 체하다 P2-12-0304

• 그는 자기가 제일 잘난 줄 안다.
He thinks he is the cream of the crop.
cream of the crop 가장 좋은 사람

• 그는 잘난 체한다.
He puts on airs.
airs 잘난 체하는 태도

He is a show-off.
show-off 잘난 체하는 사람

• 그는 너무 많이 뽐낸다.
He shows off too much.

• 그는 너무 건방지다.
He is too cocky.
cocky 건방진, 자만심이 센

• 그는 항상 내가 제안하는 모든 것에 반대한다.
He always opposes everything I suggest.
oppose 반대하다, 이의를 제기하다

의지가 약하다 P2-12-0305

• 나는 결단력이 없다.
I am wishy-washy.
wishy-washy 결단력이 없는, 유약한

I am indecisive.
indecisive 결단성이 없는, 우유부단한

• 그는 무엇이든 쉽게 포기한다.
He easily gives up everything.
give up 포기하다

• 그는 끝까지 해내는 일이 없다.
He never finishes anything.

• 그는 참 미적지근하다.
He is lukewarm.
lukewarm 미적지근한, 열의가 없는

• 그는 너무 남이 하자는 대로 행동한다.
He is too much of a follower.
follower 추종자, 모방하는 사람

• 그는 변덕스럽다.
He is fickle.
fickle 변하기 쉬운, 변덕스러운

He is moody.
moody 변덕스러운, 침울한

04 습관 · 버릇

오랜 버릇 P2-12-0401

- 나는 코 파는 습관이 있다. I have a habit of picking my nose.
  have a habit of -ing ~하는 버릇이 있다
- 나는 손톱을 물어뜯는 버릇이 있다. I have a habit of chewing my nails.
- 자주 눈을 깜빡이는 것이 버릇이 되었다. Frequent eye blinking has grown into a habit with me.
  frequent 자주 일어나는, 빈번한, 상습적인
- 나는 습관적으로 숙제를 하지 않는다. I don't do my homework habitually.
- 아침에 늦게 일어나는 습관이 있다. I make it a point to get up late in the morning.
  make it a point to + **동사원형** 습관적으로 ~하다
- 그 습관에 익숙해졌다. I became accustomed to the habit.
- 내 나쁜 버릇이 부끄럽다. I am ashamed of my bad habit.
- 그 습관이 굳어져 버렸다. The habit is ingrained in me.
  ingrained 깊게 스며든

습관 고치기 P2-12-0402

- 다리를 떠는 나쁜 습관을 고쳐야겠다. I will correct the bad habit of shaking my leg.
- 버릇을 버리는 것은 쉬운 일이 아니다. It is not easy to kick the habit.
  kick the habit 습관(버릇)을 버리다
- 그 나쁜 버릇을 꼭 버릴 것이다. I will make sure to break off the bad habit.
  make sure 반드시 ~하다 | break off (습관을) 없애다
- 일찍 일어나는 습관을 들여야겠다. I will develop a habit of waking early.
  develop 개발하다
- 지각하지 않는 버릇을 들이려고 노력하고 있다. I am trying to make a habit of not being late.

05 행동

바른 행동 P2-12-0501

- 그는 언행이 일치한다. He is as good as his word.
  as good as one's word 약속을 지키는
- 나는 약속을 늘 지킨다. I always keep my promises.
- 나는 상식에 벗어난 행동을 하지 않는다. I don't act against common sense.
  against ~에 거스르는
- 그는 누구에게나 친절하다. He is kind to everyone.
- 공정하게 행동하는 것이 좋다. It is good to behave fairly.
- 나는 더 조심성 있게 행동할 것이다. I will be more careful.
- 부끄러운 행동을 하지 말아야겠다. I won't have shameful behavior.
  shameful 부끄러운, 창피한
- 나는 분별 있게 행동하려고 노력한다. I try to act sensibly.

잘못된 행동

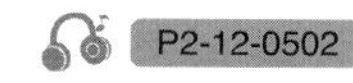

- 그는 약속을 지키지 않았다. He broke his promise.
- 나는 다른 사람은 개의치 않고 내가 하고 싶은 대로 한다. I do as I want regardless of others.
  regardless of ~와 상관없이, ~에 개의치 않고
- 그는 종종 지나친 행동을 한다. He often overly acts.
- 그는 정말 오버스럽게 행동한다. He is really over the top.
  over the top 과장되게, 대담하게
- 그는 자기답지 않게 행동했다. He didn't act like himself.
- 그의 행동은 모두를 놀라게 했다. His behavior surprised everybody.
- 그는 자주 나를 귀찮게 했다. He annoyed me often.
  annoy 귀찮게 하다, 성가시게 하다

- 그는 거만하게 행동했다.
  He acted arrogantly.
  arrogantly 거만하게
- 그는 뻐겨댔다.
  He got up on his high horse.
  get up on one's high horse 뽐내다, 뻐기다

06 말

옳은 말 P2-12-0601

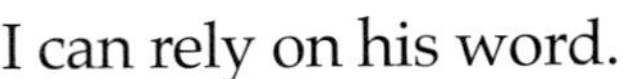

- 그의 말이라면 믿을 수 있다.
  I can rely on his word.
  rely on ~을 믿다, 신뢰하다
- 그의 약속은 믿을 만하다.
  His word is reliable.
  reliable 믿을 수 있는, 신뢰할 수 있는
- 그는 항상 솔직하게 말한다.
  He always speaks frankly.
  frankly 솔직하게
- 그는 항상 진실만을 말한다.
  He always tells the truth.
- 나는 그의 말을 절대 의심하지 않는다.
  I never doubt his word.
- 나는 남의 칭찬을 잘한다.
  I speak well of others.
  speak well of ~를 칭찬하다(↔speak ill of ~를 욕하다)
- 나는 남의 험담을 하지 않는다.
  I don't speak ill of others.
- 언제나 말조심을 해야 한다.
  We should watch our mouth at all times.

말솜씨 P2-12-0602

- 그는 말을 참 잘한다.
  He is a good[smooth] talker.
  smooth 미끄러운
- 그는 항상 자신의 생각을 분명하게 표현한다.
  He always expresses himself articulately.
  articulately 분명히, 명확히
- 그의 말은 매우 논리정연하다.
  He is very articulate.
  articulate 분명하게 말하는, 똑똑하게 발음하는

- 그의 말은 항상 이치에 맞다. He always talks sense.
  talk sense 이치에 맞는 말을 하다
- 그는 절대 빙빙 돌려 이야기하지 않는다. He never beats around the bush.
  beat around the bush 돌려 말하다

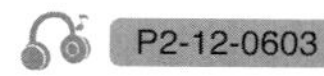

비밀 P2-12-0603

- 그것은 일급 비밀이다. It's a top secret.
- 나는 비밀을 지킬 것이다. I'll keep it a secret.
- 입을 꼭 다물고 절대 말하지 않을 것이다. My lips are sealed.
  seal 봉하다, 입을 막다, 비밀을 지키다
- 절대로 비밀을 누설하지 않을 것이다. I won't reveal the secret.
  reveal 드러내다, 누설하다
- 비밀을 털어놓지 않을 것이다. I won't spill the beans.
  spill the beans 비밀을 털어놓다
- 나는 그것을 비밀로 하기로 했다. I decided to keep it under my hat.
- 그에게 사실대로 말하는 것이 좋겠다. I had better give it to him straight.
- 비밀이 누설되었다. The secret is revealed.

소문 P2-12-0604

- 그 사람은 지금 사람들의 입에 오르내리고 있다. Everyone is talking about him.
- 그는 끊임없이 수군거린다. He never stops gossiping.
  gossip 수군거리다, 잡담하다
- 그의 말은 사실이 아닌 것 같다. His words sound untrue.
- 그는 소문을 잘 퍼뜨린다. He likes to spread rumors.
- 나쁜 소식은 빨리 퍼진다. Bad news travels quickly.

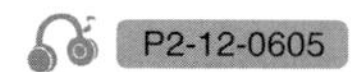

불평 · 변명 P2-12-0605

- 그는 항상 모든 것에 불평한다. He always complains about everything.
  complain 불평하다

- 그의 계속되는 불평이 이제는 지겹다. — I am tired of his constant complaining.
- 그는 항상 잘 둘러댄다. — He always has an excuse.
  excuse 변명, 핑계
- 그의 변명을 듣고 싶지 않았다. — I don't want to hear his excuses.
- 그는 무슨 말이든 생각 없이 한다. — He always says everything casually.
  casually 무심코, 아무 생각 없이
- 그는 같은 말을 반복해서 하는 경향이 있다. — He tends to repeat himself.
  repeat oneself 똑같은 말을 반복하다

오해 P2-12-0606

- 그의 말은 오해받을 소지가 있다. — His words are likely to be misunderstood.
- 그는 나를 오해하고 있다. — He is taking me wrong.
  take ~ wrong ~를 오해하다
- 그가 말한 것은 어느 정도는 사실이었다. — What he said was true to some extent.
  to some extent 다소, 어느 정도는
- 그가 무슨 말을 하는지 도대체 이해할 수 없었다. — I couldn't understand at all what he was talking about.
- 내 말은 오해 받을 만했던 것 같다. — My words seemed to be misleading.
  misleading 오해하기 쉬운
- 오해를 풀어야 한다. — I need to resolve this misunderstanding.

시비 P2-12-0607

- 그는 항상 날 무시한다. — He always neglects me.
  neglect 무시하다
- 그는 시비를 잘 건다. — He is very quarrelsome.
  quarrelsome 걸핏하면 싸우려드는
- 그가 나에게 시비를 걸었다. — He provoked me to quarrel.
  provoke 일으키다, 유발시키다
- 그는 이유 없이 트집을 잡았다. — He picked on me for nothing.
  pick on ~를 트집 잡다

• 그는 말도 안 되는 이야기를 자주 한다. He often speaks nonsense.

• 그가 나의 말을 가로챘다. He took the words out of my mouth.

욕설 P2-12-0608

• 그의 말이 귀에 거슬렸다. His words were offensive to the ears.
offensive 불쾌한, 마음에 걸리는

• 그의 말 때문에 상처를 받았다. He stung me with words.
stung sting(찌르다)의 과거형
What he had said hurt me.
His words broke my heart.

• 그의 말에는 가시가 있었다. His words stung.
sting 가시, 비꼼

• 그는 입이 거칠다. He has a foul mouth.
foul 아주 불쾌한, 더러운

• 그가 내게 욕을 했다. He abused me.
abuse 욕하다

허풍 · 수다 P2-12-0609

• 그는 종종 크게 부풀려서 말한다. He often makes a mountain out of a molehill.
make a mountain out of a molehill 작은 일을 부풀려 말하다

• 그는 허풍쟁이이다. He is a big talker.
He brags a lot.
brag 자랑하다, 허풍 떨다

• 그는 마치 모든 것을 다 아는 듯 말한다. He talks as if he knows everything.
as if 마치 ~인 것처럼

• 그녀는 수다쟁이이다. She is so talkative.
She talks a lot.

• 그녀는 한번 이야기를 시작하면 끝이 없다. Once she starts talking, she goes on forever.
once 일단 ~하기만 하면 | go on 계속하다

거짓말 P2-12-0610

- 그는 거짓말을 잘한다. — He tells lies so often.
  He is a great liar.
- 그가 새빨간 거짓말을 했다. — He told a downright lie.
  downright 명백한, 노골적인
- 그가 하는 말은 대부분 사실이 아니다. — Most of what he says is not true.
- 나는 말문이 막혔다. — I was struck dumb.
- 그가 한 거짓말이 들통 났다. — His lie came to light.
  come to light 들통 나다, 밝혀지다
- 그는 절대 거짓말쟁이가 아니다. — He is anything but a liar.
  anything but 절대 ~가 아닌

조언 P2-12-0611

- 나는 그에게 조언을 구했다. — I asked him for advice.
- 절대 포기하지 말라는 조언을 들었다. — I was advised never to give up.
- 그의 조언을 듣고 내 문제를 다시 생각해 보았다. — His advice made me think about my problem again.
- 그는 내가 어려울 때면 언제든 도움이 되는 말을 해준다. — He gives me some helpful words whenever I am in need. in need 어려운, 곤란한
- 그의 조언에 진심으로 감사한다. — I am wholeheartedly thankful for his advice.
  wholeheartedly 진심으로, 성심성의껏
- 나는 그의 조언을 따르기로 했다. — I decided to follow his advice.
- 그 조언은 나에게 별 효과가 없었다. — The advice was lost on me.
  be lost on ~에 아무런 효과가 없다
- 나는 그의 충고를 들으려 하지 않았다. — I refused to follow his advice.
  refuse 거절하다, 거부하다

위로 · 격려 P2-12-0612

- 누군가가 나를 위로해 주었으면 좋겠다.
  I want someone to cheer me up.
  cheer up 위로하다, 기운을 북돋우다
- 그가 나의 기운을 북돋워 주었다.
  He encouraged me.
  encourage 용기를 북돋우다, 격려하다
- 내가 풀이 죽어 있을 때 그가 내게 따듯한 말을 해주었다.
  When I was down, he gave me warm words.
  down 풀이 죽은, 기운 없는
- 그가 나의 기분을 돋우기 위해 재미있는 이야기를 해주었다.
  He told me a funny story to cheer me up.
- 그의 말을 듣자 나는 힘이 났다.
  His words encouraged me.
  His words made me keep my chin up.
  keep one's chin up 기운을 내다
- 그는 내게 최선을 다하라고 격려해 주었다.
  He encouraged me to do my best.
  do one's best 최선을 다하다
- 그가 내게 행운을 빌어 주었다.
  He kept his fingers crossed for me.
  keep one's finger crossed for ~의 행운을 빌다
- 나는 그의 격려의 말이 항상 고맙다.
  I am always thankful for his words of encouragement.

Sprained Ankle

Tuesday August 5, Cool

Today while I was playing at school, my friend kicked my ankle by mistake.
It hurt so much! My ankle seemed to be sprained.
I couldn't walk or stand well.
I couldn't step hard on the ground.
So I had to use only one foot when I walked.
I went to the hospital and the doctor treated me.
I think I will have to be more careful.

발목을 삐다 8월 5일 화요일, 선선함

오늘 학교에서 놀다가 친구가 잘못하여 내 발목을 찼다.
매우 아팠다! 발목을 삔 것 같았다. 나는 잘 걸을 수도 설 수도 없었다.
땅에 발을 디딜 수도 없었다. 그래서 걸을 때 한 발만 사용해야 했다.
나는 병원에 갔고 의사선생님께서 치료를 해주셨다.
좀 더 조심해야겠다.

ankle 발목 **by mistake** 실수로 **hurt** 아프다 **seem to** ~인 것 같다 **sprained** 삔 **step** 걷다, 내디디다 **treat** 치료하다 **careful** 조심하는

01 건강

건강하다 P2-13-0101

- 건강이 무엇보다 제일 중요하다. Health is the most precious of all.
  precious 귀중한, 소중한
- 건강보다 더 소중한 것은 없다. Nothing is more precious than health.
- 나는 건강하다. I am healthy[well].
  I am in good health.
- 나는 아주 튼튼하다. I am as fit as a fiddle.
  as fit as a fiddle 튼튼한, 건강한(fiddle 바이올린)
- 나는 기운이 세다. I have a lot of energy.
- 나는 체력이 좋다. I am athletic.
  athletic 체력이 있는, 운동을 잘하는
- 나는 잘 아프지 않는다. I don't often get sick.
- 건강한 신체에 건전한 정신이 깃든다. Sound mind, sound body.

건강하지 않다 P2-13-0102

- 나는 요즘 건강이 좋지 않다. I haven't been feeling well recently.
- 나는 보기보다 몸이 약하다. I am not as healthy as I look.
  not as ~ as ... …만큼 ~하지 못하다
- 늘 피로하다. I feel tired all the time.
- 너무 자주 피곤해서 의사의 진찰을 받았다. I felt tired so often that I consulted the doctor.
  consult 진찰을 받다
- 우리 할아버지는 당뇨병으로 고생하신다. My grandfather suffers from diabetes.
  diabetes 당뇨병
- 우리 아빠는 간에 문제가 있다. My dad has something wrong with his liver.
  liver 간

- 그는 B형 간염이 있다.

He has hepatitis B.

hepatitis 간염

- 나는 그의 건강이 걱정된다.

I am concerned about his health.

be concerned about ~을 걱정하다

건강 관리 P2-13-0103

- 스트레스는 종종 건강을 해친다.

Stress often causes poor health.

cause ~의 원인이 되다, ~을 일으키다

- 아침 식사를 거르는 것은 건강에 해롭다.

It is not healthy to skip breakfast.

skip 건너뛰다

- 하루 세 번 균형 잡힌 식사를 해야 한다.

We have to eat three balanced meals a day.

balanced 균형이 잡힌

- 과식은 건강에 해롭다.

Overeating is bad for our health.

overeating 과식

- 특히 환절기에 건강 관리를 잘해야 한다.

We need to take care of our health, especially when the seasons change.

- 일찍 자고 충분한 휴식을 취해야 한다.

We had better go to bed early and get enough rest.

- 물을 많이 마시는 것이 건강에 좋다.

Drinking a lot of water is good for our health.

- 건강에 좋은 음식, 특히 과일과 채소를 많이 먹어야 한다.

We should eat healthy food, especially many fruits and vegetables.

- 나는 건강을 위해 매일 비타민제를 복용한다.

I take vitamin tablets for my health every day.

tablet 알약

02 발병

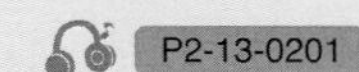

당뇨병 diabetes	간염 hepatitis	심부전증 heart failure
고혈압 hypertension	암 cancer	심장마비 heart attack
저혈압 hypotension	심장병 heart disease	기관지염 bronchitis

폐렴 pneumonia
결핵 tuberculosis
백혈병 leukemia
신장병 kidney failure
위염 gastritis
위궤양 ulcer
맹장염 appendicitis
십이지장궤양 duodenal ulcer
관절염 arthritis
류마티즘 rheumatism

소아마비 polio
홍역 measles
수두 chickenpox
유행성 이하선염 mumps
천식 asthma
치질 hemorrhoids
편도선 tonsils
빈혈 anemia
일사병 sunstroke
꾀병 feigned illness

전염병 contagious disease, epidemic
법정 전염병 legal epidemic
직업병 occupational disease
공해병 pollution-caused disease
만성병 chronic disease
난치병 incurable disease
희귀병 rare disease

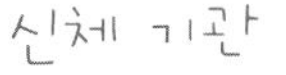

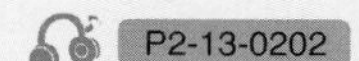

간 liver
내장 internal organs
위장 stomach
심장 heart
신장 kidney
폐 lung
식도 gullet

기관지 bronchus
췌장 pancreas
십이지장 duodenum
소장 small intestine
대장 large intestine
맹장 appendix
항문 anus

방광 bladder
요도 urethra
동맥 artery
정맥 vein
혈관 blood vessel
모세혈관 capillary vessel

초기 증상

- 나는 몸이 별로 좋지 않았다. — I didn't feel very well.
- 몸이 찌뿌드했다. — I was under the weather.
  under the weather 몸 상태가 좋지 않은
- 몸이 무척 안 좋았다. — I felt terrible.
- 컨디션이 좋지 않았다. — I was in bad shape.
  in bad shape 건강이 좋지 않은
- 온몸이 쑤셨다. — My body was sore from head to toe.
  sore 몸이 아픈, 쑤시는
- 몸이 매우 아팠다. — I felt very sick.
- 통증이 심했다. — I had severe pain.

- 그렇게 심한 것은 아니었다. — It wasn't so serious.

꾀병 P2-13-0204

- 나는 꾀병을 부렸다. — I faked an illness.
  fake ~인 것처럼 가장하다, 속이다
  I pretended to be sick.
  pretend to + 동사원형 ~인 체하다
- 정말 그 일이 하기 싫어 배가 아픈 척했다. — I pretended to have a stomachache because I didn't really want to do it.
- 우리 가족들은 내가 정말 아픈 것이라고 믿었다. — My family believed that I was really sick.
- 나는 꾀병을 부려 불편한 상황을 피할 수 있었다. — My feigned illness let me escape uncomfortable situations.
  feigned 가장한, 속이는 | escape ~에서 도망치다

아파서 결석하다 P2-13-0205

- 병원에 가야 했다. — I needed to go see a doctor.
- 아파서 못 간다고 전화를 했다. — I called in sick.
  call in sick 전화로 병결을 알리다
- 아파서 결석을 했다. — I was absent because of my illness.
- 일주일 동안 아파서 누워 있었다. — I have been ill in bed for a week.
- 부모님께서 나를 데리고 병원에 갔다. — My parents took me to the hospital.
- 내가 아파서 가족들이 걱정했다. — My family was worrying about my sickness.

03 발열

열이 나다 P2-13-0301

- 열이 있다. — I have a fever.
  fever 열, 발열

I feel feverish.
feverish 열이 있는

I have a temperature.
temperature 기온, 체열, 고열

- 열이 오르고 있다. — I'm developing a fever.
  develop 발전하다, 진행되다
- 열이 펄펄 끓는다. — I have a high temperature.
- 약간 열이 난다. — I have a little[slight] fever.
  slight 약간의, 가벼운
- 체온이 매우 높았다. — The temperature was very high.
- 체온이 정상보다 3도나 높았다. — The temperature was three degrees above normal.
  normal 표준, 정상

열이 내리다 P2-13-0302

- 엄마가 체온을 쟀다. — My mom took my temperature.
- 나는 체온계의 눈금을 보고 놀랐다. — I was surprised when I read the thermometer.
  thermometer 체온계, 온도계
- 열이 내리도록 엄마가 수건을 물에 적셔 이마에 놓아 주셨다. — My mom put a wet towel on my forehead to bring down my fever. bring down ~을 떨어뜨리다
- 해열제를 먹었다. — I took a fever remedy.
  fever remedy 해열제
- 열이 서서히 내렸다. — The fever has gone down slowly.
- 열이 내려갔다. — The fever was gone.

춥고 떨리다 P2-13-0303

- 으슬으슬했다 — I felt chilly.
  chilly 차가운, 추위를 타는

I caught a chill.

- 춥고 떨렸다. — I had a chill.
  chill 춥고 떨림, 냉기

- 오한이 나서 떨렸다. — I shivered from the chill.
  shiver 덜덜 떨다
- 식은땀이 났다. — I broke into a cold sweat.
  cold sweat 식은땀

04 두통

어지럼증  

- 머리가 어지러웠다. — I felt faint.
- 머리가 어질어질했다. — My head swam.
  swim 어질어질하다
- 현기증이 났다. — My brain reeled.
  reel 현기증이 나다
- 정신이 몽롱했다. — I was lightheaded.
  lightheaded 머리가 어질어질한, 몽롱한
- 나는 가끔 어지러움을 느낀다. — I often feel dizzy.

두통 

- 머리가 아팠다. — I had a headache.
- 머리가 조금 아팠다. — I had a slight headache.
- 두통이 심했다. — I had a terrible headache.
- 습관적인 편두통이 있다. — I have chronic migraines.
  chronic 상습적인, 만성적인 | migraine 편두통
- 하루 종일 머리가 계속 아팠다. — I had a constant headache all day long.
  constant 지속적인
- 머리가 욱신욱신 쑤셨다. — My head throbbed.
  throb 욱신욱신 아프다, 두근거리다
  I had a throbbing headache.

- 머리가 아파 죽을 지경이었다. The pain was killing me.
- 머리가 깨질 듯 아팠다. I had a splitting headache.
  splitting 쪼개는, 갈라지는
- 머리가 꽝꽝 울리면서 아팠다. I had a pounding headache.
  pounding 꽝꽝 울리는
- 머리가 무거웠다. My head felt heavy.
- 뒷골이 당겼다. I had a stiff neck.
  stiff 뻣뻣한, 당기는, 경직된

05 감기

감기몸살

- 감기는 만병의 근원이다. A cold may develop into all kinds of illnesses.
  develop into ~로 발전하다
- 요즘 독감이 유행이다. There's a lot of the flu going around these days.
  go around 유행하다, 돌아다니다
- 나는 감기에 잘 걸린다. I easily catch a cold.
- 감기에 걸릴 것 같았다. I was likely to catch a cold.
  be likely to ~할 것 같다

- 감기 기운이 있었다. I had a slight cold.
  I felt a cold coming on.
- 감기에 걸릴 것 같은 느낌이 들었다. I felt as though I were coming down with a cold.
  as though 마치 ~ 같은 | come down with a cold 감기에 걸리다
- 어제 창문을 열어 놓은 채 잠이 들어서 감기에 걸렸다. I had a cold because I fell asleep with the window open yesterday.
- 감기에 걸려 오한이 났다. I had a cold and the chills.
- 감기 때문에 춥고 떨렸다. I felt chilly and shivered because of my cold.
  shiver 와들와들 떨다

- 기운이 너무 없었다. I felt so weak.
- 온 몸에 피로감이 느껴졌다. I felt general fatigue.
  fatigue 피로, 피곤
- 감기에 걸려서 누워 있었다. I was in bed with a cold.

코감기 P2-13-0502

- 코감기에 걸린 것 같았다. I seemed to have a head cold.
  head cold 코감기
- 코감기에 걸렸다. I've got the sniffles.
  sniffle (명) 코감기 (동) 코를 킁킁거리다
- 콧물이 났다. I had a runny nose.
  My nose was running.
- 하루 종일 콧물을 훌쩍거렸다. I sniffled all day.
- 재채기를 했다. I sneezed.
- 재채기가 계속 나왔다. I couldn't stop sneezing.
- 하루 종일 코를 풀었다. I blew my nose all day long.
  blew blow(불다, 코를 풀다)의 과거형
- 코가 헐었다. My nose has gotten sore.
- 코를 세게 풀었더니 귀가 멍멍했다. When I blew my nose hard, my ears rang.
- 코가 막혔다. My nose was stuffy.
  stuffy (코가) 막힌, 숨막히는, 통풍이 안 되는
- 코가 꽉 막혔다. My nose was stuffed up.
- 숨쉬기가 어려웠다. I had trouble breathing.
  have trouble -ing ~하는 데 어려움을 겪다
- 코가 간질간질했다. My nose tickled.
  tickle 간질간질하다
- 콧속이 건조했다. My nose felt dry.
- 나는 비염이 있다. I have an inflamed nose.
  inflamed 염증이 있는

목감기 P2-13-0503

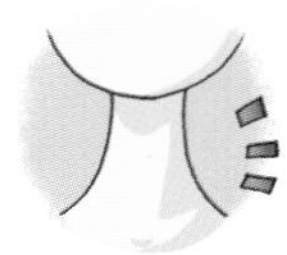

- 목이 아팠다. — I had a sore throat.
  throat 목구멍
- 편도선이 부어서 매우 아팠다. — My tonsils were swollen and painful.
  tonsil 편도선 | swollen 부어오른
- 뭘 삼키기가 어려웠다. — I had trouble swallowing.
  swallow 삼키다
- 음식을 삼킬 때 목이 아팠다. — My throat hurt when I swallowed food.
- 목이 바싹 말랐다. — I had a dry throat.
- 감기로 목이 쉬었다. — My voice got hoarse from a cold.
  hoarse 목이 쉰
- 소금물로 입 안을 헹궜다. — I gargled with some salt water.
  gargle 물로 입 안을 헹구다
- 목 아픈 데 먹는 알약을 먹었다. — I took throat lozenges.
  lozenge 목 보호 알약

기침 감기 P2-13-0504

- 기침이 났다. — I coughed.
- 기침이 심하고 열이 높았다. — I had a bad cough and high fever.
- 3일 동안 기침을 했다. — I have had a cough for three days.
- 기침을 할 때마다 가래가 나왔다. — Phlegm came up whenever I coughed.
- 기침을 하여 가래를 뱉었다. — I coughed up phlegm.
- 기침이 계속 나왔다. — I coughed constantly.
- 마른 기침이 계속 나왔다. — I had dry coughs continuously.

독감 P2-13-0505

- 독감에 걸렸다. — I had the flu.
  flu 독감(=influenza)

• 마른 기침이 나고 열이 높으며, 가슴도 아프고 호흡도 가빴다.

I had a dry cough, high fever, chest pain and rapid breathing.

• 폐렴에 걸릴까 걱정됐다.

I was afraid that I would have inflammation of the lungs. inflammation 염증, 점화

• 감기가 악화되어 폐렴이 되었다.

My cold developed into pneumonia.
develop into ~로 발전되다 | pneumonia 폐렴

• 아무에게도 감기를 옮기고 싶지 않았다.

I didn't want to pass my cold on to anyone.

• 약을 먹고 누워서 좀 쉬어야 한다.

I need to take some medicine and rest in bed.

감기 치료 P2-13-0506

• 주사를 맞았다.

I got a shot.
shot 주사

I got an injection.
injection 주사

• 처방전을 받았다.

I got a prescription.
prescription 처방전

• 약국에서 처방전대로 약을 조제해 주었다.

I received my prescription medication at the pharmacy. medication 약

• 감기약을 먹었다.

I took medicine for my cold.

• 감기약을 먹으니 졸렸다.

The cold medicine made me sleepy.

• 가래 없애는 약을 먹었다.

I took an expectorant.
expectorant 거담제

• 감기가 나아지고 있다.

My cold is getting better.

I am getting over a cold.
get over 회복하다

• 좀 쉬고 나니 한결 좋아졌다.

After some rest, I felt better.

• 감기가 나았다.

I got over my cold.

I recovered from my cold.

• 감기가 낫는 데 오래 걸렸다.

It took me a long time to get over my cold.

- 감기가 낫질 않는다. — I can't get rid of my cold.
  get rid of ~을 제거하다
- 예방 접종을 받았어야 했다. — I should have gotten the vaccination.
  vaccination 예방 접종, 백신 주사

06 복통

배탈 P2-13-0601

- 속이 안 좋았다. — My stomach didn't feel well.
- 배탈이 났다. — My stomach is upset.
  upset 배탈이 난
- 배가 아팠다. — My stomach hurt.
  I had a stomachache.
- 뱃속이 영 불편했다. — I felt discomfort in my stomach.
  discomfort 불편, 불쾌
- 밥을 먹고 나니 배가 아팠다. — After my meal, I felt a pain in my stomach.
- 배가 계속 아팠다. — I felt pain continuously in my stomach.
- 배에 가스가 찼다. — I have gas in my stomach.
- 배가 거북했다. — My stomach felt heavy.
- 자꾸 트림이 났다. — I belched again and again.
  belch 트림하다
- 그는 바늘을 소독하여 내 엄지손가락을 따서 피가 나도록 해주었다. — He sterilized the needle and pricked my thumb to make it bleed.
  sterilize 살균하다, 소독하다 | prick 찌르다

구토 P2-13-0602

- 속이 울렁거렸다. — I felt queasy.
  queasy 속이 울렁거리는, 느끼한

- 속이 메스꺼웠다. | I felt nauseous.
  nauseous 메스꺼운, 구역질나는
- 구역질이 났다. | I felt nauseated.
  nauseated 구역질 나는, 메스꺼운
- 뱃속이 느글거렸다. | I felt sick to my stomach.
- 토할 것 같았다. | I felt like vomiting[throwing up].
  vomit 토하다, 게우다 | throw up 토하다
- 토했다. | I vomited.
- 먹은 것을 다 토했다. | I threw up all that I had eaten.

식중독 P2-13-0603

- 점심을 먹은 이후로 배가 아팠다. | I have had a stomachache since lunch.
- 갑자기 배가 아프기 시작했다. | My stomach has suddenly begun to hurt.
- 상한 것을 먹었음에 틀림없다. | I must have had something bad.
- 틀림없이 식중독이었다. | It must have been food poisoning.
  food poisoning 식중독
- 위가 쑤시는 것처럼 아팠다. | My stomach twinged.
  twinge 쑤시듯이 아프다
- 통증을 참을 수가 없었다. | I couldn't stand the pain.
  stand 참다, 견디다
- 통증을 덜기 위해 약을 먹었다. | I took some medicine to ease the pain.
  ease 덜다, 고통을 가볍게 하다
- 식습관에 더 주의했어야 했다. | I should have been more careful about my eating habits.

소화 P2-13-0604

- 나는 식사를 빨리 해서 자주 배탈이 난다. | I eat quickly, so my stomach is often upset.
- 나는 위가 약하다. | I have a weak stomach.
- 나는 소화를 잘 시키지 못한다. | I have poor digestion.
  digestion 소화

- 소화 불량이다. I have indigestion.
  indigestion 소화 불량
- 윗배가 아팠다. I had heartburn.
  heartburn 배 윗부분의 통증
- 위가 거북했다. I felt discomfort in my stomach.
- 배가 더부룩했다. I felt bloated.
  bloated 더부룩한, 부푼
- 식후 30분마다 소화제를 먹었다. I took antacids half an hour after each meal.
  antacid 소화제, 제산제

설사 P2-13-0605

- 설사가 났다. I had diarrhea.
  diarrhea 설사
- 묽은 변이 나왔다. I had watery stool.
  stool 대변
- 설사를 심하게 했다. I had terrible diarrhea.
- 배가 계속 살살 아팠다. I felt a slight and constant pain in my stomach.
- 설사기가 있었다. I had a touch of diarrhea.
  touch 접촉, 기미
- 장염으로 고생했다. I suffered from inflammation in my intestines.
  inflammation 염증
- 화장실을 여러 번 갔다. I went to the bathroom several times.
- 변에 피가 섞여 나온 것을 보고 깜짝 놀랐다. I was so surprised to see my bloody stool.
- 설사약을 먹었다. I took medicine to stop my diarrhea.

변비 P2-13-0606

- 나는 변비가 있다. I am constipated.
  constipated 변비에 걸린
- 며칠 동안 변을 못 봤다. I've had no bowel movement for a few days.
  bowel movement 배변, 배설물

- 변비약을 먹었다.

I took a laxative.
laxative 변을 나오게 하는 완하제

- 변비로 아침마다 고생이다.

I suffer from constipation every morning.
constipation 변비

- 관장을 했다.

I had an enema.
enema 관장제, 관장기

맹장염 P2-13-0607

- 배꼽 주변이 몹시 아팠다.

It hurt badly around the navel.
badly 매우, 몹시 | navel 배꼽

- 바닥을 뒹굴 정도로 배가 몹시 아팠다.

My stomach hurt badly enough to make me roll on the floor.

- 가족들이 나를 급히 병원에 데리고 갔다.

My family brought me to the hospital in a hurry.
in a hurry 서둘러, 급히

- 의사가 내 배를 눌러 보았다.

The doctor pressed on my stomach.

- 오른쪽 아랫배가 몹시 아팠다.

I felt terrible pain on the right lower side of my stomach.

- 의사는 내가 맹장염이라고 진단했다.

The doctor diagnosed my case as appendicitis.
diagnose A as B A를 B로 진단하다 | appendicitis 맹장염

- 수술을 받아야만 했다.

I had to undergo an operation.
undergo 경험하다, 받다

- 의사가 마취할 때 겁이 났다.

I was afraid when the doctor put me under anesthesia. anesthesia 마취

- 수술은 성공적이었다.

The operation was successful.

07 피부

피부 질환 P2-13-0701

- 피부병에 걸렸다.

I have a skin disease.

- 땀띠가 났다. I have prickly heat.
  prickly 따끔따끔 아픈
  I have a heat rash.
  rash 발진, 뾰루지
- 온 몸에 두드러기가 났다. I have hives all over my body.
  hive 두드러기
- 온 몸이 가려웠다. I itched all over.
  itch 가렵다
- 가려운 곳을 긁었다. I rubbed the itchy spot.
  rub 문지르다, 긁다
- 손에 습진이 생겼다. I have eczema on my hand.
  eczema 습진
- 피부가 벗겨진다. My skin is peeling.
- 꽃가루 알레르기가 있다. I am allergic to pollen.
  pollen 꽃가루, 화분
- 이마에 뾰루지가 났다. I have a rash on my forehead.
- 볼에 종기가 났다. I have a boil on my cheek.
  boil 종기, 부스럼
- 모기에 물렸다. I got bitten by a mosquito.
- 벌에 쏘였다. I got stung by a bee.
- 입 주변이 헐었다. I have a cold sore in my mouth.
  cold sore 입가의 발진
- 입술이 갈라졌다. My lips are cracked.
- 입술이 텄다. My lips are chapped.
  chap 트다

여드름 P2-13-0702

- 나는 얼굴에 여드름이 있다. I have acne[pimples].
  acne, pimple 여드름
- 나는 얼굴에 여드름이 잘 난다. My face often breaks out.
  break out 발진하다, 생기다

- 여드름 난 내 얼굴이 싫다.
  I don't like my pimpled face.
- 여드름을 짰다.
  I popped my pimples.
  pop 펑 터트리다
- 여드름을 짜면 흉터가 남을 것이다.
  If I pop the pimples, it'll leave scars.
  leave 남기다 | scar 흉터

화상 P2-13-0703

- 바비큐를 하다가 데었다.
  While I was barbecuing, I burned myself.
  burn oneself 불에 데다
- 손가락에 화상을 입었다.
  I burned my finger.
- 손가락에 얼음 조각을 올려놓았다.
  I put a piece of ice on my finger.
- 데어서 물집이 생겼다.
  I have a blister from a burn.
  blister 물집, 수포
- 연고를 발랐다.
  I applied some ointment.
  apply 바르다 | ointment 연고

발 문제 P2-13-0704

- 새 신을 신었더니 뒤꿈치에 물집이 생겼다.
  My new shoes made blisters on my heels.
- 운동화가 뒤꿈치에 꽉 끼었다.
  The sneakers pinched my heels.
  sneakers 운동화 | pinch 꽉 끼다, 꼬집다
- 뒤꿈치에 물집이 생겼다.
  I got a blister on my heel.
- 물집이 터졌다.
  The blister popped.
- 발에 티눈이 생겼다.
  I have a corn on my foot.
  corn (발에 생기는) 티눈, 못
- 티눈을 빼고 싶다.
  I want to have the corn removed.
- 발에 사마귀가 났다.
  I have a wart on my foot.
  wart 혹, 사마귀
- 발바닥에 굳은살이 박였다.
  I have a callus on the sole of my foot.
  callus 피부가 굳은 것, 못

- 우리 아빠는 무좀이 있다. My dad has athlete's foot.
  athlete's foot 무좀
- 발이 아파 죽겠다. My feet are killing me.
- 발에 감각이 없다. My feet are numb.
  numb 감각을 잃은

멍 · 혹 P2-13-0705

- 나는 멍이 잘 든다. I get bruised very easily.
  get bruised 멍들다, 타박상을 입다
- 머리에 멍이 들었다. I had a bruise on my head.
- 눈이 파랗게 멍들었다. I've got a black eye.
- 멍든 곳이 아직 아프다. My bruise is still tender.
  tender 만지면 아픈, 예민한
- 멍든 곳을 달걀로 살살 문질러 주었다. I rolled an egg softly on the bruise.
- 책상에 머리를 부딪칠 때, 별이 보였다. I saw stars when I hit my head against the table.
- 혹이 생겼다. I had a bump.
  bump 혹
  I had swelling.
  swelling 혹

상처 P2-13-0706

- 잘못해서 얼음 송곳에 찔렸다. I was accidentally stabbed by an ice pick.
  accidentally 우연히, 어쩌다가 | stab 찌르다 | ice pick 얼음을 깨는 송곳
- 칼에 베였다. I cut myself with a knife.
- 칼을 가지고 장난치다가 손을 베었다. While I fooled around with the knife, I cut my hand. fool around ~을 만지작거리며 놀다
- 피가 많이 났다. I lost a lot of blood.
- 상처를 붕대로 감았다. I got my injury dressed.
  dress (상처를) 붕대로 매다

CHAPTER 13 건강

- 무릎에 생채기가 났다.
  I skinned my knee.
  skin 벗겨지다
- 무릎이 까졌다.
  I scraped my knee.
  scrape 스치어 벗겨지다
  My knee was chafed.
  chafe 쓸려서 벗겨지다
- 무릎에 찰과상을 입었다.
  I had a scratch on my knee.
  scratch 찰과상
- 손가락이 문틈에 끼였다.
  I pinched my finger in the door.
  pinch 끼다, 꼬집다
- 손가락을 다쳤다.
  I hurt my finger.
- 상처가 났다.
  I've got a wound.
  wound 상처
- 상처 때문에 너무 아팠다.
  The wound hurt badly.
- 상처가 부었다.
  The wound was swollen.
- 상처가 아프면서 쿡쿡 쑤셨다.
  The wound throbbed with pain.
  throb 욱신욱신 쑤시다
- 상처가 찌르는 것처럼 아팠다.
  I felt a stinging pain on my wound.
  stinging 찌르는, 쑤시는 듯한
- 상처가 쓰라렸다.
  My wound felt sore.

상처 치료 P2-13-0707

- 상처를 소독했다.
  I disinfected the wound.
  disinfect 살균하다, 소독하다
- 상처에 연고를 발랐다.
  I applied some ointment to the wound.
- 의사가 상처를 꿰맸다.
  The doctor sewed up the wound.
  sew up ~을 꿰매다
- 의사가 상처에 다섯 바늘을 꿰맸다.
  The doctor used 5 stitches on the wound.
  stitch 바늘 땀
- 의사가 꿰맨 실을 풀었다.
  The doctor removed the stitches.

- 상처에 딱지가 앉았다. — My wound has scabbed over.
  scab over 껍질로 덮이다
- 상처 때문에 흉터가 남지 않기를 바란다. — I hope that the wound will not leave a scar.

염증 P2-13-0708

- 상처가 곪았다. — The wound festered.
  fester 곪다, 짓무르다
- 상처에 염증이 생겼다. — The wound was inflamed.
- 상처에 고름이 생겼다. — Pus has formed in the wound.
  pus 고름 | form 형성되다
- 상처가 감염되었다. — The wound got infected.
  get infected 감염되다
- 상처가 곪지 않고 나아서 다행이었다. — It was lucky that the wound healed without festering.
  fester 곪다, 진무르다

08 골절

넘어지다 P2-13-0801

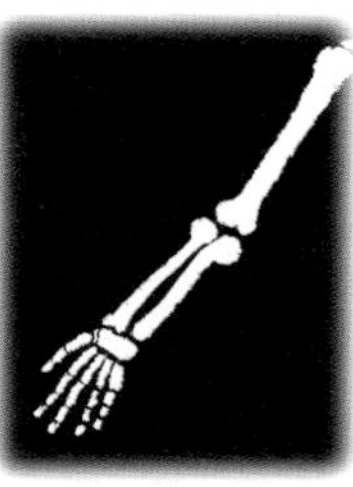

- 넘어졌다. — I fell down.
- 곤두박질쳤다. — I fell upside down.
- 앞으로 넘어졌다. — I fell forward.
- 뒤로 넘어졌다. — I fell on my back.
- 엉덩방아를 찧었다. — I fell on my buttocks.
- 꽈당 넘어졌다. — I fell like a log.
- 돌에 걸려 넘어졌다. — I fell[tripped] over a stone.
  trip 발이 걸려 넘어지다, 헛디디다

- 계단에서 발을 헛디뎠다. I missed a step on the stairs.
- 계단에서 굴러 떨어졌다. I tumbled down the stairs.
  tumble down ~에서 굴러 떨어지다, 넘어지다
- 누군가가 밀어서 넘어졌다. I was pushed down by someone.
- 빙판에서 미끄러져 넘어졌다. I slipped and fell on the ice.
- 몇 사람이 내가 넘어지는 것을 보았다. A few people saw me fall down.
- 누군가 나를 일으켜 주었다. Someone helped me up.
- 너무 창피해서 얼굴이 빨개졌다. I felt so embarrassed that I blushed.

삐다 P2-13-0802

- 달리기 경주를 하다가 발목을 접질렸다. I twisted my ankle while running in the race.
  twist (발목 · 손목 등을) 삐다
- 발목을 삐었다. I sprained[wrenched / twisted] my ankle.
  sprain, wrench (발목 · 손목 등을) 삐다
- 삔 발목이 크게 부어올랐다. My sprained ankle swelled so big.
- 부기가 가라앉았다. The swelling subsided.
  subside (부기가) 빠지다, 가라앉다
- 심각한 부상이었다. It was a very serious injury.
- 접질린 발목을 보호하기 위해 다리에 깁스를 하고 있다. I have my leg in a cast to protect my sprained ankle. cast 깁스 | protect 보호하다

부러지다 P2-13-0803

- 다리가 부러졌다. I broke my leg.
  My leg was broken.
- 골절상을 입었다. I suffered a fracture.
  fracture 골절, 좌상
- 일어설 수가 없었다. I couldn't get on my feet.
- 단순 골절이었다. It was a simple fracture.

- 그가 나를 업고 병원에 데리고 갔다.
  He gave me a piggyback ride to the hospital.
  piggyback 어깨[등]에 탄
- 먼저 다리 엑스레이를 찍었다.
  First, I had an x-ray of my leg taken.
- 다리가 세 군데 부러졌다.
  My leg was broken in three places.
- 수술을 받아야 했다.
  I had to have surgery.
- 간단한 수술이라고 했지만 겁이 났다.
  They said it would be a simple operation, but I was scared.
- 다리에 깁스를 한 상태이다.
  My leg is in a cast.
- 목발을 짚고 다닌다.
  I am on crutches.
  crutch 목발, 버팀목
- 목발을 짚고 걸어 다니기가 어려웠다.
  It was difficult for me to walk around on crutches.
- 빨리 깁스를 풀고 싶다.
  I want to have my cast removed soon.
- 아무런 도움도 받지 않고 자유롭게 걷고 싶다.
  I want to walk freely without any aid.

09 치아 관리

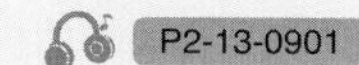

P2-13-0901

치아 tooth(복수는 teeth)
어금니 molar, back teeth
앞니 incisor, front teeth
송곳니 canine tooth, eyetooth
영구치 permanent tooth
젖니 deciduous tooth
작은 어금니 premolar
사랑니 wisdom tooth
틀니 denture
의치 false tooth
충치 decayed tooth
잇몸 gum
치석 tartar
턱과 이를 포함한 입 부분 jaws
아래턱 chin
위턱 upper jaw
아래턱 lower jaw

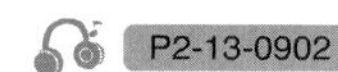

P2-13-0902

- 이 하나가 부러졌다.
  One of my teeth was chipped.
  chip 작게 쪼개다

- 이 하나가 흔들렸다. One of my teeth was loose.
- 흔들리는 이를 뺐다. I pulled out the loose tooth.
- 어금니 하나에 충치가 생겼다. I have a cavity in one of my molars.
  cavity 충치 | molar 어금니
- 아마 내가 단것을 좋아하기 때문일 것이다. It may be because I like sweets.
- 나는 단것이라면 사족을 못 쓴다. I have a weakness for sweets.
  have a weakness for ~을 매우 좋아하다
- 충치가 생겼다. I have tooth decay.
- 충치가 하나 있다. I have a rotten[decayed] tooth.
  rotten, decayed 썩은
- 이가 욱신욱신 쑤신다. I had a throbbing toothache.
- 충치 때문에 한숨도 못 잤다. I couldn't sleep a wink because of my decayed tooth.
- 치통이 심했다. I had a terrible toothache.
- 아무래도 이가 썩고 있는 것 같았다. I thought my tooth was rotting.
  rot 썩다, 부패하다
- 이를 뽑아버리고 싶었다. I wanted to pull out the tooth.
- 통증을 완화시키기 위해 진통제를 먹었다. I took a painkiller to ease the pain.
  painkiller 진통제 | ease 아픔을 덜다

구강 질환 P2-13-0903

- 양치를 하면 잇몸에서 피가 난다. When I brush my teeth, my gums bleed.
  gum 잇몸
- 잇몸에 종기가 생겼다. I got an abscess on my gums.
  abscess 종기, 농양
- 나는 잇몸병이 있다. I have gingivitis.
  gingivitis 잇몸병
- 입안이 좀 헐었다. I have a small canker sore in my mouth.
  canker 구강궤양, 입안의 짓무름
- 혓바늘이 났다. I have a rough tongue.

- 혀에 발진이 생겼다. I had a cold sore on my tongue.
- 혀에 구강용 연고를 발랐다. I put some oral ointment on my tongue.
  ointment 연고, 고약
- 내 입냄새가 심했다. My mouth was stinky.
  stinky 악취가 나는
- 나는 가끔 입냄새가 난다. Sometimes I have bad breath.

치과 치료

P2-13-0904

- 치과에 가는 것이 무서웠다. I was afraid of going to the dentist's.
  dentist's 치과
- 치과에 가는 것이 정말 싫었다. I really hated seeing the dentist.
- 치과 예약을 했다. I made a dental appointment.
  appointment 시간 약속
- 이를 치료받았다. I had my teeth treated.
- 치과 의사가 충치 두 개를 때워야 한다고 했다. The dentist said that I had two cavities to be filled.
- 이를 때웠다. I got a filling.
- 치과 의사가 이를 하나 뺐다. The dentist pulled out one of my teeth.
- 사랑니를 뺐다. I had a wisdom tooth pulled.
  wisdom tooth 사랑니
- 이에 치석이 많이 꼈다. I have lots of plaque on my teeth.
  plaque 치석, 플라크
- 치석을 제거했다. I had plaque removed from my teeth.
- 스케일링을 했다. I had my teeth scaled.
- 이를 심어 넣었다. I had a tooth implanted.
  implant 심다, 끼워 넣다
- 이 하나를 덧씌웠다. I had a tooth recapped.
  recap 다시 덧씌우다
- 충치를 방지하기 위해 불소 도포를 했다. I got fluoridized to prevent my teeth from decay.
  fluoridize 불소 처리하다, 불소 도포하다

치아 교정 P2-13-0905

• 나는 이가 삐뚤게 났다.	My teeth are crooked. crooked 비뚤어진, 꼬부라진
• 이를 교정해야 한다.	I have to have my teeth corrected.
• 이를 교정하는 데 비용이 많이 든다.	It costs a lot to have my teeth corrected.
• 이를 반듯하게 하기 위해 치아 교정기를 하고 있다.	I am wearing braces to straighten my teeth. brace 치아 교정기, 버팀대
• 이에 교정기를 끼고 있는 게 싫다.	I hate having braces in my mouth.
• 치아 교정기를 하고 있어서 깨끗이 양치하기가 어렵다.	It's hard to brush my teeth well because of my braces.
• 2년 동안 치아 교정기를 하고 있어야 했다.	I had to wear my braces for two years.
• 나는 치아 교정기를 보이지 않으려고 입을 크게 벌리지 않았다.	To hide my braces, I didn't open my mouth widely.
• 드디어 치아 교정기를 풀었다.	Finally, I had my braces removed.
• 이가 고르게 되었다.	I've got straight teeth.
• 치아 교정기를 제거한 이후로는 보정기를 하고 있다.	Since removing my braces, I wear a retainer. retainer 보정기, 고정시키는 것

치아 관리 P2-13-0906

• 나는 치과에 6개월마다 간다.	I visit a dental clinic every six months.
• 이를 보호하기 위해서 단것을 먹지 않을 것이다.	In order to protect my teeth, I won't eat sweet things.
• 식사를 하고 나서는 바로 양치한다.	I brush my teeth right after each meal.
• 칫솔은 위아래로 움직인다.	I move my toothbrush up and down.
• 양치질을 할 수 없을 때에는 물로 입을 헹군다.	When I can't brush my teeth, I gargle with water.
• 가끔은 가그린을 사용한다.	Sometimes I use mouthwash.

10 시력 · 안경

시력 문제 P2-13-1001

- 먼 곳이 잘 안 보인다. — I can't see well at a distance.
  at a distance 멀리서
- 가까이 있는 것이 또렷하게 보이지 않는다. — I can't clearly see things that are close.
- 특히 밤에는 잘 안 보인다. — I can't see well, especially at night.
- 시력이 나빠지고 있다. — My eyesight is getting worse.
  eyesight 시력 | get worse 나빠지다
- 시력이 나빠지기 시작했다. — I am starting to have weak vision.
  vision 시력
- 칠판의 글씨가 잘 안 보인다. — I can't read the letters on the blackboard accurately.
  accurately 정확하게
- 내 눈에 무언가 문제가 있다. — There is something wrong with my eyes.
- 나는 밤눈이 밝다. — I have the eyes of a cat.
- 나는 밤눈이 어둡다. — I have night blindness.

시력 검사 P2-13-1002

- 시력 검사를 했다. — I had my eyes examined.
- 내 시력은 1.0/1.0 이다. — I have 1.0/1.0 vision.
- 나는 시력이 좋다. — I have good eyes[vision/eyesight].
- 나는 시력이 정상이다. — I have perfect vision.
- 시력이 나쁘다. — I have bad vision.
  I have weak sight.
  I have bad[defective] eyesight.
  defective 결함이 있는

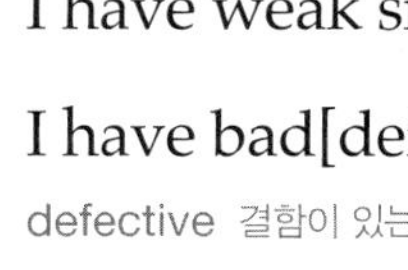

- 나는 근시이다.
  I am near-sighted.
- 나는 원시이다.
  I am far-sighted.
- 약간 원시이다.
  I am slightly far-sighted.
- 나는 난시이다.
  I have astigmatism[distorted vision].
  astigmatism, distorted vision 난시
- 나는 색맹이다.
  I am color-blind.
- 나는 색을 잘 구별하지 못한다.
  I can't distinguish colors.
  distinguish 구별하다

- 나는 안경을 써야 한다.
  I have to wear glasses.
- 우리 반에는 안경을 쓴 친구들이 많다.
  I have a lot of friends in my class who wear glasses.
- 안경을 쓰면 불편하기 때문에 나는 안경 쓰는 것이 싫다.
  I don't like wearing glasses because I am not comfortable wearing them.
- 안경 없이는 책을 읽을 수 없다.
  I can't read books without my glasses.
- 안경 도수가 안 맞는 것 같다.
  I think my glasses aren't right for me.
- 안경 도수를 더 높여야 했다.
  I had to make my eyeglasses stronger.
- 안경을 바꿔야 할 필요가 있었다.
  I needed to change my glasses.
- 안경을 망가뜨렸다.
  I broke my glasses.
- 안경테가 부러졌다.
  The frames of my glasses are broken.
  frame 틀, 테, 구조
- 나는 금테 안경을 골랐다.
  I chose gold-rimmed glasses.
  rimmed ~의 테로 된
- 무테 안경으로 했다.
  I chose rimless glasses.
  rimless 테가 없는
- 안경알에 흠집이 났다.
  My glasses were scratched.
- 안경알을 바꾸었다.
  I had the lenses of my glasses replaced.

콘택트 렌즈 P2-13-1004

- 나는 콘택트 렌즈를 낀다. I wear contact lenses.
- 나는 일회용 렌즈를 사용한다. I use disposable contact lenses.
  disposable 일회용의, 사용 후 버리는
- 컬러 렌즈를 꼈다. I put on colored contact lenses.
- 렌즈를 끼면 눈이 아프다. When I wear my contact lenses, they hurt my eyes.
- 자기 전에 렌즈를 빼야 하는 것이 참 불편하다. It is so uncomfortable to take out my contact lenses before going to bed.
- 렌즈를 세척하는 일이 싫다. I hate cleaning my contact lenses.
- 너무 피곤해서 렌즈 빼는 것을 깜빡했다. I was so tired that I forgot to take out my contact lenses.

11 눈병

눈병 P2-13-1101

- 오른쪽 눈에 다래끼가 났다. I have a sty in my right eye.
  sty 다래끼
- 눈병이 났다. I had eye trouble.
  I had an eye problem.
- 눈이 피로해진 것 같다. My eyes seem to get tired.
- 눈이 충혈되었다. My eyes have turned red.
  My eyes were bloodshot.
  bloodshot 충혈된, 핏발이 선
- 눈이 아팠다. My eyes hurt.
- 눈이 시고 따끔거렸다. I had sore eyes.
  My eyes were sore.

- 눈병 때문에 눈물이 났다. My eye trouble made my eyes tear.
- 눈이 너무 아파서 눈을 뜰 수가 없었다. My eyes were so sore that I couldn't keep them open.
- 눈에 뭐가 들어간 것 같았다. I felt as if there were something in my eyes.
- 눈이 가려웠다. My eyes itched.

  My eyes were itchy.
- 눈이 부었다. My eyes were puffy.

  puffy 부풀어 오른
- 눈을 비볐다. I rubbed my eyes.
- 속눈썹이 눈을 찔렀다. My eyelashes got stuck in my eyes.

  eyelash 속눈썹
- 눈에 모래가 낀 것 같았다. I felt like there was sand in my eyes.

안과 치료 P2-13-1102

- 안과에 갔다. I went to an ophthalmic clinic.

  ophthalmic 안과의, 눈의
- 의사 선생님께서 나에게 염증이 조금 있다고 하셨다. The doctor said that I had a minor infection.
- 의사 선생님께서 눈을 비비지 말라고 하셨다. The doctor asked me not to rub my eyes.
- 눈을 치료받았다. I had my eyes treated.
- 눈에 안약을 넣었다. I put some eye drops into my eyes.

  eye drop 떨어뜨려 넣는 안약
- 눈에 안연고를 발랐다. I applied eye ointment to my eyes.

  ointment 연고

12 귓병

귓병

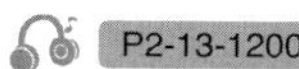

- 귀가 아팠다. — I had an earache. / My ear hurt.
- 귀에 염증이 생겼다. — I've got ear infections.
- 귀를 자주 파서 그런 것 같았다. — I thought it was because I often picked my ears.
- 귀에서 윙윙거리는 소리가 난다. — My ears hum.
  hum 윙윙거리다
- 귀가 막힌 느낌이 든다. — My ears feel plugged up.
  plug up 틀어막다
- 뭔가가 귀에 들어간 것 같다. — I feel something in my ear.
- 나는 소리가 잘 안 들린다. — My hearing is poor.
- 가끔 잘 안 들릴 때가 있다. — Sometimes I have trouble hearing.
- 나는 오른쪽 귀가 안 들린다. — I am deaf in my right ear.
  deaf 귀가 안 들리는, 귀먹은

13 진찰

병원 · 의사의 종류

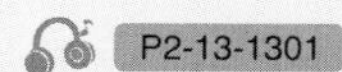

내과 internal medicine
내과 의사 physician
외과 surgery
외과 의사 surgeon
소아과 pediatrics
소아과 의사 pediatrician
안과 ophthalmology
안과 의사 eye doctor
피부과 dermatology
피부과 의사 dermatologist
이비인후과 otolaryngology
이비인후과 의사 otolaryngologist
신경과 neurology
신경과 의사 neurologist
정신과 psychiatry
정신과 의사 psychiatrist
정형외과 orthopedic surgery
정형외과 의사 orthopedic surgeon

성형외과 plastic surgery	마취과 anesthesiology	치과 교정학 orthodontics
성형외과 의사 plastic surgeon	마취과 의사 anesthesiologist	치열 교정 의사 orthodontist
방사선과 radiology	치과 dentistry	한의학 Oriental medicine
방사선과 의사 radiologist	치과 의사 dentist	한의사 Oriental doctor

병원 시설 · 의료 기구

P2-13-1302

진찰실 consultation room	병실 sickroom	인공호흡기 artificial respirator
응급실 emergency room	병동 ward	체온계 thermometer
수술실 operating room	엑스레이실 x-ray room	주사기 syringe
중환자실 intensive care unit	청진기 stethoscope	들것 stretcher
회복실 recovery room	내시경 endoscope	산소 호흡기 oxygen breathing apparatus
분만실 delivery room	위 내시경 gastroscope	

진료 접수

P2-13-1303

- 엄마께서 전화로 진료 예약을 하셨다.
  My mom called for an appointment.
- 내일 5시에 진료 예약이 있다.
  Tomorrow I have a 5 o'clock appointment to see the doctor.
- 접수원에게 보험 카드를 제시했다.
  I showed my insurance card to the receptionist.
  receptionist 접수원
- 내 이름을 부를 때까지 대기실에서 기다렸다.
  I was waiting in the waiting room until I was called.
- 진료 예약을 하지 않아서 오랫동안 기다려야 했다.
  I had to wait for a long time since I had no appointment with the doctor.
- 그 병원에 처음 가는 거라 설문지를 작성했다.
  It was my first visit to the hospital, so I filled the questionnaire out. questionnaire 설문지, 질문지
- 간호사가 내 이름을 불렀다.
  The nurse called my name.
- 내가 진찰 받을 순서였다.
  It was my turn to see the doctor.
  turn 순번, 차례

진찰 P2-13-1304

- 전문의의 진료를 받았다. — I saw a specialist.
  specialist 전문의, 전문가
- 내 증상을 자세히 설명했다. — I described my symptoms in detail.
  describe 묘사하다 | symptom 증세, 증상 | in detail 자세히
- 체온과 혈압을 쟀다. — My temperature and blood pressure were checked.
- 진찰대에서 진찰을 받았다. — I was examined on the stretcher.
  stretcher 진찰대, 들것
- 의사가 배를 누르며 진단했다. — The doctor pressed my stomach to diagnose my sickness.
  diagnose 진단하다
- 그는 청진기로 내 심장 소리를 들었다. — He listened to my heart beat by using a stethoscope.
- 의사가 내게 언제 통증이 시작되었는지 물었다. — The doctor asked me when my pain had started.
- 의사가 내게 약을 처방해 주었다. — The doctor prescribed some medicine for me.
  prescribe 처방하다

입원 치료 P2-13-1305

- 증세가 점점 나빠졌다. — I got worse and worse.
  비교급 + and + 비교급 점점 더 ~한
- 입원 치료가 필요했다. — I required hospital treatment.
- 병원에 입원해야 했다. — I needed to be hospitalized.
- 간단한 검사 후 입원 절차를 밟았다. — I checked into the hospital after a simple test.
- 나는 병원에 입원해 있다. — I am in the hospital.
- 약물 치료를 하고 있다. — I am on medication.
  medication 약물 치료
- 정맥 주사를 맞았다. — I was given an intravenous drip.
  intravenous 정맥의 | drip 똑똑 떨어지기, 물방울
- 나는 2주 동안 병원에 입원해 있었다. — I was hospitalized for a couple of weeks.
- 친구들이 병문안을 왔다. — My friends visited me at the hospital.

- 그들은 내게 쾌유를 비는 카드를 주었다.

They gave me a get-well card.
get-well card 문병 카드

- 그들은 꽃과 먹을 것을 가지고 왔다.

They brought some flowers and something to eat.

회복 P2-13-1306

- 어서 병이 나았으면 좋겠다.

I hope I will get well soon.

- 증세가 점점 좋아지고 있다.

I am getting better and better.

- 상태가 눈에 띄게 좋아졌다.

My condition has markedly improved.
markedly 현저하게, 눈에 띄게

- 병이 나았다.

I was cured of a disease.

- 의사의 치료 덕분에 완쾌되었다.

I recovered completely, thanks to the doctor's treatment. thanks to ~ 덕분에

- 병원에서 퇴원했다.

I was released[discharged] from the hospital.
release, discharge 해방시키다, 퇴원시키다

한의원 치료 P2-13-1307

- 한의원에 갔다.

I went to a clinic for oriental medicine.
oriental 동양의, 동양식의

- 한의사가 진맥을 했다.

The Oriental medical doctor checked my pulse.
pulse 맥박

- 침을 맞았다.

I had acupuncture done.
acupuncture 침술, 침 요법

- 그리 많이 아프지 않았다.

It didn't hurt so much.

- 너무 아팠다.

It hurt too much.

- 나는 건강을 위해 일 년에 두 번 한약을 먹는다.

I take Oriental herbal medicine for my health twice a year. herbal 약초의

- 엄마가 나를 위해 한약을 달이셨다.

My mom boiled down medical herbs for me.

- 한약은 너무 써서 싫다.

The Chinese medicine is so bitter that I don't like it.
bitter 쓴

• 요즘 나는 보약을 먹고 있다.

I'm taking some restorative medicine these days.
restorative 건강을 회복시키는

14 약

약의 종류

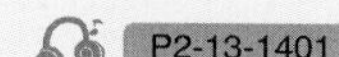

P2-13-1401

시럽 syrup
알약 pill
가루약 powder
정제 tablet
캡슐 capsule
연고 ointment
해독제 antidote
소독약 antiseptic
소화제 peptic
제산제 antacid
해열제 antipyretic, fever remedy
진통제 painkiller
항생제 antibiotic
수면제 sleeping pill
신경안정제 tranquilizer
좌약 suppository
안약 eye drops

처방전

P2-13-1402

• 처방전을 가지고 약국에 갔다.

I went to the pharmacy with the prescription.
prescription 처방전

• 약사가 처방전대로 약을 지어 주었다.

The pharmacist filled the prescription.
pharmacist 약사 | fill the prescription 처방전대로 조제하다

• 처방전 없이는 약을 살 수 없었다.

I couldn't buy any medicine without a prescription.

• 처방전 없이 살 수 있는 약을 몇 가지 샀다.

I bought some over-the-counter medicine.
over-the-counter 의사의 처방 없이 살 수 있는

• 그 시럽은 처방전 없이 살 수 있는 약이다.

The syrup is available over the counter.

• 소독약, 붕대, 밴드를 샀다.

I bought a disinfectant, a bandage and band-aids.
disinfectant 소독약, 살균제

복용 및 약효

P2-13-1403

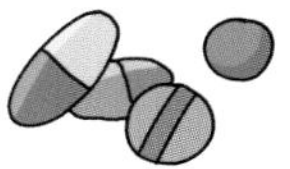

• 약사가 약을 하루에 세 번 먹어야 한다고 했다.

The pharmacist said that I should take the medicine three times a day. pharmacist 약사

- 그는 식사하기 매30분 전에 약을 두 알씩 먹으라고 했다.
  He told me to take two pills half an hour before each meal. pill 알약
- 나는 시럽보다 알약을 먹는 게 더 좋다.
  It is better for me to take pills than syrup.
- 약을 6시간마다 먹었다.
  I took the medicine every 6 hours.
- 그 약은 빈속에 먹어야 했다.
  I had to take the medicine on an empty stomach.
- 약이 아주 썼다.
  The medicine tasted very bitter.
  taste ~한 맛이 나다
- 그 약을 먹으니 졸렸다.
  The medicine made me drowsy.
  drowsy 졸리게 하는, 졸린
- 약을 먹고 나니 좀 나아졌다.
  After taking the medicine, I felt better.
  The medicine made me feel better.
- 그 약은 약효가 좋았다.
  The effect of the medicine was good.
  The medicine was effective.
  effective 효과적인
- 그 약을 먹자마자 효력이 나타났다.
  The medicine worked on me instantly.
  work on ~에 효험이 있다, 작용하다 | instantly 즉시
- 그 약은 신기하게 잘 들었다.
  The medicine worked like magic.
  like magic 마법처럼, 신기하게
- 타이레놀을 먹자 두통이 말끔히 나았다.
  One Tylenol cleared up my headache.
- 아스피린을 먹은 후 통증이 약해졌다.
  After taking an aspirin, the pain decreased.
- 그것이 그 병에는 특효약이다.
  It is a sovereign remedy for curing the disease.
  sovereign 효과가 아주 좋은, 최상의 | remedy 치료약, 치료
- 그 약은 부작용이 있었다.
  There were side effects of the medicine.
  side effect 부작용
- 그 약은 효과가 전혀 없었다.
  The medicine had no effect.
- 좋은 약은 입에 쓰나 몸에는 좋다.
  Good medicine is bitter to the mouth but of value for the body. of value 귀중한, 중요한, 유용한

My Height

P2-14-00

Friday July 22, Sunny

I am short for my age.
My brother and I are almost the same height.
I wish I were a little taller.
People say that I have to drink a lot of milk to be taller, but I don't like milk. I just eat the food that I like.
Can I be taller if I exercise more?
I need to eat balanced meals and exercise.
When I am taller, I think I'll look nicer.

나의 키 7월 22일 금요일, 화창함

나는 나이에 비해 키가 작다.
나는 내 동생과 키가 거의 비슷하다. 키가 좀더 컸으면 좋겠다.
키가 좀더 크려면 우유를 많이 먹어야 한다지만, 나는 우유가 싫다. 나는 좋아하는 것만 먹는다.
운동을 더 하면 키가 더 클 수 있을까? 음식을 골고루 먹고 운동도 해야겠다.
키가 더 크면 더 멋있어 보일 것 같다.

for one's age ~의 나이에 비해 **almost** 거의 **height** 키 **exercise** 운동하다; 운동 **balanced** 균형 잡힌
look + 형용사 ~하게 보이다

01 외모

신체 부위

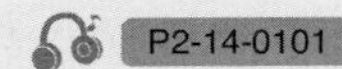

머리 head
뇌 brain
머리카락 hair
눈썹 eyebrow
속눈썹 eyelash
눈꺼풀 eyelid
눈 eye
안구 eyeball
코 nose
콧날 ridge of the nose
콧구멍 nostril
콧수염 mustache
턱수염 beard
구레나룻 sideburns
뺨 cheek
입 mouth

입술 lips
윗입술 upper lip
아랫입술 lower lip
인중 philtrum
혀 tongue
귀 ear
고막, 귀청 eardrum
목 neck
목구멍 throat
목젖 uvula
어깨 shoulder
가슴 chest
여자 가슴 bust
갈비뼈 rib
배 abdomen, belly
등, 허리 back

척추 backbone
팔 arm
겨드랑이 armpit
손목 wrist
팔꿈치 elbow
관절 joint
손가락 finger
엄지 thumb
집게손가락 forefinger, index finger
가운뎃손가락 long finger, middle finger
약지 ring finger
새끼손가락 little finger, pinkie
지문 fingerprint

주먹 fist
손톱 nail
엉덩이 buttocks, hips
대퇴부 thigh
허벅지 inside of thigh
다리 leg
발목 ankle
무릎 knee
발가락 toe
발뒤꿈치 heel
발톱 toenail
이마 forehead, brow
손바닥 palm
손등 back of the hand
발등 top of the foot
발바닥 sole of the foot

닮다

P2-14-0102

- 나는 엄마를 닮았다. — I resemble my mom. / I look like my mom.
- 나는 엄마 성격을 닮았다. — I take after my mom.
- 나는 아빠보다 엄마를 많이 닮았다. — I resemble my mom more than my dad.
- 나는 아빠를 아주 꼭 닮았다. — I am the perfect[spitting] image of my dad.
  spitting 꼭 닮은, 침을 뱉는
- 나는 아빠와 하나도 닮지 않았다. — I don't resemble my dad at all.
- 코는 엄마를, 입은 아빠를 닮았다. — I have my mom's nose and my dad's mouth.
- 나는 내 나이보다 훨씬 어려 보인다. — I look much younger than my age.

- 그것은 집안 내력이다. — It runs in my family.
- 우리 가족 모두 다 그렇다. — Everyone in my family is like that.

빼어난 외모  P2-14-0103

- 그녀는 예쁘다. — She is pretty[good-looking].
  good-looking 미모의
- 그녀는 아름답다. — She is beautiful.
  She is a beauty.
- 그녀는 참 예쁘다. — She is as pretty as a picture.
  as pretty as a picture 매우 아름다운
- 그녀는 매력적이다. — She is attractive.
- 그녀는 지적으로 보인다. — She looks intelligent.
- 그녀는 눈부시게 멋지다. — She is very gorgeous.
  gorgeous 멋진, 화려한, 눈부신
- 그는 매혹적이다. — He is fascinating.
  fascinating 매혹적인, 황홀한, 아주 재미있는
- 그는 참 멋져 보인다. — He looks nice.
- 그는 잘생겼다. — He is handsome.
- 그는 훤칠하게 잘생겼다. — He is tall and handsome.

평범한 외모  P2-14-0104

- 그녀는 평범하게 생겼다. — Her appearance is ordinary.
  appearance 겉모습, 외모 | ordinary 평범한, 보통의, 수수한
  She looks plain.
  plain (여자가) 예쁘지 않은, 소박한, 밋밋한
- 그녀는 그저 그렇게 생겼다. — She looks homely.
  homely 꾸밈없는, 세련되지 않은
- 나는 키가 크지도 않고 잘생기지도 않았다. — I am neither tall nor handsome.
  neither A nor B A도 B도 아니다

못생긴 외모 P2-14-0105

- 그녀는 못생겼다. — She is ugly.
- 그녀는 표정이 어둡다. — She has a sad face.
- 그녀는 자신의 외모에 관한 이야기를 많이 한다. — She talks a lot about her appearance.
- 사람은 겉보기만으로는 알 수 없다. — We can't judge people by looks alone.
  judge 판단하다
- 내 외모가 어떻든 난 상관하지 않는다. — I don't care how I look.
- 겉모습은 중요하지 않다. — Appearance is not important.
- 나는 이대로의 모습이 좋다. — I like it the way it is.
- 우리 이모는 쌍꺼풀 수술을 받았다. — My aunt got double-eyelid surgery.
- 우리 이모는 성형수술을 하셨다. — My aunt got plastic surgery.
  plastic surgery 성형수술

02 얼굴

얼굴 P2-14-0201

- 나는 얼굴이 둥글다. — I have a round face.
- 내 얼굴은 달걀형이다. — My face is oval.
  oval 달걀 모양의, 타원형의
- 그녀는 얼굴이 사각형이다. — Her face is square.
- 그는 얼굴이 납작한 편이다. — His face is kind of flat.
- 나는 얼굴이 좀 통통하다. — My face is a little chubby.
  chubby 토실토실한
- 나는 얼굴이 야위었다. — I am thin-faced.

- 그는 얼굴이 참 매력적이다. He has a charming face.
- 나는 양 볼에 보조개가 있다. I have dimples on my cheeks.
  dimple 보조개
- 난 웃으면 보조개가 생긴다. I have dimples when I smile.

피부 P2-14-0202

- 나는 피부가 곱다. I have fair skin.
- 나는 피부가 희고 깨끗하다. I am fair-skinned.
- 그녀는 피부가 실크처럼 부드러워 보인다. Her skin looks as smooth as silk.
- 나는 피부색이 좋다. I have a fair complexion.
  complexion 피부색, 안색, 얼굴의 윤기
- 나는 피부가 깨끗하다. My skin is clear.
- 피부가 텄다. I have chapped skin.
  chapped 살갗이 튼
  My skin is chapped.
- 그는 얼굴빛이 좋다. He has good color.
- 그녀의 피부는 탄력이 있다. Her skin is elastic.
  elastic 유연한, 탄력이 있는
- 나는 피부가 검다. My skin is dark.
  I have darkish skin.
  I have a dark complexion.
- 햇빛에 그을려 까무잡잡하다. I was tanned by the sun.
- 내 피부는 지성이다. My skin is oily.
- 내 피부는 건성이다. My skin is dry.
- 내 피부는 심한 건성이다. My skin is super dry.
- 피부가 거칠다. I have rough skin.

- 여드름이 나서 기분이 좋지 않다. I feel unhappy because pimples are breaking out.
  pimple 여드름
- 난 얼굴 전체에 주근깨가 있다. I have freckles all over my face.
  freckle 주근깨
- 볼에 큰 흉터가 하나 있다. I have a big scar on my cheek.
  scar 흉터
- 얼굴에 큰 점이 한 개 있다. I have a big mole on my face.
  mole 점, 사마귀
- 목에 사마귀가 돋아나 있다. I have a protruding mole on my neck.
  protrude 내밀다, 튀어나오다
- 점을 빼고 싶다. I want to get rid of my mole.
- 얼굴에 있는 점을 뺐다. I had a mole on my face removed.
- 우리 엄마는 얼굴에 주름이 많다. My mom has lots of wrinkles on her face.

눈

P2-14-0203

- 나는 눈이 크다. I have large eyes.
- 나는 눈이 작다. I have small eyes.
- 나는 쌍꺼풀이 있다. I have double eyelids.
- 나는 눈꺼풀이 두껍다. My eyelids are thick.
- 나는 눈꺼풀이 얇다. My eyelids are thin.
- 눈이 가깝게 몰려 있다. My eyes are close together.
- 눈이 멀리 떨어져 있다. My eyes are far apart from each other.
- 눈이 위로 치켜 올라갔다. I have peaked eyes.
- 눈이 아래로 쳐졌다. My eyes slant downward.
- 내 눈은 가느다랗다. My eyes are narrow.
- 내 눈은 길게 째진 눈이다. My eyes are like slits.
  slit 긴 틈새

- 내 눈은 움푹 들어갔다. — I have sunken eyes.
  sunken 내려앉은, 움푹 들어간
- 그는 눈이 부리부리하다. — He has big bright eyes.

코 P2-14-0204

- 나는 납작코이다. — I am flat-nosed.
  I have a flat nose.
- 나는 코가 크다. — I have a big nose.
- 나는 들창코이다. — I have a turned-up nose.
  turned-up 위로 들린
- 나는 매부리코이다. — I have a Roman nose.
  I have an aquiline nose.
  aquiline 독수리 부리 같은
- 내 코는 뾰족하다. — I have a pointed nose.
- 나는 코가 넓적하다. — My nose is wide.
- 내 코는 좁은 편이다. — My nose is kind of narrow.
  kind of 조금 ~한, ~한 편인
- 내 코는 주먹코이다. — My nose is ball-shaped.
- 우리 아빠 코는 딸기코이다. — My father has a strawberry nose.

입 P2-14-0205

- 나는 입술이 얇다. — My lips are thin.
- 나는 입술이 두껍다. — My lips are full.
- 윗입술이 두껍다. — My upper lip is thick.
- 아랫입술은 얇다. — My bottom lip is thin.
- 윗입술이 뒤집어졌다. — My upper lip is turned up.
- 나는 입술이 잘 튼다. — My lips often crack.

치아 P2-14-0206

- 나는 이가 고르게 났다. I have straight teeth.
- 이가 삐뚤삐뚤하다. I have crooked teeth.
  crooked 비뚤어진
- 덧니가 있다. I have a double tooth.
- 뻐드렁니가 있다. I have a slanted tooth.
  slanted 기울어진, 비스듬한
- 때운 이가 여러 개 있다. I have a few fillings.
  filling 채운 것
- 나는 이가 하얗다. My teeth are white.
- 나는 이가 누렇다. My teeth are yellowish.
- 사랑니가 나고 있다. My wisdom tooth is cutting through.
  I have a wisdom tooth coming in.
  wisdom tooth 사랑니
- 사랑니가 났다. My wisdom tooth broke through.
  break through 헤치고 나오다
- 나는 의치가 하나 있다. I have a false tooth.
  false 거짓의, 가짜의, 위조의
- 우리 할머니는 틀니를 하신다. My grandmother wears dentures.
  denture 틀니

귀 P2-14-0207

- 내 귀는 아주 작은 편이다. My ears are kind of small.
- 내 귀는 부처님 귀다. My ears are floppy.
  floppy 펄럭이는
- 귀를 뚫는 귀고리를 했다. I wear pierced earrings.
  pierce 뚫다
- 귀를 안 뚫는 귀고리를 했다. I wear clip-on earrings.
  clip-on 클립으로 고정되는

03 머리

머리 색 P2-14-0301

- 나는 머리색이 까맣다. I have black hair.
- 나는 머리색이 갈색이다. I have brown hair.
- 나는 머리색이 짙은 갈색이다. I have dark brown hair.
- 우리 할아버지는 머리가 백발이다. My grandfather is grey-haired.
- 예전에는 검은색이었는데 이제는 거의 다 하얗게 세었다. He used to have black hair, but now it has become almost white.

머리 길이 P2-14-0302

- 나는 머리가 길다. I have long hair.
- 나는 머리를 길게 기르는 중이다. I let my hair grow long.
  let + 목적어 + 동사원형 ~을 …하게 두다
- 내 머리는 중간 길이다. I have medium-length hair.
  length 길이
- 내 머리는 어깨까지 내려온다. I have shoulder-length hair.
- 나는 단발머리이다. I have a bob cut.
  bob 단발, 고수머리
- 나는 머리가 짧다. I have short hair.
- 나는 거의 삭발이다. I have a buzz cut.
  buzz cut 삭발에 가까운 짧은 머리
- 나는 스포츠머리이다. I have a crew cut.
  crew cut 스포츠머리, 상고머리

머리카락 P2-14-0303

• 내 머리는 생머리이다.	My hair is straight.
• 나는 짙은 색의 곱슬머리이다.	I have dark curly hair.
• 나는 본래 곱슬머리이다.	I have naturally curly hair.
• 나는 머리가 곱슬거리는 것이 싫어서 스트레이트 파마를 했다.	I hate my curly hair, so I had my hair straightened.
• 내 머리는 파마를 해서 곱슬거린다.	I have wavy hair.

머리숱 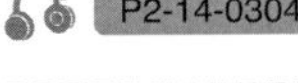 P2-14-0304

• 나는 머리숱이 많다.	I have thick hair.
	I am thick-haired.
	My hair is bushy. bushy 머리가 덥수룩한, 숱이 많은
• 머리가 많이 빠진다.	My hair is thinning.
• 머리숱이 없다.	I have thin hair. thin (털이) 드문드문한, 성긴
	I am thin-haired.
• 우리 삼촌은 머리가 벗어졌다.	My uncle is baldheaded. baldheaded 대머리의
• 그는 머리가 빠져서 걱정한다.	He is worried about losing his hair.
• 그는 대머리가 되는 걸 걱정한다.	He is worried about going bald.
• 우리 아빠는 정수리 부분에 머리가 없다.	My dad has no hair on the top of his head.
• 그는 머리가 많이 빠져 뒤만 남아 있다.	He has a receding hairline. receding 뒤편으로 물러간
• 그는 가발을 쓴다.	He wears a wig. wig 가발

머리 모양 P2-14-0305

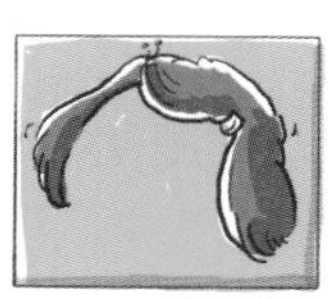

• 나는 머리 가운데 가르마를 탔다.	I parted my hair in the middle. part 나누다
• 머리 가르마를 왼쪽(오른쪽)으로 탔다.	I parted my hair on the left(right).
• 올백으로 넘겼다.	I pulled back my hair.
• 나는 머리를 귀 뒤로 넘긴다.	I took my hair behind my ears.
• 머리를 리본으로 맸다.	I tied my hair with a ribbon.
• 머리를 뒤로 묶었다.	My hair is in a ponytail. I tied my hair in the back.
• 머리를 양옆으로 땋아 묶었다.	My hair is in pigtails.
• 나는 머리를 땋았다.	I have a pigtail. I put my hair in braids.
• 머리를 풀었다.	I untied my hair.

머리 상태 P2-14-0306

• 머리 모양이 맘에 들지 않았다.	I didn't like my hairstyle.
• 오늘 머리가 엉망이었다.	I had a bad-hair day.
• 머리가 이리저리 삐쳤다.	My hair is sticking up here and there. stick up 튀어나와 있다, 내밀다
• 머리 모양이 엉망이 되었다.	My hair got messed up. messed up 뒤죽박죽이 된, 엉망이 된
• 머리 스타일을 바꾸고 싶었다.	I wanted to change my hairstyle.
• 요즘 유행하는 머리 모양으로 하고 싶다.	I want a fashionable haircut.
• 새로운 머리 모양을 하고 싶다.	I want a new hairdo. hairdo 머리 모양, 머리 치장
• 덥수룩한 머리가 맘에 들지 않았다.	I didn't like my bushy hair.

- 내 머리는 손질하기가 어렵다. My hair is hard to take care of.
- 머리를 손질하러 미용실에 갔다. I went to a beauty shop to get my hair done.
- 나는 OO 미용실에서 머리를 한다. I get my hair styled at the OO hairdresser's.
  hairdresser 미용실, 미용사

헤어컷 P2-14-0307

- 나는 한 달에 한 번 머리를 깎는다. I have my hair cut once a month.
- 미장원에서 머리를 다듬었다. I had my hair trimmed at a beauty shop.
  trim 정돈하다, 손질하다, 다듬다
- 앞머리를 다듬었다. I had my bangs trimmed.
  bang 단발의 앞머리
- 머리를 전체적으로 조금씩 다듬었다. I had my hair trimmed all over.
- 머리를 짧게 잘랐다. I had my hair cut short.
- 미용사가 위는 그냥 두고 옆만 다듬어 주었다. The hairdresser left the top alone and trimmed the sides.
- 미용사에게 머리를 너무 짧게 자르지 말라고 부탁했다. I asked the hairdresser not to cut my hair too short.
- OO와 머리를 아주 똑같이 해달라고 했다. I asked for the exact same hairstyle as OO.
- 머리를 층지게 깎았다. I had my hair layered.
- 단발머리로 잘랐다. I had my hair bobbed.
  bob 단발머리로 하다
- 어깨 길이만큼 잘랐다. I had my hair cut shoulder-length.
- 이발사가 내 머리를 짧게 깎았다. The barber cut my hair short.
- 스포츠 머리를 하고 싶었다. I wanted a crew cut.
- 스님 머리처럼 내 머리를 빡빡 깎았다. I had my hair cut closely like a monk's.
- 그는 삭발을 했다. He shaved his head.
- 미용사가 스펀지로 머리를 털어 주었다. The hairdresser brushed off the hair with a sponge.

- 머리를 자른 후 미용사가 머리를 감겨 주었다. After my hair cut, the hairdresser shampooed my hair.

파마 P2-14-0308

- 곱슬거리는 파마를 하고 싶다. I want to get a wavy perm.
- 머리를 곱슬거리게 했다. I had my hair curled.
- 파마를 했다. I got my hair permed.
- 약하게 파마를 했다. I had a loose permanent.
- 강하게 파마를 했다. I had a tight permanent.
- 스트레이트 파마를 했다. I had my hair straightened.
- 그 스타일이 나에게 잘 어울렸다. The style looked good on me.
- 새 머리 스타일이 도무지 맘에 들지 않았다. I hated my new hairstyle.
- 새로 한 머리에 대해 불평했다. I complained about my new hairdo.
  complain 불평하다

염색 P2-14-0309

- 내가 직접 머리를 염색했다. I dyed my hair.
  dye 염색하다
- 다른 사람이 내 머리를 염색해 주었다. I had my hair colored.
- 머리를 갈색으로 염색했다. I dyed my hair brown.
- 머리를 탈색했다. I had my hair bleached.
  bleach 표백하다, 탈색시키다

스타일링 P2-14-0310

- 샴푸를 하고 세팅을 했다. I had a shampoo and set.
- 머리에 젤을 발랐다. I put gel in my hair.
- 머리를 고정시키려고 무스를 발랐다. I used mousse to fix my hair.

• 머리를 뒤로 빗어 넘긴 후 스프레이를 뿌렸다.	I sprayed my hair after combing it back.
• 머리를 올렸다.	I put my hair up.
• 머리를 풀었다.	I let my hair down.

04 체형

키 · 체격 P2-14-0401

• 나는 키가 150센티미터이다.	I am 150 centimeters tall. My height is 150 centimeters.
• 나는 키가 크고 여위었다.	I am tall and thin.
• 나는 키가 아주 크고 호리호리해서 친구들이 간혹 키다리라고 부른다.	I am very tall and slender, so my friends often call me a bean pole. slender 날씬한 | bean pole 키다리
• 나는 키가 큰 편이다.	I am kind of tall. kind of ~한 편인
• 나는 키가 평균을 넘는다.	I am above average in height.
• 나는 키가 중간 정도이다.	I am of medium height.
• 나는 키가 작다.	I am short.
• 우리는 키를 재보았다.	We measured our height.
• 내가 그보다 조금 더 크다.	I am a little taller than he.
• 내가 그보다 3센티미터 더 크다.	I am taller than he is by 3 centimeters.
• 나는 그와 키가 같다.	I am as tall as he.
• 우리는 거의 키가 같다.	We are almost the same height.
• 작년보다 5센티미터가 컸다.	I have grown five centimeters taller than last year.
• 나는 튼튼한 체격이다.	I have a strong build. build 체격, 구조

• 나는 딱 알맞은 체격이다. I am built just right.
built ~한 체격의

• 나는 보통 체구이다. I am of average build.
average 평균의

• 나는 어깨가 넓다. I am broad-shouldered.

• 나는 어깨가 좁다. I am narrow-shouldered.

통통한 체형 P2-14-0402

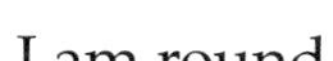

• 나는 통통하다. I am round.
round 통통한, 토실토실 살찐

• 나는 키가 작고 좀 뚱뚱하다. I am short and a little fat.

• 나는 땅딸막하다. I am stocky[stout].
stocky 땅딸막한, 단단한 | stout 작고 뚱뚱한, 단단한, 튼튼한

• 나는 좀 토실토실하다. I am a little plump.
plump 살이 찐, 포동포동한

• 나는 배가 올챙이처럼 나왔다. I am potbellied.
potbellied 올챙이배의, 배불뚝이의

• 나는 키에 비해 너무 살이 쪘다. I am overweight for my height.

마른 체형 P2-14-0403

• 나는 날씬하다. I am slender.

• 나는 말랐다. I am thin[skinny/lean].
skinny, lean 야윈, 마른

• 그는 비쩍 말랐다. He is all skin and bones.
all skin and bones 매우 마른, 피부와 뼈뿐인

• 나는 호리호리하다. I am slim.

• 나는 몸매가 좋다. I have a nice figure.
figure 몸매, 모양, 숫자

05 비만 · 다이어트

비만 정도 P2-14-0501

- 나는 너무 살이 쪘다.
  I am overweight.
- 나는 너무 말랐다.
  I am underweight.
- 나는 뚱뚱하다.
  I am fat.
- 나는 너무 뚱뚱하다.
  I am obese.
  obese 살찐, 뚱뚱한
- 요즘 뚱뚱해지고 있다.
  I've been getting fat recently.
  recently 요즘, 최근에
- 요즘 체중이 불고 있다.
  I am gaining weight these days.
  gain weight 체중이 늘다 | these days 요즘
- 요즘 살이 찌고 있다.
  I have been putting on weight lately.
  put on weight 살찌다 | lately 최근에, 요즘
- 계속 살이 찌고 있다.
  I keep on gaining weight.
  keep on -ing 계속 ~하다
- 5킬로그램 정도 늘었다.
  I put on about 5 kilograms.
- 나는 배불뚝이다.
  I have a potbelly.
  potbelly 올챙이 배, 배불뚝이
- 바지를 입을 수가 없다.
  I can't get my pants on.

날씬하고 싶다 P2-14-0502

- 내 체중을 보고 놀랐다.
  I was surprised at my weight.
- 체중이 느는 것에 예민해졌다.
  I got sensitive about gaining weight.
  sensitive 예민한
- 내가 뚱뚱하다는 이야기를 들으면 스트레스를 받는다.
  I get stressed hearing that I am fat.

- 몸매가 엉망이다. — I am out of shape.
  out of shape 원래의 모양을 잃은
- 허리가 날씬했으면 좋겠다. — I wish to have a slim waist.
  slim 호리호리한, 날씬한
- 몸무게를 좀 줄여야겠다. — I need to reduce my weight.
  reduce 줄이다
- 날씬해지고 싶다. — I want to slim down.
  slim down 날씬해지다, 체중을 줄이다
- 예전 몸매로 돌아가고 싶다. — I want to get back into shape.
- 뭔가 먹은 후에는 운동을 해야겠다고 마음먹었다. — I decided to exercise after eating some-thing.

다이어트

P2-14-0503

- 다이어트를 하기로 결심했다. — I decided to go on a diet.
  go on a diet 다이어트하다
- 살을 빼려고 다이어트를 하고 있는 중이다. — I am going on a diet to lose weight.
  lose weight 체중을 줄이다
- 조금씩만 먹었다. — I ate like a bird.
  eat like a bird 소식하다, 조금씩 먹다
- 인스턴트 식품이나 정크 푸드는 절대 먹지 않았다. — I never ate instant food or junk food.
  junk food 열량만 높고 영양가는 낮은 음식
- 저지방 음식을 먹었다. — I had a low-fat diet.
  low-fat 저지방의
- 기름진 음식은 다 줄였다. — I reduced all the fatty foods.
  fatty 기름진, 지방이 많은
- 고기를 줄이고 채소를 더 많이 먹으려고 노력했다. — I tried to eat less meat and more vegetables.
- 규칙적으로 식사를 조금씩 했다. — I had light meals regularly.
  regularly 규칙적으로
- 살을 빼기 위해 저녁 6시 이후에는 아무것도 먹지 않았다. — I didn't have anything after 6 p.m. so as to lose weight. so as to ~하기 위해

운동 P2-14-0504

- 규칙적인 운동이 몸무게를 줄이기 위한 건강한 방법이다.
  Regular workouts are a healthy way to lose weight.
  workout 운동
- 다이어트에 가장 좋은 방법은 운동을 하는 것이다.
  The best way to reduce fat is to work out.
- 매일 운동하는 것이 나에게는 너무 어렵다.
  It is very hard for me to exercise every day.
- 나는 아침마다 뱃살 빼는 운동을 한다.
  I exercise to reduce the fat in my stomach every morning.
- 윗몸 일으키기를 매일 50번씩 했다.
  I did 50 sit-ups every day.
- 하루에 2킬로미터씩 달렸다.
  I ran 2 kilometers a day.
- 나는 에어로빅 교실에 다니면서 운동한다.
  I work out by taking an aerobics class.

요가 P2-14-0505

- 가수 OO의 몸매가 요가 덕분이라고 들었다.
  I heard that the singer OO had a good figure thanks to yoga.
  thanks to ~덕분에 | figure 몸매
- 나도 OO처럼 멋진 몸매를 갖고 싶었다.
  I wanted to have a nice figure like OO.
- 살을 빼기 위해서 요가를 시작했다.
  I started yoga to lose weight.
- 요가는 건강에도 좋다고 한다.
  It is said that yoga is good for the health.
- 온몸을 스트레칭할 때는 키가 커지는 느낌이 들었다.
  I felt tall when I stretched myself.
  stretch 쭉 펴다, 잡아 늘이다
- 처음에는 몸이 유연하지 않아 어려웠다.
  At first, it was difficult because I was not flexible.
  flexible 유연성이 있는, 구부리기 쉬운
- 내 몸이 많이 굳어져 있다는 것을 느꼈다.
  I felt my body was very rigid.
  rigid 굳은, 휘어지지 않는
- 연습을 많이 하니 조금은 쉬워진 듯했다.
  It seemed to become easier after a lot of practice.
- 요가의 다양한 자세를 배웠다.
  I learned various yoga positions.
- 요가는 자세 바로잡기에도 효과적이다.
  Yoga is effective for straightening my body.
  straighten 똑바르게 하다

살이 빠지다 P2-14-0506

- 다이어트가 효과를 보이는 것 같다. My diet seems to work.
- 몸매가 더 좋아졌다. My figure got better.
- 체중이 줄었다. I've lost weight.
- 체중을 좀 줄였다. I've taken off a little weight.
- 5킬로그램을 뺐다. I've lost 5 kilograms.
- 다시 찌지 않기를 바란다. I hope I won't gain it back.
- 몸매를 유지하기 위해 운동을 계속해야겠다. I'll keep working out to stay in shape.

stay in shape 몸매를 유지하다

Nice Clothes

Monday December 7, Snowy

In the morning, I looked for clothes to put on after breakfast.
I asked my mom what I should wear today.
She told me to wear what I wanted.
But I had none of my favorite clothes.
She said that the clean clothes were okay, but I wanted to wear nice clothes. So I complained to my mom about the clothes.
I had to go to school in a hurry, so I asked her to buy me some clothes soon. I hope my mom will buy me nice clothes.

멋진 옷 12월 7일 월요일, 눈

아침을 먹은 뒤 입고 갈 옷을 찾았다. 오늘 무엇을 입고 가야 할지 엄마에게 물었다.
엄마는 내 마음대로 입으라고 하셨다. 하지만, 마음에 드는 옷이 하나도 없었다.
엄마는 깨끗한 옷이면 괜찮다고 하셨지만 나는 멋진 옷을 입고 싶었다. 그래서 옷 투정을 부렸다.
학교를 서둘러 가야 해서 다음에 옷을 사달라고 말씀드렸다. 엄마가 멋진 옷을 사주시면 좋겠다.

look for ~을 찾다 **put on** ~을 입다 **wear** 입고 있다 **complain** 불평하다 **in a hurry** 서둘러

01 옷차림

옷의 종류

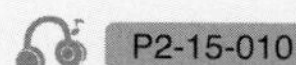

속옷 underwear, undershirt, undergarment, underclothes, underclothing
와이셔츠 dress shirt
반소매 셔츠 short-sleeved shirt
티셔츠 T-shirt
면티 sweatshirt
치마 skirt
주름치마 pleated skirt
미니스커트 miniskirt
플레어스커트 flared skirt
운동선수용 상의 blazer
바지 pants, trousers

짧은 바지 breeches
반바지 shorts
청바지 blue jeans
작업 바지 overalls
승마 바지 riding pants
헐렁한 운동용 바지 slacks
나팔바지 bell-bottom trousers
쫄바지 tight pants
재킷 jacket
블라우스 blouse
조끼 vest, waistcoat
턱시도 tuxedo
스포츠용 점퍼 windbreaker

잠바 jumper
코트 overcoat
목폴라티 turtleneck
카디건 cardigan
소매, 칼라 없는 상의 top
스웨터 sweater
풀오버 pullover
배꼽티 crop tops
어깨에 끈이 달린 옷 halter-top
바바리코트 trench coat
정장 suit
예복 정장 dress suit

옷의 소재

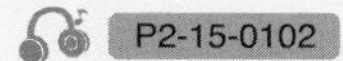

면 cotton
마 linen
견 silk
데님 denim
모 wool
레이스 lace

벨벳 velvet
골덴 corduroy
가죽 leather
스웨이드 suede
캐시미어 cashmere
폴리에스테르 polyester

나일론 nylon
모피 fur
밍크 mink
융 flannel
니트 knit
레이스 lace

옷의 무늬

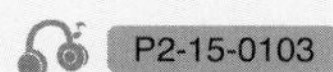

꽃무늬의 flowered, flowery
줄무늬의 striped
가는 세로 줄무늬의 pin-striped

물방울무늬의 polka-dotted
체크무늬의 checked
큰 체크무늬의 plaid

반점무늬의 spotted
격자무늬의 tartan
민무늬의 plain

옷 취향

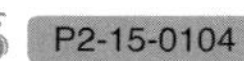

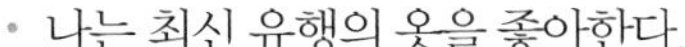
• 나는 최신 유행의 옷을 좋아한다.

I like fashionable clothes.

fashionable 유행의

- 나는 옷을 매일 바꿔 입는다. I change my clothes each day.
- 팔에 큰 흉터가 있어서 난 꼭 긴팔 셔츠만 입는다. I have a big scar on my arm, so I always wear long-sleeved shirts. scar 상처 자국, 흉터
- 나는 유명 브랜드의 옷은 좋아하지 않는다. I don't like famous brand-name clothes. brand-name 유명 상표가 붙은
- 그는 유명 브랜드 옷만 입는다. He only wears designer brands.
- 그는 옷차림이 초라하다. He is poorly dressed.
- 그는 옷차림이 단정치 못하다. He is untidy-looking. untidy 단정치 못한, 흐트러진
- 나는 옷에 신경 쓰지 않는다. I don't care about my clothes.
- 나는 내가 옷을 꽤 잘 입는다고 생각한다. I think I am quite a dresser.
- 그녀는 멋쟁이다. She is stylish.
- 나는 배꼽티를 입을 만큼 과감하지 못하다. Half shirts are too bold for me to wear. bold 대담한, 용기가 있는
- 나는 종종 미니스커트를 입는다. I wear miniskirts often.

편한 옷 P2-15-0105

- 나는 편하게 옷 입는 것을 좋아한다. I like to dress casually.
  I like to wear casual clothes.
- 나는 입기 쉽고 편한 옷 스타일을 좋아한다. My favorite clothing style is easy and comfortable to wear.
- 닳은 청바지 입는 것을 좋아한다. I like to wear worn-out jeans.
- 나는 더운 날엔 반바지를 입는다. I wear shorts on hot days.
- 나는 입기 편해서 카디건을 좋아한다. I like cardigans because they are comfortable to wear.
- 헐렁한 바지를 자주 입는다. I often wear baggy[loose] pants. baggy 헐렁헐렁한, 불룩한
- 나는 꽉 끼는 바지가 편하다. It's comfortable for me to wear tight pants.

어울리는 옷

P2-15-0106

- 그 블라우스는 이 바지와 어울리지 않았다. The blouse didn't go with these pants.
  go with ~와 어울리다
- 그 목걸이는 드레스와 어울리지 않았다. The necklace didn't match the dress.
  match ~와 어울리다
- 그 스웨터는 녹색 바지와 잘 어울렸다. The sweater went well with the green pants.
- 그 옷은 나에게 매우 어울리지 않았다. Those clothes looked terrible on me.
- 그 옷을 입으니 어색했다. I felt awkward in the clothes.
  awkward 어색한, 거북한
- 그 옷은 촌스러웠다. The clothes looked old-fashioned.
  old-fashion 촌스러운, 구식의
- 그 옷은 나에게 잘 어울렸다. The clothes looked good on me.
  The clothes suited me well.
  suit 어울리다
- 파란색이 나한테 제일 잘 어울린다. Blue suits me best.
- 나는 검은색 옷이 잘 어울린다. I look good in black.
- 나는 어느 옷이나 잘 어울린다. All clothes look good on me.
- 그 옷을 입으면 예뻐 보인다. The clothes are flattering.
  flattering 실물보다 예뻐 보이는, 아첨하는

02 액세서리

액세서리 종류

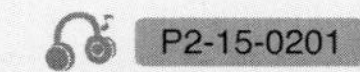

P2-15-0201

팔찌 bracelet	선글라스 sunglasses	허리띠 버클 buckle
목걸이 necklace	멜빵 suspenders	머리핀 hairpin
귀고리 earrings	스카프 scarf	머리띠 headband
브로치 brooch, breastpin	허리띠 belt, waistband	가발 wig

타이핀 tie clip	반양말 knee socks	운동화 sneakers
나비넥타이 bow tie	스타킹 stockings	샌들 sandals
옷핀 safety pin	팬티스타킹 pantyhose	러닝화 running shoes
목도리 scartf	롱부츠 thigh boots	구두 dress shoes
테 없는 모자 cap	발목부츠 ankle boots	가방 bag
테 있는 모자 hat	하이힐 high-heeled shoes	배낭 backpack
양말 socks	굽 낮은 신발 flat-heeled shoes	

장신구

P2-15-0202

- 나는 여러 가지 모양의 귀고리를 가지고 있다. I have lots of shapes in my earring collection.
  collection 수집물, 소장품
- 나는 다양한 머리핀을 가지고 있다. I have various hairpins.
  various 다양한
- 그 목걸이는 모조품이었다. The necklace was fake.
  fake 모조품, 위조품, 가짜
- 남자 친구와 나는 서로 커플링을 했다. My boyfriend and I each wore couple rings.
- 머리띠가 마음에 들었다. The headband appealed to me.
  appeal to ~의 마음에 들다
- 반지 하나가 내 마음에 들었다. A ring appealed to me.
- 그것은 24K 반지였다. It was a 24-karat gold ring.
- 멋진 반지 하나를 골랐다. I chose one nice ring.
- 귀고리를 하기 위해 귀를 뚫었다. I had my ears pierced to wear earings.
  pierce 뚫다, 구멍을 내다
- 나는 검지에 반지를 끼고 있다. I am wearing a ring on my index finger.
- 나는 예쁜 액세서리 하는 것을 좋아한다. I like to wear pretty accessories.
- 술 장식이 있는 허리띠를 했다. I wore a fringe belt.
  fringe 술 장식

가방 · 모자 · 신발 P2-15-0203

- 나는 배낭을 멨다. — I wore a backpack.
- 허리에 메는 가방을 메고 친구들을 만나러 갔다. — I went to meet my friends wearing a waist pack.
  pouch 주머니 모양의 가방, 작은 주머니
- 친구들이 가방이 내 옷하고 안 어울린다고 했다. — They told me that the bag didn't match my clothes.
- 멋진 가방이 하나 있으면 좋겠다. — I wish I had a nice bag.
- 내 친구는 유명 브랜드의 가방을 가지고 다닌다. — A friend of mine carries a famous brand-name bag.
- 나는 외출할 때 언제나 모자를 쓴다. — I always wear a hat when I go out.
- 나는 어떤 모자든 잘 어울리는 것 같다. — Every hat seems to look nice on me.
- 나는 유명 브랜드 모자가 몇 개 있다. — I have a few brand-name hats.
- 나는 옷과 잘 어울리는 모자를 골랐다. — I chose a hat which went well with my clothes.
- 나는 거의 매일 운동화를 신는다. — I wear sneakers almost every day.
- 나는 키가 작아서 높은 굽의 신발을 신고 싶다. — I want to wear high-heeled shoes because I am short.

03 유행

첨단 유행 P2-15-0301

- 그것이 유행이다. — It is in fashion.
  It is in vogue.
  vogue 유행, 성행
- 그것이 최신 유행이다. — It is a new fashion.
  It is up to date.

- 최신 유행하는 스타일이다. It is the latest style.
- 그것이 요즘 유행이다. It is the fad today.
  fad 일시적인 유행
- 그 패션은 매우 멋졌다. The fashion was out of this world.
  out of this world 더할 나위 없는, 매우 훌륭한
- 그 스타일이 유행하기 시작했다. That style has come into fashion.
- 나는 친구들보다 유행에 더 민감하다. I am more fashion-conscious than my friends.
  conscious 의식하는
- 유행에 대한 감각이 있다. I have an eye for fashion.

유행 따라하기 P2-15-0302

- 나는 항상 유행을 따른다. I go along with the fashion all the time.
- 유행에 뒤지지 않으려고 한다. I try to keep pace with the fashion.
  keep pace with ~에 뒤지지 않다
- 최신 유행을 따라간다. I keep up with the latest trends.
- 유행하고 있는 스웨터를 하나 샀다. I bought a stylish sweater.
- 그는 멋있게 보이려고 유행하는 옷만 입는다. He wears only fashionable clothes to look cool.

유행이 지나다 P2-15-0303

- 그것은 구식이다. It is outdated.
  outdated 구식의
  It is old-fashioned.
  old-fashioned 구식의, 시대에 뒤떨어진
  It is out of date[style/fashion]
  It is behind the times.
- 나는 유행에 둔감하다. I have no sense of style.
- 너무 유행에 휩쓸리지 않도록 주의 해야 한다. We should be careful not to be swept up in fashion.
  swept sweep(휩쓸다)의 과거분사

Eating Out P2-16-00

Saturday March 18, Sunny

My family likes to eat out. Today we had a nice dinner at a good restaurant. We ate 'mushroom noodle stew with meat'.
I liked the meat and chan liked the stew. The noodles were yummy.
I had a pleasant conversation with my family over dinner.
I had ice cream for dessert.
I was happy because we had a delicious dinner.

외식 3월 18일 토요일, 햇살이 쨍쨍

우리 가족은 외식하는 것을 좋아한다. 오늘 우리는 좋은 식당에 가서 맛있는 저녁을 먹었다. 우리는 버섯 샤부 샤부 요리를 먹었다.
나는 고기를 좋아했고, 찬이는 국물을 좋아했다. 국수도 맛있었다.
저녁을 먹으면서 가족들과 즐거운 대화를 나누었다.
나는 후식으로 아이스크림을 먹었다. 나는 맛있는 저녁을 먹어서 기분이 좋았다.

eat out 외식하다 **mushroom** 버섯 **noodle** 국수 **stew** 찌개, 스튜요리 **yummy** 맛있는 **pleasant** 즐거운 **conversation** 대화 **dessert** 후식 **delicious** 맛있는

01 식성

대식가 P2-16-0101

• 나는 대식가다.	I am a big eater.
	I eat like a horse. eat like a horse 말처럼 많이 먹다
• 나는 음식 욕심이 많다.	I am greedy when I eat. greedy 탐욕스러운, 욕심 많은
• 나는 음식 투정을 하지 않는다.	I don't complain about food.
• 나는 식성이 까다롭지 않다.	I am not a fussy eater. fussy 까다로운, 성가신
• 난 골고루 잘 먹는다.	I eat a balanced diet. balanced 균형 잡힌 | diet 섭취하는 음식물
• 난 뭐든지 잘 먹는다.	I eat just about everything.

소식가 P2-16-0102

• 나는 소식가이다.	I am a light eater.
• 조금 먹으려고 노력한다.	I try to eat a little.
	I try to eat like a bird.
• 건강을 위해 적당히 먹는다.	I eat properly for my health. properly 적당히
• 살이 찌지 않도록 식사를 조금만 한다.	I eat light not to gain weight.

식욕 P2-16-0103

• 나는 식욕이 왕성하다.	I have a big[voracious] appetite. voracious 탐욕스러운, 많이 먹는 | appetite 식욕

- 식욕이 늘었다. My appetite increased.
  increase 증가되다
- 식욕이 줄었다. My appetite decreased.
- 식욕을 잃었다. I lost my appetite.
- 식욕이 없다. I have no appetite.
- 군것질을 해서 저녁 밥맛이 없었다. Since I ate between meals, it spoiled my dinner.
  between meal 간식 | spoil 망치다

좋아하는 음식 P2-16-0104

- 나는 집에서 만든 음식을 좋아한다. I like home-cooked meals.
- 중국 음식을 좋아한다. I like Chinese food.
- 담백한 음식을 좋아한다. I like low-fat food.
- 단것을 좋아한다. I like sweets.
- 고기를 좋아한다. I am fond of meat.
  be fond of ~을 좋아하다
- 잘 익은 스테이크를 좋아한다. I like well-done steak.
- 중간 정도로 익은 스테이크를 좋아한다. I like medium-cooked steak.
- 설익은 스테이크를 좋아한다. I like rare steak.
- 야채를 좋아한다. I like vegetables.
- 생야채를 자주 먹는다. I often eat raw vegetables.
  raw 날것의
- 나는 특별히 좋아하는 것이 없다. I have no special preference.
  preference 더 좋아하는 것

싫어하는 음식 · 편식 P2-16-0105

- 나는 생선을 먹지 않는다. I abstain from fish.
  abstain from ~을 삼가다, ~을 피하다
- 나는 기름진 음식이 싫다. I don't like fatty foods.

• 짠 반찬은 좋아하지 않는다.	I don't like salty foods.
• 야채를 싫어한다.	I don't like vegetables.
• 나는 시금치를 절대 먹지 않는다.	I never eat spinach.
• 신 과일은 싫다.	I don't like sour fruits.
• 나는 식성이 까다롭다.	I am fastidious about food. fastidious 까다로운
• 나는 좋아하는 음식만 먹는다.	I eat just the food I like.
• 음식을 가려 먹는다.	I have an unbalanced diet.
• 불규칙적으로 식사를 한다.	I eat irregularly. irregularly 불규칙적으로
• 좋아하는 음식이 없으면 밥을 먹지 않는다.	When it isn't my favorite food, I don't have the meal.
• 그는 늘 나에게 께적거리지 말고 푹푹 먹으라고 한다.	He always asks me not to pick at my food. pick at ~을 조금씩 먹다

02 요리

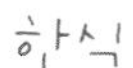
한식

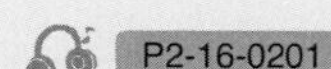
P2-16-0201

쌀밥 cooked rice
잡곡밥 boiled cereal
미음 rice gruel
죽 porridge
총각김치 pickled young radishes
무김치 radish kimchi
배추김치 cabbage kimchi
오이김치 cucumber kimchi
갓 담은 김치 fresh kimchi
익은 김치 mellow kimchi

신 김치 sour kimchi
김치찌개 kimchi soup
국 soup, broth
미역국 brown seaweed soup
된장국 soybean paste soup
된장찌개 bean paste pot stew
삼계탕 chicken ginseng broth
식혜 sweet drink made from fermented rice
육개장 spicy beef soup
추어탕 loach soup

해장국 hang-over soup
떡국 rice cake soup
젓갈 salted seafood
새우볶음 braised shrimp
낙지볶음 pan broiled octopus
두부 bean curd, tofu
육회 minced raw beef
닭갈비 grilled chicken
수육 boiled beef
불고기 broiled meat
게장 seasoned crab

장아찌 sliced vegetables preserved in soy sauce

만두 dumpling

메밀국수 buckwheat noodle

떡볶이 seasoned bar rice cake

외국 음식

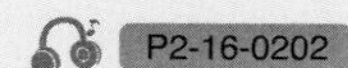

수프 soup

묽고 맑은 수프 consomme

진한 야채 수프 potage, minestrone

야채 샐러드 green salad

과일 샐러드 fruit salad

으깬 감자 mashed potatoes

구운 감자 baked potato

스테이크 steak

돈가스 pork cutlet

스파게티 spaghetti

바닷가재 구이 broiled lobster

카레라이스 curried rice

오믈렛 omelet

새우덮밥 rice topped with deep-fried prawns

새우 완자 튀김 deep-fried minced shrimp balls

미트볼 meatball

꼬치 skewer

딤섬 dim sum

초밥 sushi

생선회 sashimi

프라이드치킨 fried chicken

양념치킨 seasoned chicken

가열 후 바로 먹는 냉동식품 TV dinner

주방용품

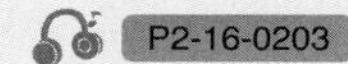

개수대 sink

냉장고 refrigerator

냉동고 freezer

식기 세척기 dishwasher

밥솥 rice cooker

가스레인지 gas cooker, range

그릴 grill

오븐 oven

전자레인지 microwave

스토브 cooking stove

토스터 toaster

믹서 mixer

혼합기 blender

찜통 steamer

밀가루 반죽기 pastry blender

반죽 밀대 rolling pin

찬장 cupboard

접시 선반 dish rack

접시 받침 place mat

코르크 따개 corkscrew

칼 knife

도마 cutting board

강판 grater

깊은 냄비 pot

얕은 냄비 pan

긴 손잡이 달린 냄비 saucepan

프라이팬 frying pan

뒤집개 spatula, turner

거품기 whisk

냄비 받침대 hot pad

호일 aluminum foil

랩 plastic wrap

통조림 따개 can opener

체 strainer

국자 ladle

큰 숟가락 scoop

석쇠 grid

조리용 소쿠리 colander

계량컵 measuring cup

레몬즙 짜는 기구 lemon squeezer

얼음통 ice bucket

얼음 집게 ice tongs

커피메이커 coffee maker

행주 kitchen towel

수세미 scrubbing pad

고무장갑 a pair of rubber gloves

탈취제 deodorizer

식기류 tableware

숟가락 spoon

젓가락 chopsticks

포크 fork

공기 bowl

우묵한 접시 dish

타원형의 큰 접시 platter

개인 접시 plate

받침 접시 saucer

밥그릇 rice bowl

컵 cup

유리잔 glass

쟁반 tray

요리 방법

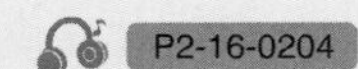

자르다 cut
잘게 썰다 chop
다지다 mince
얇게 썰다 slice
으깨다 mash up
껍질을 벗기다 peel
즙을 짜다 crush
강판에 갈다 grate
빻다 grind
섞다 mix, blend

깍둑썰기하다 dice
가볍게 뒤섞다 toss
뒤섞다 stir
거품이 나도록 휘젓다 whip
소금 등을 뿌리다 sprinkle
밀가루 등을 입히다 coat
석쇠에 굽다 grill, broil
바비큐하다 barbecue
빵, 케이크 등을 굽다 bake
고기를 굽다 roast

노릇하게 굽다 toast, brown
데우다 heat
약한 불로 볶다 braise
끓이다 boil
뭉근한 불에 끓이다 stew
지글지글 끓이다 simmer
프라이팬에 튀기다 fry
기름에 담가 튀기다 French-fry
양념하다 season
콩을 볶다 parch

양념

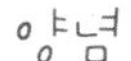

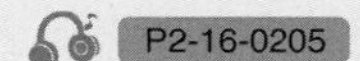

양념 spice
조미료 seasoning
설탕 sugar
각설탕 cubed sugar
참깨 sesame seed
간장 soy sauce
된장
fermented soybean paste
고추장 red pepper paste

고춧가루
powdered red pepper
참기름 sesame oil
마요네즈 mayonnaise
마가린 margarine
버터 butter
식용유 vegetable oil
소금 salt
후추 pepper

식초 vinegar
케첩 ketchup
겨자 mustard
향료 flavor
마늘 garlic
양파 onion
고추 red pepper
향초 herb
음식 재료 ingredient

야채

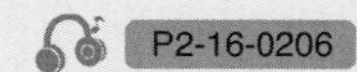

양배추 cabbage
배추 Chinese cabbage
시금치 spinach
오이 cucumber
호박 squash
당근 carrot
무 radish
순무 turnip
열무 young radish

브로콜리 broccoli
콜리플라워 cauliflower
아스파라거스 asparagus
파슬리 parsley
가지 egg plant
부추 leek
쑥 mugwort
냉이 shepherd's purse
감자 potato

고구마 sweet potato
콩 bean
완두콩 pea
양파 onion
파 spring onion
마늘 garlic
마늘쫑 garlic stem
옥수수 corn
상추 lettuce

쑥갓 crown daisy
근대 red beet
미나리 dropwort
토마토 tomato
빨간 고추 red pepper
풋고추 green pepper
버섯 mushroom
가지 eggplant
참깨 sesame
들깨 wild sesame
깻잎 sesame leaf
연근 lotus root

과일

P2-16-0207

사과 apple
풋사과 green apple
배 pear
감 persimmon
곶감 dried persimmon
홍시 mellow persimmon
단감 sweet persimmon
바나나 banana
파인애플 pineapple
코코넛 coconut
딸기 strawberry
라즈베리 raspberry
수박 watermelon
멜론 melon
체리 cherry
포도 grape
머루포도 wild grape
건포도 raisin
무화과 fig
복숭아 peach
참외 melon
망고 mango
살구 apricot
레몬 lemon
석류 pomegranate
키위 kiwi
자두 plum
귤 tangerine
오렌지 orange
자몽 grapefruit

고기

P2-16-0208

쇠고기 beef
송아지 고기 veal
돼지고기 pork
베이컨 bacon
닭고기 chicken
닭고기 가슴살 chicken breast
양고기 mutton
어린 양고기 lamb
등심 sirloin
안심 tenderloin
갈비살 rib

생선·해산물

P2-16-0209

연어 salmon
송어 trout
정어리 sardine
고등어 mackerel
청어 herring
꽁치 saury
멸치 anchovy
대구 cod
가자미 plaice
오징어 squid
갑오징어 cuttlefish
낙지 octopus
갈치 hair tail
참새우 prawn
작은 새우 shrimp
게 crab
바닷가재 lobster
굴 oyster
조개 shellfish
가재 crayfish
대합 sea cucumber
홍합 mussel
전복 abalone
참치 tuna
우렁이 mud snail
해삼 trepang
멍게 ascidian

요리 솜씨 P2-16-0210

- 나는 요리하는 것을 좋아한다. — I like cooking.
- 나는 요리를 잘한다. — I am a good cook.

  I am good at cooking.
- 나는 요리 솜씨가 좋다. — I am very handy at cooking.

  handy 능숙한, 솜씨 좋은
- 나는 요리를 못한다. — I am poor at cooking.

  I am a bad cook.
- 나는 그것을 요리하는 방법을 알고 있다. — I know how to cook it.
- 조리법을 많이 알고 있다. — I know a lot of recipes.

  recipe 조리법

요리 준비 P2-16-0211

- 그 요리를 하는 데 다양한 재료가 필요했다. — I needed different ingredients to make the dish.

  ingredient 원료, 요리의 재료 | dish 요리, 음식, 접시
- 냉장고에서 여러 재료를 꺼냈다. — I took several ingredients out of the refrigerator.
- 양배추 한 통을 채를 쳤다. — I chopped a head of cabbage.

  a head of 한 통의
- 오렌지 껍질을 벗겼다. — I peeled oranges.
- 오렌지를 짜서 즙을 내었다. — I squeezed the juice from oranges.
- 사과를 깍둑썰기하였다. — I diced an apple.
- 케이크를 만들기 위해 재료를 준비했다. — I prepared the ingredients for making a cake.
- 생선을 깨끗이 손질하여 잘 씻었다. — I cleaned and washed the fish carefully.

요리하기 P2-16-0212

- 가스레인지를 켜고 불꽃을 약하게 했다. — I turned on the gas stove and turned down the flame.

- 가스레인지 불꽃을 올렸다. I turned up the flame of the gas stove.
- 팬을 레인지 위에 올려놓았다. I put the pan on the stove.
- 물이 끓을 때까지 기다렸다. I waited until the water boiled.
- 몇 가지 재료를 섞었다. I combined several ingredients.
- 설탕과 달걀노른자를 섞었다. I mixed sugar and egg yolks.
  yolk (달걀의) 노른자
- 밀가루 반죽을 작은 공 모양으로 만들었다. I shaped the dough into small balls.
  dough 밀가루 반죽
- 밀가루 반죽을 넓적하게 폈다. I flattened the dough.
  flatten 평평하게 하다
- 그것을 예열된 오븐에서 구웠다. I baked it in a preheated oven.
  preheated 예열된, 미리 데워 놓은
- 30분 동안 식혔다. I chilled them for 30 minutes.
- 내 취향에 따라 케이크를 장식했다. I decorated the cake according to my preference.
  preference 취향, 좋아하는 것
- 생선을 오븐에 구웠다. I grilled fish in the oven.
- 쇠고기 찌개를 끓였다. I made beef stew.
- 요리하다가 손가락을 베었다. I cut my finger when I was cooking.
- 소금간을 잘 맞추는 것이 중요했다. It was important to properly season a dish with salt. season 양념하다
- 나는 정성 들여 음식을 만들었다. I put my heart into the food.

03 맛

여러 가지 맛

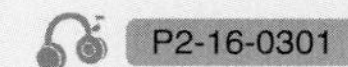

신선한, 싱싱한 fresh	양념 맛이 강한 spicy	맛없는 tasteless
싱싱하지 않은 stale	맛있는 delicious, yummy	향긋한 savory

짠 salty	단 sugary	날것의, 설익은 raw
밋밋한 flat	쓴 bitter	썩은 rotten
부드러운 mild	떫은 astringent	기름진 greasy, oily, fat
매운 hot	맛이 잘 든 tasty	담백한 light
신 sour	고기가 질긴 tough	아삭아삭한 crispy
달콤한 sweet	고기가 연한 tender, soft	깨무는 소리가 나는 crunchy

맛보기 P2-16-0302

- 내가 음식 맛을 보았다.
  I tasted the food.
  taste 맛보다
- 오늘 반찬은 싱거웠다.
  Today's dishes tasted bland.
  taste + 형용사 ~한 맛이 나다 | bland 독하지 않은, 싱거운
- 김빠진 콜라를 마셨다.
  I drank flat Coke.
  flat 김빠진, 맛없는
- 김치가 너무 짰다.
  The kimchi was too salty.
- 오렌지가 덜 익어서 너무 시었다.
  The oranges were so sour because they were not yet ripe. ripe 익은
- 그 포도는 달콤해 보였으나 매우 신맛이 났다.
  The grapes looked sweet, but tasted very sour.
- 톡 쏘는 맛이 났다.
  It was tangy.
  tangy 맛이 싸한, 톡 쏘는 맛이 있는
- 단 맛이 났다.
  It tasted sweet.
  It had a sweet taste.
- 달았다.
  It was sugary.
- 그 복숭아는 단맛이 났다.
  The peach was luscious.
  luscious 달콤한, 감미로운
- 매웠다.
  It was spicy.
- 찌개가 아주 매웠다.
  The stew was very hot.
- 혀가 얼얼했다.
  My tongue burned.
- 느끼했다.
  It was greasy.

- 그 감은 떫은 맛이 났다. The persimmon tasted astringent.
  astringent 맛이 떫은
- 감칠맛이 났다. It was silky.
  silky 입에 감치는, 맛이 순한
- 그 음식은 오래되어 상한 것 같았다. The food looked old and stale.
  stale 상한, 신선하지 않은

조리 정도 P2-16-0303

- 밥이 잘 되었다. The rice was well cooked.
- 밥이 설익었다. The rice was undercooked.
- 밥이 되게 되었다. The rice was heavy.
- 밥이 질게 되었다. The rice was mushy.
  mushy 물기가 많은, 죽 같은
- 수프가 걸쭉했다. The soup was thick.
- 수프가 묽었다. The soup was thin.
- 스테이크가 너무 익었다. The steak was overdone.
- 스테이크가 덜 익었다. The steak was undercooked.
- 스테이크가 반 정도 익었다. The steak was half done.
- 스테이크가 너무 질겨서 자르기가 힘들었다. The steak was so tough that it was hard to cut.

04 식사 전후

군침이 돌다 P2-16-0401

- 맛있어 보였다. It looked delicious.
- 맛있는 냄새가 났다. It smelled tasty.

- 식욕이 났다. It was appetizing.
  appetizing 식욕을 돋우는
- 군침이 돌았다. My mouth was watering.
- 맛있는 요리 냄새가 나서 입에 군침이 돌았다. The smell of tasty food made my mouth water.
  make one's mouth water 군침이 나게 하다

배가 고프다 P2-16-0402

- 하루 종일 아무것도 못 먹었다. I haven't had a bite to eat all day.
  a bite 소량의 음식, 한 입
- 배가 꼬르륵거렸다. My stomach was growling.
  growl 꼬르륵 울리다, 고함치다
- 나는 몹시 배가 고팠다. I was hungry like a horse.
  hungry like a horse 매우 배고픈
- 뱃가죽이 등에 붙을 정도로 배가 고팠다. I was so hungry that I could eat a horse.
- 배고파 죽을 뻔했다. I was starving to death.
  starving 굶주린 | ~ to death ~해 죽겠다
- 배가 고파 죽을 지경이었다. I was dying from hunger.
  dying with ~로 죽을 지경인

맛있다 P2-16-0403

- 맛있었다. It was nice[flavorful/delicious/wonderful].
- 환상적이었다. It was fantastic.
- 향긋했다. It was savory.
- 입맛에 딱 맞았다. It was edible.
  edible 먹기 적합한
- 그리 나쁘진 않았다. It was not so bad.
- 매우 훌륭했다. It was out of this world.
  out of this world 더할 나위 없는
  It was excellent.

• 그 음식은 입에서 살살 녹았다.	The food melted in my mouth.
• 그 음식은 정말 맛있었다.	The food tasted like heaven. taste like heaven 매우 맛있다
• 더 먹고 싶었다.	I wanted to have some more.
• 엄마가 만든 음식은 다 맛있다.	All the dishes my mom makes are very delicious.

맛없다 P2-16-0404

• 맛이 없었다.	It was not tasty. It tasted bad.
• 아무 맛도 안 났다.	It had no taste. It was flavorless.
• 그 음식은 별로 맛이 없었다.	The food didn't have much taste.
• 맛이 형편없었다.	It tasted terrible. It was disgusting. disgusting 정말 맛없는, 구역질나는
• 음식 맛이 뭔가 이상했다.	Something was wrong with the food.
• 음식이 형편없었다.	The food was awful.

배부르다 P2-16-0405

• 음식을 다 먹어 치웠다.	I ate up all the food.
• 배가 부를 때까지 먹었다.	I ate until my stomach was full.
• 내가 좋아하는 것을 마음껏 먹었다.	I helped myself to everything I liked.
• 배가 불렀다.	I was full.
• 배가 터질 것 같았다.	I was stuffed.
• 정말 배부르게 먹었다.	I really stuffed myself. I've had enough.

- 정신없이 먹었다. — I ate like a horse.
- 실컷 먹었다. — I ate my fill.
  one's fill 원하는 만큼의 양, 배부를 만큼의 양
  I ate as much food as I could hold.
- 만둣국을 배불리 먹었다. — I feasted on dumpling soup.
  feast 실컷 먹다 | dumpling 고기만두
- 너무 많이 먹었다. — I had too much.
  I overate.
  overeat 과식하다
- 더 이상 한 입도 먹을 수가 없었다. — I couldn't eat another bite.

05 외식

식당의 종류

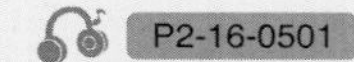

P2-16-0501

한식당 Korean-style restaurant	간이 매점 corner, stand, stall	술집 bar
중식당 Chinese restaurant	구내 매점 concession stand	빵집 bakery
양식당 Western-style restaurant	간이 식당 snack bar	카페테리아 cafeteria
뷔페 buffet	역내 식당 refreshment room	피자 가게 pizzeria

가족 외식

P2-16-0502

- 우리 가족은 종종 외식한다. — My family eats out from time to time.
  from time to time 때때로, 종종
- 우리 가족이 가는 단골 식당이 여러 개 있다. — My family has several favorite restaurants.
- 식당의 분위기가 매우 좋았다. — The ambiance of the restaurant was very good.
  ambiance 주위 환경, 분위기
- 식당이 참 아늑했다. — The restaurant was very cozy.
  cozy 아늑한, 안락한
- 우리 일행은 4명이었다. — There were four people in my party.
  party 일행

• 자리가 다 차 있었다.	All the seats were occupied.
• 그 식당에는 빈자리가 없었다.	The restaurant had no available seat. available 유용한, 이용할 수 있는
• 식당에 사람이 너무 많아 앉을 자리가 없었다.	The restaurant was so crowded that there was no place to sit.
• 식당이 텅 비어 있었다.	There was nobody in the restaurant.
• 우리는 구석에 있는 테이블에 앉았다.	We sat at a table in the corner.
• 다른 자리로 옮기고 싶었다.	We wanted to move to another table.

주문 P2-16-0503

• 웨이터를 불렀다.	I called a waiter.
• 메뉴가 무척 많았다.	There were so many choices on the menu.
• 그 식당은 30여 가지의 다양한 메뉴가 있었다.	The restaurant had a varied menu of about 30 items.
• 무엇을 주문해야 할지 결정할 수가 없었다.	I couldn't decide what to order.
• 그 식당의 특별 메뉴를 주문했다.	I ordered the restaurant's specialty. specialty 잘하는 것, 전문
• 비프 스테이크를 먹어 보고 싶었다.	I wanted to try the beef steak.
• 나는 미트소스 스파게티가 먹고 싶었다.	I wanted a plate of spaghetti with meat sauce.
• 우리는 메뉴를 보고 저녁 식사를 주문했다.	We looked at the menu, and then we ordered dinner.
• 애피타이저로 소고기 수프를 주문했다.	I ordered a bowl of beef soup for an appetizer. appetizer 식욕을 돋우는 전채 요리
• 메인 요리로 잘 익힌 비프 스테이크를 주문했다.	I ordered a well-done beef steak for the main course.

식사 P2-16-0504

• 음식이 매우 빨리 나왔다.	The food was served quickly.

- 음식이 나오는 데 시간이 오래 걸렸다. It took a long time for me to be served.
  It took us a long time to be served.
- 냅킨을 무릎 위에 펼쳐 놓았다. I spread the napkin over my lap.
- 먼저 야채 수프가 나왔다. First, a bowl of vegetable soup was served.
- 수프에 소금과 후추를 뿌렸다. I sprinkled salt and pepper on the soup.
- 고기가 매우 연했다. The meat was very tender.
  tender 부드러운, 씹기 쉬운
- 음식에 머리카락이 들어 있었다. There was hair in my food.
- 오늘의 스페셜 요리는 참 맛있었다. Today's special food was very delicious.
- 우리는 그릇을 모두 깨끗이 비웠다. We ate all the dishes.
- 음식이 하나도 안 남았다. There were no leftovers.
  leftover 남은 음식, 나머지
- 음식을 조금 남겼다. I had leftovers.
- 그 음식은 서비스였다. The food was on the house.
  on the house 식당에서 무료로 제공하는
- 물을 더 달라고 했다. I asked for more water.
- 후식으로 아이스크림을 먹었다. I had ice cream for dessert.
- 후식으로 달콤한 과일이 나왔다. Sweet fruit was served for dessert.
  luscious 감미로운, 달콤한

06 배달

배달 음식 P2-16-0601

- 우리는 배달시켜 먹는 것을 좋아한다. We like to have food delivered.
  have + 목적어 + 과거분사 ~을 …하도록 시키다
- 밖으로 나가 식사할 시간이 없어서 음식을 배달시켜서 먹기로 했다. I had no time to eat out, so I decided to have the food delivered.

- 음식을 배달시키면 참 편리하다. — It's so convenient to have food delivered.
  convenient 편리한
- 갑자기 집에 손님이 오면 우리는 음식을 배달시킨다. — When a guest visits my home suddenly, we have food delivered. suddenly 갑자기
- 음식을 먹은 후 설거지할 필요가 없어서 좋다. — It's good because I don't have to do the dishes after eating the food.

배달시키기

P2-16-0602

- 중국 음식을 배달시켰다. — I had Chinese food delivered.
- 전화로 중국 음식을 주문했다. — I ordered Chinese food over the phone.
- 전화로 닭 날개 한 세트를 주문했다. — I ordered one order of chicken wings by phone.
  order (동) 주문하다 (명) 주문, 한 종류의 주문
- 배달이 너무 늦어서 전화를 두 번이나 했다. — I called twice because the delivery was so late.
- 배달원이 오토바이를 타고 빨리 왔다. — The delivery man came fast by motorcycle.
- 피자가 식지 않도록 보온기에 담아 배달했다. — He delivered the pizza in a warmer lest it should get cold. lest ~ (should) ... ~이 …하지 않도록
- 양념치킨을 배달시켰다. — I had a seasoned chicken delivered.
- 콜라 한 병을 무료로 주었다. — They gave me a bottle of Coke for nothing.
  for nothing 무료로

On Sale

P2-17-00

Sunday September 9, Clear

My mom asked me to go shopping together because the department store had a sale. I needed a pair of pants for autumn.
My favorite style of items were sold out.
Another pants in a different style were on sale.
I didn't like the color so much but I tried them on.
We decided to buy them because they were so cheap and the latest brand.
I felt good to buy new pants.

세일 9월 9일 일요일, 맑음

백화점이 세일 중이어서 엄마가 함께 쇼핑을 가자고 하셨다. 나는 가을 바지가 하나 필요했다.
내가 좋아하는 스타일의 물건은 다 팔리고 없었다. 다른 스타일의 바지가 세일 중이었다.
나는 색깔이 별로 마음에 들지 않았지만 한번 입어 보았다.
가격도 너무 싸고 최신 브랜드의 것이어서 그것을 사기로 했다.
새 바지를 사게 되어 기분이 좋았다.

go shopping 쇼핑 가다 **department store** 백화점 **item** 물건 **sold out** 다 팔린 **try on** ~을 입어보다
latest 최신의 **brand** 상표

01 쇼핑

상점의 종류

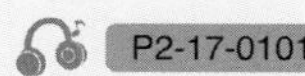

P2-17-0101

도매 시장 wholesale market
소매 시장 retail market
백화점 department store
시장 market place
서점 bookstore, bookshop
금은방 jewelry store
가전제품점 home appliances store
전당포 pawnshop, hock shop
편의점 convenience store

유제품 판매점 dairy
식료품점 food store, grocery
채소 가게 vegetable store
신발 가게 shoe store
선물 가게 gift shop
기념품 가게 souvenir store
화장품 가게 beauty counter
철물점 hardware store
정육점 butcher's shop
면세점 duty-free shop
문구점 stationery store

사진관 photo shop
운동기구점 sports shop
옷 가게 clothing store
스포츠용품점 sporting goods store
가사용품점 goods store
세탁소 dry cleaners
제과점 bakery
가구점 furniture shop
꽃 가게 flower shop
슈퍼마켓 supermarket

쇼핑

P2-17-0102

- 나는 살 것이 있었다. — I had something to buy.
- 친구들에게 함께 쇼핑을 가자고 했다. — I asked my friends to go shopping with me.
- 백화점은 매우 붐볐다. — The department store was very crowded.
- 동대문 시장에 가면 더 싸게 살 수 있었다. — I could get good prices at Dongdaemun Market.
- 오늘 친구들과 함께 쇼핑하러 갔다. — I went shopping with my friends today.
- 나는 충동구매를 잘한다. — I am an impulsive shopper.
  impulsive 충동적인, 감정에 끌린
- OO이 닳아서 새 것을 사러 백화점에 갔다. — As OO was worn out, I went to the department store to buy a new one. wear out 닳다
- OO을 사러 갔다. — I went shopping for OO.
- 나는 아이쇼핑만 했다. — I just window-shopped.
  I just looked around.
  look around 둘러보다

- 나는 그냥 구경만 해도 기분이 좋았다. — I felt happy just browsing.
  browse 이것저것 구경하다
- 사고 싶은 물건들이 많았다. — There were so many items that I wanted to buy.
- 마음에 드는 것이 하나도 없었다. — Nothing appealed to me.
  appeal to ~의 마음에 들다 | fancy 좋아함, 기호
- 좀 더 둘러보았다. — I looked around some more.
- 나는 필요 없는 물건은 거의 사지 않는다. — I hardly purchase unnecessary things.
  hardly 거의 ~하지 않는

세일 P2-17-0103

- 백화점이 세일 중이었다. — The department store had a sale.
- 그 가게는 재고 정리 세일 중이었다. — The store had a clearance sale.
  clearance 재고 정리
- OO을 세일하고 있었다. — They were having a sale on OO.
- 그것은 날개 돋친 듯 팔리고 있었다. — It was selling like hot cakes.
  sell like hot cakes 날개 돋친 듯 팔리다
- 그 상품은 다 팔리고 없었다. — The item was sold out.
  be sold out 다 팔리다, 매진되다
- 그것을 사느라 용돈을 다 써 버려서 빈털터리가 되었다. — I spent all my allowance buying it, so I am broke.
  allowance 용돈 | broke 빈털터리가 된
- 충동구매는 더 이상 하지 않을 것이다. — I won't buy something impulsively.
  impulsively 충동적으로

물건을 고르다 P2-17-0104

- 무엇을 사야 할지 결정할 수가 없었다. — I couldn't decide which one to buy.
- 다른 스타일의 것을 보고 싶었다. — I wanted to see another one in a different style.
- 점원이 내가 사고 싶은 것을 고르도록 도와주었다. — The salesperson helped me pick out what I wanted to buy.
  pick out ~을 고르다, 선택하다
- 점원에게 다른 것을 보여 달라고 했다. — I asked the salesperson to show me another.

- OO을 고르는 데 1시간가량 걸렸다. — It took about an hour to pick out OO.
- 먼저 그것의 가격이 얼마인지 물어 보았다. — First of all, I asked how much it was.
- 마음에 드는 것을 입어 보았다. — I tried on something that I liked.
  try on ~을 입어 보다
- 흠이 있는지 자세히 살펴보았다. — I checked it out in detail to see whether it had some flaws.
  in detail 자세히, 상세히 | flaw 결점, 흠집

맘에 들다 · 안 들다 P2-17-0105

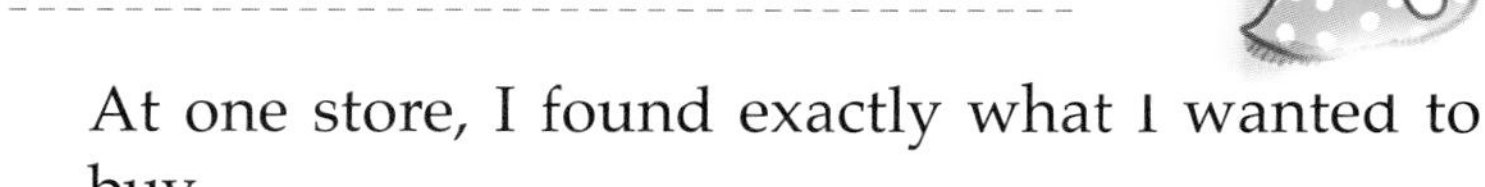

- 한 가게에서 꼭 사고 싶은 것을 찾아냈다. — At one store, I found exactly what I wanted to buy.
- 첫눈에 마음에 쏙 들었다. — At first glance, it appealed to me.
  glance 흘긋 봄, 한 번 봄
- 그것은 최신 브랜드였다. — It was the latest brand.
- 신상품이었다. — It was brand-new.
- 중국산 옷이었다. — The clothes were made in China.
- 나는 가장 질이 좋은 물건을 사고 싶었다. — I wanted to purchase the best quality product.
  quality 질, 품질, 양질
- 스타일과 색깔이 맘에 들지 않았다. — The style and color didn't appeal to me.
- 내가 찾는 스타일은 없었다. — There wasn't the style that I was looking for.
- 아무리 비싸도 그것을 사고 싶었다. — I wanted to get it at any cost.
  at any cost 어떤 비용을 지불하더라도
- 점원에게 그것을 선물 포장해 달라고 했다. — I asked the salesperson to gift-wrapped it.
  salesperson 점원
- 나는 주저 없이 그것을 샀다. — I didn't hesitate to buy it.
  hesitate 주저하다, 머뭇거리다
- 그것은 질이 아주 좋았다. — The quality was excellent.
- 잘 선택한 것 같다. — I think I made a good choice.
- 선택을 잘못했다. — I made a bad choice.

02 시장 가기

식료품의 단위

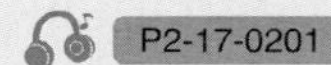

- 양배추 한 통 a head of cabbage
- 당근 한 묶음 a bunch of carrots
- 바나나 한 송이 a bunch of bananas
- 달걀 한 꾸러미 a dozen eggs
- 잼 한 병 a jar of jam
- 밀가루 한 봉지 a bag of flour
- 빵 한 덩어리 a loaf of bread
- 시리얼 한 통 a box of cereal
- 케첩 한 병 a bottle of ketchup
- 오렌지 1킬로그램 a kilogram of oranges
- 우유 한 팩 a carton of milk
- 피자 한 조각 a piece of pizza
- 케이크 한 조각 a slice of cake
- 초콜릿 한 개 a bar of chocolate
- 설탕 한 스푼 a spoonful of sugar
- 후추 한 티스푼 a teaspoon of pepper
- 우유 한 잔 a glass of milk
- 커피 한 잔 a cup of coffee
- 두 개들이 팩 twin-pack
- 세 개들이 팩 three-pack

장을 보다 P2-17-0202

- 식료품점에 갔다.
  I went to the grocery store.
  grocery store 식료품점
- 엄마가 나에게 장을 봐 오라고 하셨다.
  My mom made me do the shopping.
- 무엇을 사야 할지 쇼핑 목록을 확인했다.
  I checked my shopping list to see what I should buy.
- 잊지 않고 쇼핑용 비닐 봉투를 가져갔다.
  I didn't forget to bring a plastic bag for shopping.
- 고기를 사러 정육 코너에 갔다.
  I went to the meat counter for meat.
- 찌개용 돼지고기 반 파운드를 샀다.
  I bought half a pound of pork for a stew.
- 물건들이 싱싱하고 깨끗했다.
  The items were fresh and clean.
- 유기농 채소를 샀다.
  We bought organically-grown vegetables.
  organically 유기적으로
- 유통 기한을 확인했다.
  I checked out the expiration date.
  expiration date 유통 기한
- 유통 기한이 지났다.
  The expiration date had passed.
- 아저씨가 나에게 덤을 주셨다.
  He gave me more for free.
  for free 무료로

- 덤을 받았다. | I got a freebie.
  freebie 덤, 공짜로 받는 것, 경품
- 하나를 사고 덤으로 하나를 더 받았다. | When I bought one item, I got one free.
- 쿠폰을 사용해서 돈을 조금 절약할 수 있었다. | I could save some money by using the coupons.

 03 가격

가격 P2-17-0301

- 정찰제였다. | The prices were fixed.
- 원래 가격은 OO원이었다. | The original price was OO won.
- 세일 가격은 OO원이었다. | It was on sale for OO won.
- 그 물건은 OO원이었다. | The item cost OO won
- 가격을 깎아 달라고 했다. | I asked him to lower the prices.
- 아저씨가 가격을 깎아 주셨다. | He reduced the price.
  He gave me a discount.
- 가격을 10퍼센트 깎아 주었다. | He gave me a ten percent discount.
- 가격이 적당했다. | The price was reasonable.
  reasonable 비싸지 않은, 적당한
- 가격에 비해서 물건이 좋았다. | It was good for the price.
- 그것을 OO원에 샀다. | I bought it for OO won.

비싸다 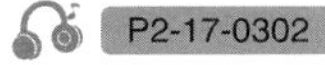

- 그것은 비쌌다. | It was costly.
  It was high-priced.

CHAPTER 17 쇼핑

• 꽤 비쌌다.	It was quite expensive.
• 가격이 비싸서 망설였다.	I hesitated because of the high price. hesitate 주저하다, 망설이다
• 큰맘 먹고 샀다.	It was a big purchase. purchase 구매
• 값이 터무니없이 비쌌다.	The price was ridiculous. ridiculous 터무니없는
• 나는 그것을 살 여유가 없었다.	I could not afford it.
• 돈이 부족해서 살 수 없었다.	I ran short and was not able to buy it.
• 그것을 살 만큼 돈이 충분하지 않았다.	I didn't have enough money to buy it.
• 좀 더 싼 것을 원했다.	I wanted something cheaper.
• 바가지를 썼다.	I got ripped off.

P2-17-0303

• 싸게 잘 샀다.	It was a good buy.
• 그것을 세일 가격으로 샀다.	I got it for a bargain. for a bargain 세일 가격으로
• 저렴했다.	It was cheap.
• 그리 비싸지 않았다	It wasn't so expensive.
• 그것은 거저나 다름없었다.	It was almost a steal. steal 도둑질, 횡재
• 나는 그것을 거의 공짜로 샀다.	I got it for almost nothing.
• 나는 매우 싼 가격에 그것을 샀다.	I bought it at a very low price.
• 세일 중이어서 50% 세일된 가격으로 샀다.	I bought it for 50 percent off because they were on sale.

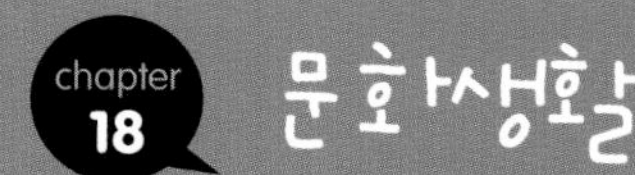

Seeing a play

Saturday December 13, Clear

Today I went to see a play, *The Dwarf Who Loves Snow White.* The story of that play was based on the story of *Snow White.* Bandal, one dwarf who was dumb, loved Snow White very much. He talked and sang in sign language. He always tried to help Snow White when needed. Bandal went around to find 'tears of rose fairy' to save Snow White. There were many sad scenes. It was a very impressive play.

연극 관람 12월 13일 토요일, 맑음

나는 오늘 '백설 공주를 사랑한 난쟁이'라는 연극을 보러 갔다.
그 연극의 이야기는 '백설 공주'를 기초로 한 것이다. 벙어리인 난쟁이 반달은 백설 공부를 무척이나 사랑했다. 반달은 수화로 말을 하고 노래도 했다. 그는 항상 어려움에 처한 백설 공주를 도우려고 애썼다. 반달은 백설 공주를 구하기 위해 '장미 요정의 눈물'을 구하러 다니기도 했다. 슬픈 장면이 많이 있었다. 매우 감동적인 연극이었다.

play 연극 **dwarf** 난쟁이 **be based on** ~에 근거하다 **dumb** 말을 못하는 **sign language** 수화 **fairy** 요정
save 구하다 **scene** 장면 **impressive** 감동적인

01 영화

영화의 종류

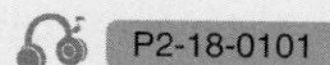

P2-18-0101

- 영화 film, movie
- 개봉 영화 newly released film
- 공상과학 영화 science-fiction film
- 교육 영화 educational film
- 단편 영화 short film
- 장편 영화 full-length film
- 무성 영화 silent film
- 입체 영화 3D film
- 만화 영화 cartoon film
- 공포 영화 horror movie, thriller
- 첩보 영화 espionage movie
- 대 히트작 blockbuster

나와 영화

P2-18-0102

- 나는 영화 보는 것을 좋아한다. — I love watching movies.
- 나는 주말에 친구들과 영화를 보러 갔다. — I went to the movies with friends on the weekend.
- 정말 영화를 보러 가고 싶었다. — I was eager to go to the movies.
  be eager to + **동사원형** ~하기를 열망하다
- 요즘 흥행하는 공포 영화를 보고 싶었다. — I wanted to see the box-office horror movie.
  box-office 크게 인기를 끈
- 나는 보통 한 달에 한 번 영화를 보러 간다. — I go to the movies once a month.
- 나는 영화에 관심이 없다. — I am not interested in movies.
- 내가 가장 좋아하는 영화 장르는 코미디이다. — My favorite movie genre is comedy.
  genre 장르, 유형
- 나는 비현실적인 공상 영화가 정말 좋다. — I really like fantastic fiction movies.
- 나는 폭력적이고 잔인한 영화를 싫어한다. — I hate violent and cruel films.
- 영화 자막을 읽는 것이 싫다. — I don't like to read the subtitles in a movie.
  subtitle 자막
- 나는 더빙된 영화는 좋아하지 않는다 — I don't like seeing dubbed movies.

영화표

P2-18-0103

- 무료 초대권이 생겼다. — I had a complimentary ticket.
  complimentary 무료의, 초대의

- 인터넷으로 티켓 2장을 예매했다.
  I bought two tickets in advance on the Internet.
  in advance 미리, 먼저
- 영화표를 사려고 줄을 섰다.
  I stood in line to get a ticket.
- 매표소에서 표 두 장을 샀다.
  I bought two tickets at the box office.
- 내 영화 클럽 회원 카드가 있으면 모든 영화를 20퍼센트 할인해 준다.
  My movie club card gets me 20 percent off all movies.
- 다행히 남아 있는 표가 조금 있었다.
  Fortunately, there were some tickets available.
  available 이용할 수 있는, 유용한
- 남아 있는 표가 없었다.
  There were no more tickets available.
- 표가 매진되었다.
  The tickets were sold out.

극장에 가다

P2-18-0104

- 그 영화가 언제 어디서 상영되는지 찾아보았다.
  I looked for when and where the movie was showing.
- 그 영화는 지금 OO에서 상영중이다.
  The film is now showing at the OO.
- 오빠가 나에게 그 영화를 추천해 주었다.
  My brother recommended the movie to me.
  recommend 추천하다
- 나는 최근에 개봉된 영화를 보러 갔다.
  I went to see a recently released film.
  release 개봉하다, 풀어 주다
- 매점에서 팝콘을 조금 샀다.
  I bought some popcorn at the snack counter.
- 그 영화는 2관에서 했다.
  The movie was shown in the second theater.
  auditorium 관객석
- 앞줄에 앉았다.
  I sat in the front row.
- 극장 중간에 앉았다.
  I sat in the middle of the theater.
- 뒷자리에 앉았다.
  I sat at the back.
- 앞에 앉은 사람이 내 시야를 가렸다.
  The person in front of me was blocking my view.
  block 막다 | view 시야, 구경, 시력
- 그에게 옆으로 좀 비켜달라고 부탁했다.
  I asked him to get out of the way.
- 영화가 시작되기 전에 휴대폰을 껐다.
  I turned off my cell phone before the movie started.

• 영화의 예고편을 봤다.

I watched the trailer of the movie.

trailer 예고편

영화를 보다 P2-18-0105

• 그 영화의 상영 시간은 2시간이었다.

The running time of the movie was 2 hours.

running time 상영 시간

• 그 영화는 원작에 충실했다.

The movie was faithful to the original work.

• 그 영화는 특수 효과를 많이 이용해서 만들었다.

The movie was made using a lot of special effects.

• 그 영화는 컴퓨터 애니메이션으로 만들었다.

Computer animation was used to make the movie.

• 그 영화는 대 히트작이 되었다.

The movie became a blockbuster.

• 그 영화는 우리말로 더빙되어 있다.

The movie is dubbed in Korean.

• 내가 제일 좋아하는 배우가 그 영화에 나온다.

My favorite actor appears in the movie.

• 그가 그 영화에서 주연을 맡았다.

He starred in the movie.

star 주연을 하다

• 그는 조연으로 출연했다.

He played a supporting role.

supporting 보조하는

• 배우들의 연기가 뛰어났다.

The actors' performances were excellent.

• 그 감독은 정말 재능 있는 사람 같았다.

The director seemed to be talented.

• 그 영화의 주제곡이 감미로웠다.

The theme song of the movie was sweet.

• 누군가가 영화를 보는 내내 흐느꼈다.

Someone kept sobbing throughout the whole movie. sob 흐느끼다, 흐느껴 울다

• 영화가 끝나갈 무렵에는 졸렸다.

I was sleepy when the movie was almost over.

• 자막이 오르면서 영화가 끝났다.

The movie ended with the credits rolling.

credits (영화의) 스텝들과 협찬사 등의 이름을 올려 감사를 표하는 것

영화평 P2-18-0106

• 그 영화는 너무너무 슬펐다.

The movie was a tearjerker.

tearjerker 눈물을 짜면서 보는 영화

- 그 영화의 마지막 장면을 보자 눈물이 났다. — The last scene of the movie brought tears to my eyes.
- 그 영화는 내내 손에 땀을 쥐게 했다. — The movie was a real cliffhanger.
  cliffhanger 스릴이 넘치는 영화
- 그 영화는 굉장히 스릴이 있었다. — The movie was very thrilling.
- 정말 무서운 영화였다. — It was a really scary movie.
- 그 영화는 소름이 돋을 정도로 무서웠다. — The movie was frightening enough to give me goose bumps. goose bumps 소름
- 머리가 곤두서는 오싹한 영화였다. — It was a hair-raising movie.
- 그 공포 영화를 보고 난 후 며칠 동안 무서워서 혼났다. — After seeing the horror movie, I was scared stiff for a few days. be scared stiff 몹시 겁내다
- 그 영화는 폭력으로 가득 차 있었다. — The film was filled with violence.
  be filled with ~로 가득 차다
- 그 영화는 난폭한 장면들이 많았다. — The movie had many brutal scenes.
  brutal 잔인한, 사나운
- 그 영화는 지금까지 본 것 중 가장 웃겼다. — The movie was the funniest that I had ever watched.
- 그 영화는 우리에게 역사적 교훈을 주었다. — The movie gave us a historical lesson.
- 그 장면이 내 기억에서 떠나지 않는다. — The scene has stayed in my memory.
- 그 장면이 아직도 기억에 생생하다. — The scene is still vivid in my mind.
  vivid 생생한
- 그 영화는 심금을 울렸다. — The movie was moving[touching].
  moving, touching 감동적인
  I was deeply touched by the movie.
- 그 영화는 모든 면에서 훌륭했다. — The movie was spectacular in every way.
  spectacular 구경거리가 되는, 장관인
- 정말 추천할 만한 영화였다. — That was a highly recommendable movie.
  recommendable 추천할 만한
- 그 영화는 정말 실패작인 것 같다. — The movie seems to be a real bomb.
  bomb 흥행 실패작

영화 등급 종류

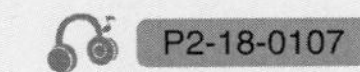

모두가 볼 수 있는 영화	G (General Audience)
부모의 지도가 필요한 영화	PG (Parental Guidance Suggested)
13세 미만은 부모 동반 시에만 볼 수 있는 영화	PG-13 (Parents Strongly Cautioned)
17세 미만은 부모 동반 시에만 볼 수 있는 영화	R (Restricted)
17세 이하 입장 불가 영화	NC-17 (No Children 17 and Under Admitted)
등급 미분류 영화	NR (No Rating)
성인 영화	X-rated

영화 등급

P2-18-0108

- 그 영화는 너무 어려워서 이해할 수가 없었다. The movie was too hard for me to
- 미성년자는 그 영화를 볼 수 없다. Minors are not allowed to see the movie.
  minor 미성년자
- 그 영화는 12세 미만의 어린이를 대상으로 했다. The movie was for children under 12.
- 18세 미만은 그 영화를 볼 수 없었다. Anyone under the age of eighteen was not allowed to see the movie.
- 그 영화는 미성년자들이 보기에 적절하지 않았다. The movie was not proper for minors to watch.
  proper 적절한, 적당한

02 뮤지컬 · 연극

뮤지컬 공연

예술의 전당

- 나는 연극보다 뮤지컬을 더 좋아한다. I prefer musicals to plays.
- 재미있는 뮤지컬이 내일 시작한다. A funny musical opens tomorrow.
- 내가 제일 좋아하는 뮤지컬이 공연중이다. My favorite musical is on the stage.
- 가족과 뮤지컬을 보러 갈 계획을 세웠다. I planned to go see a musical with my family.

- 우리는 티켓을 예매했다. We got advance tickets.
- 하루에 두 번 공연했다. There were two performances a day.
  performance 실행, 상연, 공연
- 우리는 두 번째 공연을 보았다. We watched the second performance.
- 유명한 브로드웨이 뮤지컬을 보았다. I watched a famous Broadway musical.

연극 P2-18-0202

- 나는 연극 보러 가는 것을 좋아한다. I like going to plays.
- 연극을 보러 갔다. I went to see a play.
- 오늘밤 공연 티켓이 두 장 있었다. I had two tickets for tonight's performance.
- 그 연극의 입장료는 OO원이었다. The admission fee for the play was OO won.
  admission fee 입장료
- 그 연극의 팸플릿을 샀다. I bought a brochure for the play.
  brochure 팸플릿, 소책자
- 그것은 1막짜리 연극이었다. It was a one-act play.
  act 막
- 그 연극은 꾸며낸 이야기였다. The play was fiction.
- 그 연극은 실제 이야기를 연극으로 꾸민 것이다. The play was based on a true story.
  be based on ~을 근거로 하다, ~에 기초를 두다

훌륭한 공연 P2-18-0203

- 무대 장치가 정말 실제처럼 꾸며졌다. The sets were very realistic.
- 배우들의 의상도 매우 멋졌다. The actors' costumes were wonderful.
- 그 공연의 분위기가 정말 마음에 들었다. I really liked the atmosphere of the performance.
  atmosphere 분위기
- 그 연극의 주인공은 연기를 아주 잘했다. The hero of the play performed his role very well.
- 연기자들의 연기가 자연스러웠다. The actors acted naturally.

- 그 공연을 아주 재미있게 봤다. I enjoyed the performance very much.
- 그 공연은 유쾌했다. The performance was amusing.
- 그 공연은 참 즐거웠다. The performance was enjoyable.
- 배우들에게 박수갈채를 보냈다. I gave the actors a big hand.
- 관객들은 약 5분간 계속 박수갈채를 보냈다. The audience applauded continually for about 5 minutes. applaud 박수갈채하다
- 그 공연은 엄청난 흥행을 거두었다. The performance became a tremendous hit. tremendous 엄청난, 대단한
- 그것은 내가 지금까지 본 연극 중 가장 재미있는 공연이었다. It was the most interesting performance I've ever seen.
- 공연이 끝난 후에도 자리를 뜨지 못했다. I couldn't leave my seat after the performance ended.

지루한 공연

P2-18-0204

- 그 공연은 그저 그랬다. The performance was just so-so. so-so 그런 저런
- 그 공연은 별로였다. The performance was not so good.
- 나는 별로 재미없었다. I was not amused.
- 그 공연은 이해하기가 어려웠다. The performance was too hard to understand.
- 연기자들의 연기가 좀 과장되었다. The actors overacted.
- 연기가 어색했다. The acting was awkward. awkward 서투른, 어색한
- 그 공연은 따분했다. The performance was dull.
- 그 공연은 호소력이 없었다. The performance was unappealing. unappealing 호소력이 없는, 매력이 없는
- 그 공연은 단조로웠다. The performance was monotonous. monotonous 단조로운
- 그 공연은 형편없었다. The performance was awful[terrible].
- 그 공연은 매우 지루했다. The performance was very boring.

- 지루해서 견딜 수가 없었다 — I couldn't put up with the boredom.
  put up with ~을 참다, 견디다 | boredom 지루함, 권태
- 2막에서는 잠이 들었다. — I fell asleep during the second act.

03 전시회

미술 전시회 P2-18-0300

- 나는 미술 전시회에 자주 간다. — I often go to art exhibitions.
  exhibition 전람회, 전시회
- 나는 가을이면 전시중인 그림을 보러 종종 미술관에 간다. — In the fall, I often visit galleries to see pictures on exhibition.
  gallery 미술관, 화랑 | on exhibit 전시 중인
- 우리 가족은 지난 주말에 미술관에 갔다. — My family visited a gallery last weekend.
- 그 미술관은 가 볼 만했다. — The gallery was worth visiting.
- 그 전시관은 무료였다. — The gallery was free of charge.
  free of charge 무료의
- 친구에게 전시회에 같이 가자고 했다. — I asked a friend of mine to go to an exhibition with me.
- 그곳에는 항상 다양한 전시회가 열린다. — There are always various exhibitions there.
- 우리 미술 선생님의 전시회가 시내 미술관에서 있었다. — My art teacher's exhibition was at the downtown gallery.
- 전시회는 아주 성공적이었다. — The exhibition was a success.
- 세계적으로 유명한 화가들의 그림이 전시되었다. — The pictures by the internationally renowned painters were on exhibit.
  renowned 유명한
- 그 그림은 원본이었다. — The painting was an original.
- 그림들은 복제품인 것 같았다. — I thought the paintings were copies.
- 그림들 중 하나가 매우 인상 깊었다. — I was so impressed by one of the pictures.

04 음악회

음악회 관련 표현

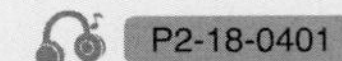

P2-18-0401

음악회 concert
독창회 recital
서곡 overture
야상곡 nocturne
광상곡 rhapsody
교향곡 symphony
협주곡 concerto
소야곡 serenade
소나타 sonata
합창 chorus
독창 vocal solo
독주 solo
이중주 duet
삼중주 trio
사중주 quartet
오중주 quintet
악기 musical instrument
악보 musical note
합주 ensemble
지휘자 conductor
지휘대 podium
교향악단 symphonic orchestra

연주회

P2-18-0402

- 나는 음악회에 잘 가지 않는다. I am not a concert-goer.
- 나는 가족들과 함께 음악회에 자주 간다. I often go to concerts with my family.
- 음악회 티켓을 예매했다. We bought the concert ticket in advance.
  in advance 미리
- 초대권이 두 장 있었다. I had two invitation tickets.
- 오늘밤에 시내에서 야외 음악회가 있었다. There was an outdoor concert downtown tonight.
- 음악회에 놀라울 정도로 많은 사람들이 왔다. There was a surprisingly large turnout at the concert. turnout 참석자들
- 음악회에서 바이올리니스트가 매우 열정적으로 연주했다. At the concert, a violinist played very energetically. energetically 열정적으로
- 그는 교향악단과 협연했다. He was accompanied by the symphonic orchestra. accompany 동반하다
- 연주자들이 모차르트 교향곡 2번을 연주했다. The performers played Mozart's 2nd Symphony.
- 나는 미완성 교향곡이 제일 좋았다. I liked the Unfinished Symphony most.
- 지휘자의 지휘가 매우 훌륭했다. The conductor did very well.
  conductor 지휘자

- 그는 음악적 재능을 타고난 것 같았다.
He seemed to be endowed with musical talents.
be endowed with ~를 타고나다

- 그 음악이 내 마음에 와 닿았다.
The music touched my heart.
touch 마음을 움직이다, 감동시키다

- 그의 열정적인 연주가 매우 인상적이었다.
His passionate performance was so impressive.
passionate 열정적인 | performance 상연, 공연

- 한 곡이 끝날 때마다 우리는 박수갈채를 보냈다.
We clapped and applauded whenever each piece was finished. clap 박수치다 | applaud 성원하다, 박수갈채하다

콘서트 P2-18-0403

- 내가 가장 좋아하는 가수가 콘서트를 열었다.
My favorite singer gave a concert.

- 나는 좋아하는 가수가 콘서트를 하면 꼭 간다.
Whenever my favorite singer has a concert, I always attend his concert.

- 그의 콘서트 티켓이 인터넷에서 1시간 만에 매진되었다고 한다.
They said that the tickets for his concert were sold out in one hour on the Internet.

- 운 좋게도 티켓을 두 장 구했다.
Luckily, I got two tickets.

- 콘서트장에 들어서자 정말 흥분되었다.
When I entered the concert hall, I was really excited.

- 많은 팬들이 야광봉을 들고 있었다.
Many fans were carrying glow sticks.
glow 백열, 야광

- 우리는 그 가수를 환호와 큰 박수로 맞이했다.
We greeted the singer with cheers and loud applause. greet 맞이하다, 인사하다 | applause 박수갈채

- 객석에서 어떤 아이들이 야유를 했다.
Certain boys catcalled in the audience.
catcall 야유하는 소리를 내다

- 그 가수가 우리가 가장 좋아하는 노래를 불렀을 때 우리는 손을 흔들며 소리를 질렀다.
When the singer sang our favorite songs, we yelled, waving our hands. yell 외치다, 소리 지르다

- 춤 공연이 있었다.
There was a dance performance.

- 우리는 박수를 치며 앙코르를 외쳤다.
We shouted 'Encore' clapping our hands.

- 콘서트는 두 시간 정도 계속되었다.
The concert lasted two hours or so.

- 마지막 노래가 끝나고 그가 무대를 떠날 때는 섭섭한 마음이 들었다.
I felt sad when he was going off the stage after his last song.

- 콘서트가 끝난 후 그의 콘서트 CD를 샀다. After the concert, I bought his concert CD.

05 놀이 공원

놀이 공원 P2-18-0501

- 학교에서 OO 놀이 공원으로 소풍을 갔다. We went to the OO amusement park for a school trip. amusement park 놀이 공원
- 우리는 매표소에서 입장권을 샀다. We bought an admission ticket at the ticket window. admission 입장
- 우리는 자유 이용권을 샀다. We bought a pass for all the rides. pass 입장 허가권 | ride 탈 것
- 놀이 공원에는 사람들이 매우 많았다. There were so many people in the amusement park.
- 사람들이 너무 많아 제대로 즐길 수 없었다. I couldn't enjoy it much because of the crowd. crowd 군중, 북적이는 사람들
- 놀이 공원에는 다양한 놀이 기구와 행사가 있었다. The amusement park had various amusement rides and many events.
- 아이들을 위한 인형극이 있었다. There was a puppet show for kids. puppet 작은 인형
- 점심 먹기 전에 요정의 집을 구경했다. Before lunch, we looked around the fairies' house. look around 둘러보다 | fairy 요정
- 그곳은 신비롭고 환상적이고, 모험으로 가득했다. It was magical, fantastic and adventurous. magical 매혹적인, 신비로운 | adventurous 모험적인
- 좀 시시했다. It was a little uninteresting. uninteresting 재미없는, 시시한
- 우리는 유령의 집에 들어갔다. We entered the haunted house. haunted 유령이 나오는
- 안에는 온통 깜깜했다. It was all dark inside.

• 유령들 때문에 정말 무서웠다. I was so scared of the ghosts.
scared 겁먹은, 무서워하는 | ghost 유령

• 나는 비명을 지르며 도망갔다. I ran away screaming.
scream 비명을 지르다, 소리치다

• 길거리 퍼레이드가 아주 환상적이었다. The street parades were fantastic.

• 눈이 휘둥그레질 정도로 매우 멋졌다. We got an eyeful.
get an eyeful 실컷 보다, 눈요기하다(eyeful 실컷 봄, 눈길을 끄는 것(사람))

• 하루 종일 공원 안 여기저기에서 다양한 행사가 열렸다. Various activities were held here and there in the park all day long.

• 장미 축제 마당에 들렀다. I dropped by the Rose Festival.
drop by ~에 들르다

놀이 기구 P2-18-0502

• 우리는 회전목마를 타고 빙글빙글 돌았다. We went round and round on the carousel.
carousel 회전목마

• 롤러코스터를 탈까 말까 망설였다. I hesitated to ride the roller coaster.
hesitate 망설이다, 주저하다

• 줄을 서서 오래 기다렸다. I waited a long time in line.

• 어떤 사람이 새치기를 했다. Someone cut in line.
cut in line 새치기하다

• 드디어 롤러코스터를 타게 되었다. Finally, I got to ride the roller coaster.

• 그것을 타는 동안 내내 소리를 지르면서 눈을 감고 있었다. I was keeping my eyes closed, shouting for the whole ride.

• 스릴이 넘쳤다. It was thrilling.
thrilling 오싹하게 하는

• 롤러코스터에서 내리니 정말 어지러웠다. After getting off the roller coaster, I felt really dizzy. get off ~에서 내리다

• 범퍼카를 타고 서로 부딪치는 것이 재미있었다. It was fun to collide with each other in bumper cars. collide with ~와 충돌하다

• 드롭다운은 내가 타기에는 너무 높았다. A drop-down was too high for me to ride.

- 그것은 올라갈 때는 천천히 올라가다가 내려올 때는 매우 빠르게 내려왔다.
  When going up, it went slowly, but when dropping down, it was very fast.
- 높이 올라갈수록 더 겁이 났다.
  The higher it went up, the more scared I was.
  the + 비교급, the + 비교급 ~할수록 더 …하다
- 회전 기구에서 놀이 공원 전체를 볼 수 있었다.
  I could see the whole amusement park on the ferris wheel.
- 바이킹이 흔들릴 때 나는 날아갈 것만 같았다.
  When the viking ship was swinging, I felt like flying away. swing 흔들리다 | feel like -ing ~하는 듯한 기분이 들다
- 무서운 놀이기구는 타지 않았다.
  I didn't go on the scary rides.
  scary 무서운, 두려운

06 동물원

동물의 종류

P2-18-0601

기린 giraffe
얼룩말 zebra
말 horse
암말 mare
조랑말 pony
코뿔소 rhinoceros
하마 hippopotamus
코끼리 elephant
당나귀 donkey
코알라 koala bear
사슴 deer
노루 roe deer
오리 duck
암탉 hen
수탉 cock
병아리 chicken
암소 cow
수소 bull, ox

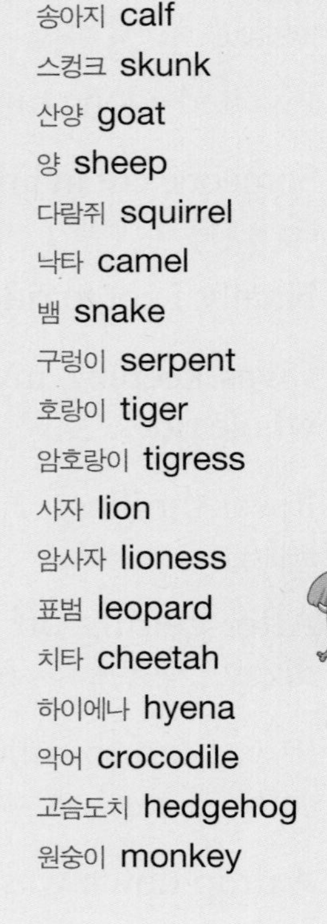

송아지 calf
스컹크 skunk
산양 goat
양 sheep
다람쥐 squirrel
낙타 camel
뱀 snake
구렁이 serpent
호랑이 tiger
암호랑이 tigress
사자 lion
암사자 lioness
표범 leopard
치타 cheetah
하이에나 hyena
악어 crocodile
고슴도치 hedgehog
원숭이 monkey

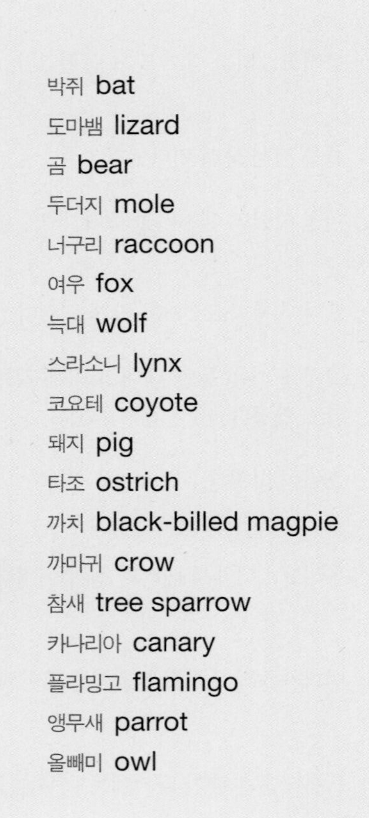

박쥐 bat
도마뱀 lizard
곰 bear
두더지 mole
너구리 raccoon
여우 fox
늑대 wolf
스라소니 lynx
코요테 coyote
돼지 pig
타조 ostrich
까치 black-billed magpie
까마귀 crow
참새 tree sparrow
카나리아 canary
플라밍고 flamingo
앵무새 parrot
올빼미 owl

독수리 eagle
왜가리 common heron
학 crane
황새 stork
종달새 skylark
기러기 wild goose
갈매기 sea gull
뻐꾸기 cuckoo
딱따구리 woodpecker
백조 swan
공작 peacock
거위 goose

곤충의 종류 P2-18-0602

무당벌레 ladybug
모기 mosquito
파리 fly
메뚜기 grasshopper
개미 ant
귀뚜라미 cricket
거미 spider
바퀴벌레 cockroach
잠자리 dragonfly
하루살이 mayfly, dayfly
나방 moth
나비 butterfly
누에 silkworm
쐐기벌레 caterpillar
풍뎅이 gold beetle
매미 locust
땅강아지 mole cricket
개똥벌레 firefly
애벌레 larva
사마귀 mantis

동물원 P2-18-0603

- 어린이날에 우리 가족은 동물원에 갔다. My family went to a zoo on Children's Day.
- 동물들에게 먹이를 주고 싶었다. I wanted to feed the animals.
- 사슴을 제외하고는 동물들에게 먹이 주는 것이 금지되어 있었다. We were not allowed to feed the animals except for the deer. except for ~을 제외하고
- 어느 꼬마가 동물들에게 무언가를 던졌다. A kid threw something to the animals. threw throw(던지다)의 과거형
- 북극곰은 수영을 하고 있었다. The polar bear was swimming.
- 호랑이와 사자는 우리 안에서 잠을 자고 있었다. The tigers and lions were sleeping in the cages.
- 뱀을 보니 징그러웠다. I felt crept out at the sight of snakes. creepy 오싹하는, 근질거리는
- 원숭이가 사람 흉내를 내는 것을 보니 우스웠다. It was funny to watch monkeys act like humans.
- 내가 모르는 새 종류들이 매우 많았다. There were so many kinds of birds that I didn't know.
- 백조는 내가 상상했던 것만큼 우아해 보이지 않았다. The swans didn't look as graceful as I imagined. graceful 우아한

- 독수리의 눈빛은 매우 매서웠다.
  The light in the eagle's eyes was very fierce to me.
  fierce 몹시 사나운
- 동물들과 사진도 찍었다.
  We took pictures with the animals.
- 마차를 타고 공원 전체를 돌아다녔다.
  I rode a horse-drawn carriage and went all over the park. carriage 마차, 탈 것
- 버스를 타고 야생 동물들을 가까이서 볼 수 있었다.
  I could watch wild animals closely by bus.
- 야생 동물들이 버스 밖에 달린 고기를 잡으려고 버스 창문을 건드리는 것을 볼 수 있었다.
  We could see wild animals touching the bus window to catch the meat hanging out of the bus.
- 처음에는 야생 동물들이 버스 창문을 깨지 않을까 두려웠다.
  At first, I was so afraid that the wild animals would break the bus window.
- 야생 동물들은 매우 잘 길들여져 있는 듯 보였다.
  The wild animals looked very tame.
  tame 길들인, 온순한
- 동물원에서는 공룡 전시회도 있었다.
  There was a dinosaur exhibit at the zoo.

07 식물원

나무의 종류 P2-18-0701

호두나무 walnut	잣나무 Korean nut pine	은행나무 ginkgo tree
소나무 pine	버드나무 willow	사철나무 spindle tree
전나무 fir	수양버들 weeping willow	향나무 juniper
느릅나무 elm	목련 magnolia	아카시아 acacia tree
떡갈나무 oak	단풍나무 maple tree	마로니에 나무 marronnier

식물원 P2-18-0702

- 우리는 식물원에 갔다
  I went to a botanical garden.
  botanical 식물의, 식물성의
- 그 식물원에는 다른 1,000종의 각종 식물들이 있었다.
  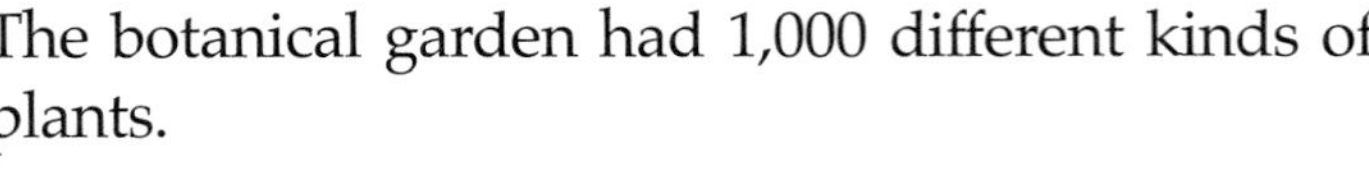
  The botanical garden had 1,000 different kinds of plants.

- 그 식물원에는 나비 전시장이 있었다. — The botanical garden had a pavilion with a butterfly exhibit. pavilion 전시장, 전시관
- 멸종 위기에 처한 식물들도 볼 수 있었다. — I could see the endangered plants. endangered 멸종 위기에 처한
- 커다란 온실 안에는 여러 종류의 열대 식물들이 있었다. — There were various kinds of tropical plants in the huge greenhouse. tropical 열대의
- 몇몇 꽃들은 매우 화려했다. — Some flowers were very flashy. flashy 일시적으로 화려한
- 그것들은 내 시선을 끌었다. — They caught my eyes.
- 어떤 꽃은 매우 소박했으나 좋은 향기가 났다. — A certain flower was very simple, but it had a nice fragrance. fragrance 향기, 방향
- 꽃이 핀 선인장들은 매우 아름다웠다. — The blossomed cacti were very beautiful. cacti 선인장(cactus)의 복수형
- 식충 식물이 곤충을 잡아먹는 것을 보니 흥미로웠다. — It was exciting to watch the insectivorous plants catch insects. insectivorous 식충의, 벌레를 먹는
- 생소한 식물들이 매우 많았다. — There were so many unfamiliar plants.
- 허브 정원이 제일 좋았다. — My favorite part was the herb garden.
- 식물원의 공기가 무척 신선했다 — The air of the botanical garden was so fresh.

08 나들이

공원 P2-18-0801

- 주말에 우리 가족은 가까운 공원에 자주 간다. — On weekends, my family goes to a nearby park.
- 나는 OO 근교에 살고 있어서 갈 만한 공원이 많다. — I live in a suburb of OO, so there are many parks to go to. suburb 근교, 교외
- 친구들과 공원으로 피크닉을 갔다. — I went on a picnic at the park with my friends.
- 공원에는 사람들이 많이 있었다. — There were a lot of people in the park.

- 자전거 길에서 자전거를 탔다. I rode a bicycle on the bicycle path.
- 가족들과 공원으로 나들이를 갔다. I went to the park for a picnic with my family.
- 공원에서 동생과 원반을 가지고 놀았다. I played frisbee with my brother in the park.
  frisbee 플라스틱 원반
- 강아지와 마음껏 뛰어 놀았다. I ran with my dog to my heart's content.
  to one's heart's content 마음껏
- 아이들이 잔디에서 뛰어 놀고 있었다. The kids were frolicking about on the lawn.
  frolic about 장난치다, 들떠서 떠들다
- 잔디밭에는 들어갈 수 없었다. We had to keep off the grass.
- 사진을 찍으면서 공원에서 휴일을 즐겼다. I enjoyed the holiday taking pictures in the park.
- 나무 그늘 밑 벤치에서 낮잠을 잤다. I took a nap on a bench under the shade of trees.
  take a nap 낮잠 자다
- 해질 녘에야 집으로 돌아왔다. I didn't go home until sunset.

자전거 하이킹

P2-18-0802

- 나는 주말마다 자전거 타기를 즐긴다. I enjoy riding my bicycle on weekends.
- 나는 친구들과 자전거 여행을 준비했다. I arranged our cycling tour with my friends.
  arrange 준비하다, 마련하다
- 자전거를 탈 때는 항상 헬멧을 쓰는 것이 좋다. When riding a bicycle, we had better wear a helmet at all times.
  had better ~하는 것이 좋다
- 자전거 타기에 아주 좋은 날씨였다. It was perfect weather for cycling.
- 계속 자전거 페달을 밟았다. I pedaled on my bicycle continuously.
- 사람들 때문에 오솔길이 좀 복잡했다. The trails were a little crowded.
  trail 오솔길
- 자전거에서 한 번 떨어지긴 했지만 그리 심각하진 않았다. I fell off my bicycle, but it was not so serious.
- 그림 같은 주변 경관을 즐기며 달렸다. I pedaled my way enjoying the picturesque surrounding.
  picturesque 그림 같은, 아름다운 | surrounding 환경, 주위

My Family's Trip

P2-19-00

Saturday October 5, Clear

My family planned to go on a trip because my exam was over.
We went to Jinju Walls.
We looked around the walls and visited the Chokseokloo.
Luckily, we could watch the cows fight in the distance.
The lantern festival was held on the Nam River of Jinju.
At night, the various lanterns were splendid.
We had a great time.

가족 여행 10월 5일 토요일, 맑음

시험이 끝났기 때문에 우리 가족은 여행 계획을 세웠다.
우리는 진주성에 갔다. 우리는 성을 둘러보고 촉석루에도 갔다.
운 좋게도 우리는 멀리서 하는 소싸움을 볼 수 있었다.
진주 남강에서는 등 축제가 열렸다. 밤에는 다양한 등이 화려했다.
우리는 재미있는 시간을 보냈다.

go on a trip 여행 가다 be over 끝나다 wall 성, 성곽 look around ~을 둘러보다 in the distance 멀리서 lantern 등, 랜턴 splendid 화려한

01 국내여행

여행 계획 P2-19-0101

- 나는 도보 여행을 하고 싶다. — I want to go on a hike.
- 그저 집을 벗어나서 여기저기 다니고 싶다. — I just want to get out of the house and go here and there.
- 여행 계획을 짜는 것은 언제나 즐겁다. — It is always fun to plan a journey.
  journey 여행
- 내일 우리는 여행을 갈 것이다. — Tomorrow we are going on a journey.
- 주말 여행을 갈 것이다. — I will go on a weekend trip.
- 여행 날짜를 정했다. — We set a date for a trip.
- 여행을 위해 몇 가지 것들을 준비했다. — We prepared several things for my journey.
- 여행 준비가 모두 끝난 것 같다. — Everything seems to be ready for our trip.
- 즐거운 여행이 되기를 바란다. — I hope we have a pleasant trip.

여정 P2-19-0102

- 우리는 여름 휴가가 시작되자마자 OO로 여행을 떠났다. — We started on a journey for OO as soon as the summer holidays began.
- 여행 가서 가족들과 사진을 많이 찍었다. — We took lots of pictures with my family on our trip.
- 우리는 많은 유적지를 방문했다. — We visited many historical sites.
- 박물관을 둘러보았다. — We looked around the museum.
- 우리 가족은 시골길을 따라 드라이브를 했다. — My family drove along a country road.
- 우리 가족은 휴가 때 온천에 갔다. — My family went to a hot spring during vacation.
  hot spring 온천

- 여행 중에 날씨가 매우 좋았다.
  We had wonderful weather on our tour.
- 우리는 일주일간의 여행에서 밤늦게 돌아왔다.
  We returned from a week's tour late at night.
- 정말 즐거운 여행이었다.
  It was a really happy trip.

등산 P2-19-0103

- 이번 휴일에는 가족과 함께 산에 올라갔다.
  I hiked up the mountain with my family this holiday.
- 이마에 땀이 맺혔다.
  I had sweat on my forehead.
- 그렇게 높은 산을 올라가 본 적이 없었다.
  I had never hiked such a high mountain before.
- 산 정상에 도착하자 기분이 상쾌했다.
  I felt refreshed when I reached the top of the mountain. refreshed 새로이 한, 상쾌해진
- 전망대에서 경치를 구경할 수 있었다.
  I could see the scenery from the viewing deck.
  viewing deck 전망대
- 산꼭대기에서 보니 마을이 잘 보였다.
  From the top of the mountain, I had a clear view of the village. view 전망, 시야
- 해가 산 너머로 지는 것을 보았다.
  I saw the sun set behind the mountain.
- 정상에서 보는 일몰은 장관이었다.
  The sunset from the summit was magnificent.
  summit 꼭대기, 정상 | magnificent 굉장한, 장엄한
- 경치가 정말 아름다웠다.
  The view was really wonderful.

02 해외여행

해외여행 준비 P2-19-0201

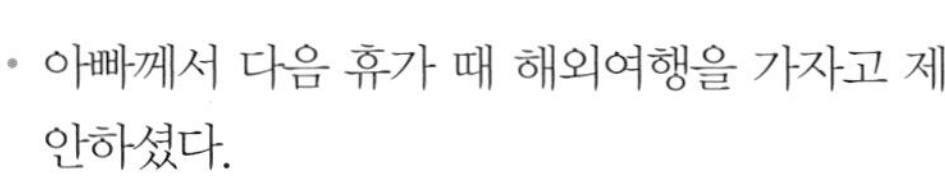

- 아빠께서 다음 휴가 때 해외여행을 가자고 제안하셨다.

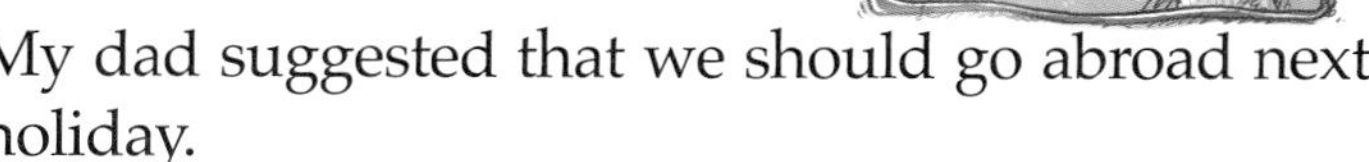

  My dad suggested that we should go abroad next holiday.

- 우리 가족은 뉴욕 관광 여행을 계획하고 있다.
  My family is planning a sightseeing trip to New York.
- 우리는 유럽 여행 계획을 세우고 있다.
  We are planning to go to Europe.
- 다른 나라를 여행하고자 할 때는 그 나라의 문화에 대해 알아두는 게 좋다.
  When we want to travel to other countries, it is better to know about their cultures.
- 우리 가족은 5박 6일간 여행을 떠날 것이다.
  My family members are going on a trip for 5 nights and 6 days.
- 배를 타고 OO로 갈 것이다.
  We are going to OO by ship.
- 이번에는 단체 여행을 갈 것이다.
  We will take a group tour this time.
- 배낭여행을 갈 것이다.
  We will go backpacking.
- 여행을 위해 준비할 것들이 많았다.
  There were many things to prepare for the journey. prepare for ~을 준비하다
- 우선 여권과 비자를 신청했다.
  First of all, we applied for a passport and a visa.
  apply for ~을 신청하다
- 비자를 받는 데 시간이 오래 걸렸다.
  It took a long time to get a visa.
- 5월 5일 OO행 비행기의 좌석을 예약했다.
  We booked seats to OO on May 5.
  book 예약하다
- 엄마가 호텔을 트윈 룸으로 예약하셨다.
  My mom made a hotel reservation for a twin room. reservation 예약 | twin room 침대가 두 개 있는 방
- 비행기가 예약되어 있는지 확인했다.
  We confirmed whether the flight had been booked. confirm 확실히 하다, 확인하다
- 짐을 꾸렸다.
  We packed our luggage.
  luggage 짐 수하물, 여행용 가방

공항에서

P2-19-0202

- 친척들이 우리를 배웅해 주었다.
  My relatives saw us off.
  see ~ off ~를 전송하다
- 우리는 비행기를 타기 위해 서둘러야 했다.
  We had to hurry to catch the plane.
- 비행기가 한 시간 연착되었다.
  The flight landed an hour late.
  land 착륙하다

- 안개 때문에 비행기가 뜰 수 없었다. The plane couldn't take off because of the fog.
  take off 이륙하다
- 출발을 하루 늦추어야만 했다. We had to delay for a day.
- 공항에서 출국 수속을 밟았다. We went through the departure procedures in the airport. departure 출발 | procedure 수속, 절차
- 탑승 수속 카운터에서 탑승 수속을 했다. We checked in at the check-in counter.
- 나는 비행기의 창가 쪽 자리를 원했다. I wanted the window seat in the airplane.
- 통로 쪽 좌석만 있었다. There were only aisle seats.
  aisle 통로
- 각각의 짐에 꼬리표를 붙였다. We attached a label to each piece of luggage.
- 탑승하기 전에 면세점에서 물건 몇 개를 샀다. We bought some things in a duty-free shop before boarding. duty-free shop 면세점
- 35번 탑승구에서 비행기를 탔다. We got on the airplane at boarding gate 35.

기내에서

P2-19-0203

- 승무원에게 탑승권을 보여 주었다. I showed my boarding pass to a flight attendant.
  flight attendant 비행기 승무원
- 승무원이 자리를 안내해 주었다. The flight attendant showed me to my seat.
- 우리 좌석이 붙어 있지 않아서 다른 사람에게 바꿔달라고 부탁했다. We couldn't get seats together, so I asked someone to change seats.
- 나는 처음으로 비행기 여행을 했다. I flew on a plane for the first time.
- 가방을 머리 위의 보관함에 넣어 두었다. I put my bags in the overhead bin.
  overhead 머리 위의 | bin 보관함, 저장소
- 안전벨트를 착용했다. I buckled up.
  I fastened my seat belt.
- 비행기가 이륙하자 속이 울렁거렸다. I felt nauseous when the plane took off.
  nauseous 메스꺼운, 울렁거리는
- 멀미 때문에 힘들었다. I suffered from nausea.
  nausea 메스꺼움, 멀미

- 토할 것 같았다. I felt like throwing up.
  throw up 토하다
- 구토용 봉투가 필요했다. I needed a barf bag.
  barf 구토
- 멀미약을 먹었어야 했다. I should have taken anti-nausea medicine.
- 비행기를 타니 귀가 멍멍했다. I felt pressure in my ears when I was flying.
- 귀가 뚫리도록 침을 삼켰다. I swallowed saliva to pop my ears.
  saliva 침
- 의자를 뒤로 젖혔다. I put my seat back.
- 창 가리개를 내렸다. I pulled the shade down.
- 기내 영화를 보았다. I watched the in-flight movie.

입국 수속 P2-19-0204

- 예정대로 도착했다. We arrived on schedule.
- 예정보다 1시간 늦게 도착했다. We arrived an hour behind schedule.
- 도착해서 입국 신고서를 작성했다. After arriving, we filled out a landing card.
- 세관 신고서를 작성했다. We filled out a customs declaration form.
- 우리는 신고할 것이 없었다. We had nothing to declare.
- 삼촌이 우리를 마중 나오셨다. My uncle came out to greet us.
- 시차 적응을 잘했다. I got over my jet lag.
  get over 극복하다 | jet lag 시차적응을 못해서 일어나는 증세
- 시차 적응이 안 되어 내내 졸렸다. I felt sleepy all the time because I didn't get over my jet lag.

관광 P2-19-0205

- 우리는 5일 동안 최고급 호텔에 머물렀다. We stayed at the best hotel for 5 days.
- 그 호텔은 시설이 좋았다. The hotel was well furnished.
  furnished 시설이 갖춰져 있는, 가구가 딸려 있는

- 우리 호텔 방은 바다가 보이는 전망 좋은 곳이었다. — Our hotel room had a fine view of the sea.
- 호텔에서 아침을 무료로 제공했다. — The hotel gave us free breakfast.
- 관광버스로 시내를 둘러보았다. — We looked around the town on a sightseeing bus.
- 일정이 빡빡했다. — Our schedule was tight.
- OO을 두루 둘러보며 여행했다. — We travelled throughout OO.
- 관광 안내소에서 지도와 팸플릿을 구했다. — We got a map and pamphlets from the tourist information office.
- 지도에서 그곳을 찾아보았다. — We looked it up on the map.
- 안내원이 그 도시의 볼거리 몇 곳을 추천해 주었다. — A guide recommended some sights of the city.
- 세계에서 가장 큰 박물관에 다녀왔다. — We have been to the biggest museum in the world.
- 구경할 만한 것들이 많았다. — There were many things worth seeing.
  worth -ing ~할 가치가 있는
- 그 지역의 특산 요리도 맛보았다. — We tasted some exotic local food.
  exotic 이국적인
- 삼촌이 우리를 데리고 구경시켜 주셨다. — My uncle showed us around.
  show ~ around ~을 구경시키다
- 그 풍경은 말로 표현할 수 없이 아름다웠다. — The beauty of the scenery was beyond description.
  beyond description 말로 표현할 수 없는
- 친척들에게 줄 기념품을 샀다. — We bought some souvenirs for my relatives.
  souvenir 기념품
- 다른 나라의 다양한 문화를 경험했다. — I experienced various cultures of other countries.
  experience 경험하다 | culture 문화

My Dream

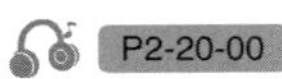

Monday January 1, Snowy

Today, my grandfather asked me what was my dream.
I answered that I wanted to be a translator.
I like studying English and have much interest in it.
I will study English harder so that I master English.
Even today, I listened to the English tapes to make my dream come true.
I think my dream will come true someday if I keep trying.

나의 꿈 1월 1일 월요일, 눈

오늘, 할아버지께서 나에게 꿈이 무엇이냐고 물어 보셨다.
나는 통역사가 되고 싶다고 말씀 드렸다.
나는 영어 공부하는 것을 좋아하고 영어에 관심도 아주 많다.
영어 공부를 더 열심히 해서 꼭 영어를 정복하고 싶다.
나의 꿈을 이루기 위해서 오늘도 영어 테이프를 들었다.
꾸준히 노력하면 언젠가는 나의 꿈이 이루어질 거라고 생각한다.

translator 통역사, 번역가 **master** 정복하다 **come true** 실현시키다, 실현되다 **keep -ing** 계속 ~하다

꿈

직업의 종류 P2-20-0101

가수 singer
간호사 nurse
감독 director
감독관 supervisor
건축가 architect
검사 prosecuting attorney
경찰관 policeman, police officer
고고학자 archaeologist
공무원 civil servant, government employee
과학자 scientist
교사 teacher
교수 professor
교장 principal
교환원 operator
국회의원 Assemblyman, Congressman
군인 military personnel, soldier(육군), marine(해군), air force(공군)
기자 reporter
농부 farmer
뉴스 앵커 anchorman, anchorwoman
대통령 president
댄서 dancer
도서관 사서 librarian
동물 조련사 animal trainer
목사 priest
미용사 hairdresser, beauty artist

바텐더 bartender
배우 actor(남), actress(여)
번역가 translator
변호사 lawyer
부동산업자 real estate agent, realtor
비서 secretary
비행기 조종사 pilot
사무원 clerk
사장 company president
사진사 photographer
상담원 counsellor
선장 captain
설계사 designer
성우 voice actor
성직자 pastor
소방관 fire fighter
수녀 nun
수의사 veterinarian
시인 poet
승무원 crew, flight attendant
신문기자, 언론인 journalist
실내 장식가 interior designer
아나운서 announcer
안전요원 security guard
엔지니어 engineer
여행 안내원 travel guide
연구원 researcher
연예인 entertainer

예술가 artist
외교관 diplomat
요리사 cook
우주 비행사 astronaut
웹 디자이너 web designer
음악가 musician
의사 doctor
자동차 수리공 car mechanic
자동차 판매업자 automobile dealer
자영업자 business owner
작가 writer, author
전기공 electrician
정비사 mechanic
정치가 politician, statesman
제빵사 baker
주방장 chef
지배인, 관리인 manager
지휘관 commander
컴퓨터 프로그래머 computer programmer
탐험가 explorer
통역가 interpreter
판매원 salesperson
판사 judge
패션 디자이너 fashion designer
편집자 editor
호텔 지배인 hotel manager

나의 미래 P2-20-0102

- 내 장래에 대해서 깊이 생각해 보았다. I thought deeply about my future.
- 나에게는 오랫동안 간직해 온 꿈이 있다. I have a lifelong dream.
  lifelong 평생의
- 나는 연예인이 될 수 있는 재능을 가지고 있다고 생각한다. I think I have the talent to be an entertainer.
  talent 재능, 재주
- 나의 숨은 끼를 발휘하고 싶다. I want to show my hidden talent.
  hidden 숨겨진
- 나의 적성은 교사가 되기에 딱 알맞은 것 같다. I think I have all the right qualifications to become a teacher. qualification 조건, 자격
- 내가 커서 무엇이 될지 걱정이다. I am worried about what I'll grow up to be.
- 장래가 막막하다. My future looks uncertain.
- 난 별 재능이 없는 것 같다. I think I am not talented.
- 나의 꿈을 바꿔야 할 것 같다. I need to change my dream.

부모님의 기대 P2-20-0103

- 엄마는 내가 장래에 교사가 되기를 바라신다. My mom wants me to be a teacher in the future.
- 우리 부모님은 내가 무엇이 되길 바라시는지 말씀하지 않으신다. My parents don't say what they want me to be.
- 부모님은 내가 되고 싶은 것을 위해 열심히 노력하라고 하셨다. My parents told me to try hard for what I want to be.
- 우리 가족은 내 장래에 대해 큰 기대를 걸고 있다. My family has great expectations for my future.
  expectation 기대
- 부모님은 내가 꿈을 실현할 수 있도록 항상 격려하신다. They always encourage me to make my dreams come true. encourage 격려하다 | come true 실현되다

장래 희망 P2-20-0104

- 나는 커서 변호사가 되고 싶다. When I grow up, I want to be a lawyer.

- 내 꿈은 훌륭한 과학자가 되는 것이다.
  My dream is to be a great scientist in the future.
- 교사가 되는 것이 내가 제일 바라는 바이다.
  To be a teacher is what I desire most.
- 나는 유망한 전문의가 되고 싶다.
  I want to be an up-and-coming medical specialist.
  up-and-coming 유망한, 진취적인
- 백만장자가 되고 싶다.
  I want to become a millionaire.
  millionaire 백만장자
- 나는 우리 엄마처럼 현모양처가 되고 싶다.
  I want to be a good housewife like my mom.
- 내 꿈은 노벨 평화상을 타는 것이다.
  My dream is to win the Nobel Peace Prize.
- 내 장래 희망은 에베레스트 산을 정복하는 것이다.
  My future dream is to conquer Mount Everest.
  conquer 정복하다
- 내 꿈은 세계 일주를 하는 것이다.
  My dream is traveling around the world.
- 돈을 충분히 벌면 언젠가는 세계 여행을 할 것이다.
  When I earn enough money, I will travel all over the world some day.
- 나는 세계 여행을 통해 여러 문화를 경험하고 싶다.
  I want to experience different cultures through traveling around the world. experience 경험하다
- 다른 나라의 다양한 민족들을 만나보고 싶다.
  I want to meet various peoples from other countries.

02 다짐

미래에 대한 희망 P2-20-0201

- 우리는 모두 미래에 대한 희망을 가지고 있다.
  We all have hopes for the future.
- 나는 장래가 유망하다고 생각한다.
  I think I have bright prospects.
  prospect 가망, 기대
- 변호사가 되는 것이 전망이 있다고 생각한다.
  I think that being a lawyer will show promise of better things. promise 전망, 장래성, 약속
- 내 앞에는 훌륭한 미래가 있다.
  I have a great future ahead of me.
  ahead of ~ 앞에

- 나는 장래가 창창하다. I have a promising future ahead.
  promising 앞날이 창창한
- 장래 계획에 대해 생각할 시간이 더 필요하다. I need more time to reflect on my future plans.
- 성공하기 위해서는 미래를 신중하게 설계해야 한다. We have to chart our future carefully to be a success. chart (계획을) 설계하다
- 먼 장래를 생각하며 공부해야 한다. We have to study, thinking of the distant future.
- 인생관을 바꾸어야겠다. I need to change my outlook on life.
  outlook 견해, 예측

다짐

P2-20-0202

- 내 꿈을 실현시키기 위해 열심히 노력할 것이다. I'll try hard to make my dreams come true.
- 보다 밝은 장래를 위해 항상 최선을 다할 것이다. I will try my best for a brighter future.
- 부모님을 실망시켜드리지 않기 위해 최선을 다할 것이다. I will do my best in order not to disappoint my parents. in order not to ~하지 않으려고 | disappoint 실망시키다
- 우리나라를 더 번창하게 만들 정치가가 되고 싶다. I want to be a politician who makes my country more prosperous.
  politician 정치가 | prosperous 번영하는, 번창하는
- 내가 자라면 이상형인 남자를 만나 행복하게 살고 싶다. When I grow up, I want to meet Mr. Right and live happily. Mr. Right 이상형 남성(이상형 여성 Miss Right)